THOMAS BLANK

Finanzinnovationen und Geldpolitik

Studien zu Finanzen, Geld und Kapital

Band 1

Finanzinnovationen und Geldpolitik

Von

Dr. Thomas Blank

Duncker & Humblot · Berlin

CIP-Titelaufnahme der Deutschen Bibliothek

Blank, Thomas:
Finanzinnovationen und Geldpolitik / von Thomas Blank. –
Berlin: Duncker und Humblot, 1991
(Studien zu Finanzen, Geld und Kapital; Bd. 1)
Zugl.: Berlin, Techn. Univ., Diss., 1990
ISBN 3-428-07146-8
NE: GT

D 83

Fremddatenübernahme: Klaus-Dieter Voigt, Berlin 61
Druck: Werner Hildebrand, Berlin 65
Printed in Germany

ISSN 0939-5113
ISBN 3-428-07146-8

Inhaltsverzeichnis

Tabellenverzeichnis

Abbildungsverzeichnis

Einleitung

Die geldpolitischen Konsequenzen, die sich aus dem verstärkten Auftreten sogenannter „Finanzinnovationen" an den internationalen Geld- und Kapitalmärkten ergeben können, werden seit gut 10 Jahren insbesondere in der anglo-amerikanischen Fachliteratur lebhaft diskutiert.[1] Während dort diese Thematik sehr schnell in den Mittelpunkt des Interesses von Geldtheorie und -politik gerückt ist, finden Finanzinnovationen und ihre geldpolitischen Implikationen im deutschsprachigen Raum erst in jüngerer Zeit stärkere Beachtung, werden aber neuerdings auch in der Bundesrepublik recht kontrovers im diesbezüglichen Schrifttum erörtert.

Die Bandbreite der Beurteilung des finanziellen Innovationsprozesses läßt sich unter Einschränkungen durch folgende Standpunkte charakterisieren: Eine Reihe von Autoren hebt die durch die neuen Finanzinstrumente gesteigerte Effizienz der Geld- und Kapitalmärkte hervor und befürwortet ausdrücklich die Kreativität an den internationalen Finanzmärkten. Zumindest längerfristig gehen diese Ökonomen unter allokativen Gesichtspunkten von positiven Wachstums- und Beschäftigungswirkungen aus.[2] Die durchaus konzedierten Probleme für die monetäre Kontrolle infolge der permanenten Neuerungsaktivitäten werden dagegen als eher technische Schwierigkeiten von geringerer Relevanz eingestuft.[3]

Die gemessen an der Zahl der Veröffentlichungen inzwischen überlegene Gegenposition[4] betrachtet die Flut von Finanzinnovationen in den letzten Jah-

---

[1] So hat die recht eingehende Darlegung makroökonomischer Implikationen finanzieller Neuerungsaktivitäten bereits Eingang in dortige Lehrbücher gefunden. Siehe z.B. *Mishkin, Frederic S.:* The Economics of Money, Banking, and Financial Markets, Boston – Toronto 1986; hier insbesondere Chapter 11. In der Bundesrepublik wird dieses Thema in Lehrbüchern bisher – wenn überhaupt – nur sehr oberflächlich aufgegriffen. Siehe *Issing, Otmar:* Einführung in die Geldpolitik, 2., völlig überarbeitete Auflage, München 1987, S. 172 - 173.

Bibliographische Erläuterungen: Bei der erstmaligen Nennung einer Schrift erfolgt die bibliographische Angabe mit allen notwendigen Hinweisen auf Autor, Titel, Erscheinungsort und Erscheinungsjahr. Bei jeder weiteren Erwähnung desselben Werkes wird neben dem Autor der Titel zumindest in einer verkürzten Form angegeben. Dieser ‚Kurztitel', durch halbe Anführungszeichen kenntlich gemacht, wird so gewählt, daß er dem Leser eine eindeutige Identifizierung der betreffenden Schrift anhand des Literaturverzeichnisses ermöglicht.

[2] Siehe z.B. *Schäfer, Rainer:* Innovationen am Geld- und Kapitalmarkt – Gefahr für Geldpolitik und Bankaufsicht?, in: Die Bank, Nr. 10/1986, S. 496 - 500.

[3] Vgl. *Brunner, Karl:* Hat der Monetarismus versagt?, in: Kredit und Kapital, Heft 1/1984, S. 18 - 63; hier besonders S. 38f.

ren mit zunehmender Skepsis. Der Ausgangspunkt für die ablehnende Haltung der vorwiegend kritisch eingestellten Kommentatoren ist deren Befürchtung, daß Finanzinnovationen nicht nur transitorische Fragen beispielsweise bei der Definition und Messung der relevanten Geldmengenaggregate aufwerfen, sondern daß sich das monetäre System grundlegend verändern und auf mittlere Sicht den Eingriffen der geldpolitisch verantwortlichen Institutionen entziehen könnte:[5]

> "Indeed, it can be claimed that each innovation was induced by monetary policy decisions that were taken before that date."[6]

Köhler spricht im Zusammenhang mit Finanzinnovationen sogar von einem Debakel an den internationalen Kreditmärkten.[7] Selbst bei nicht ganz so pessimistischer Betrachtung der mannigfaltigen Auswirkungen von finanziellen Neuerungsaktivitäten hat die Geldpolitik die sich abzeichnenden umfassenden Strukturwandlungen des finanziellen Sektors in ihre konzeptionelle Gestaltung miteinzubeziehen und wird sich alleine dadurch in absehbarer Zeit mit erheblichen Problemen konfrontiert sehen.[8]

Seit der Mitte der 70er Jahre hält die intensiv geführte Diskussion über die geldtheoretischen und -politischen Auswirkungen, die aufgrund des massiven Auftretens von Finanzinnovationen bevorstehen, unvermindert an. Trotz der Vielzahl der insbesondere in jüngerer Zeit erschienenen Publikationen zu diesem Thema ist bisher eine umfassende Analyse ausgeblieben, die sich gleichermaßen den Entwicklungen auf den internationalen Finanzmärkten und den sich daraus ergebenden monetären Konsequenzen widmet.

Für das Entstehen dieser auffälligen Lücke sind verschiedene Gründe verantwortlich zu machen, die den Aufbau einer Untersuchung der geldpolitischen Implikationen von Finanzinnovationen vorgeben. So ist zum einen die Anzahl der finanziellen Neuerungen jüngeren Datums inzwischen so groß geworden, daß selbst Fachleute Schwierigkeiten haben, auf den Finanzmärkten die Übersicht zu bewahren: Allein für das Jahr 1985 sind 35 neu eingeführte bzw. wegen ihrer weiten Verbreitung interessant gewordene Finanzie-

---

4 Zu Beginn der 80er Jahre wurde diese Ansicht noch als Minderheitsmeinung angesehen. Vgl. *Mayer, Thomas:* Financial Innovation – The Conflict Between Micro and Macro Optimatility, in: American Economic Review, Papers and Proceedings, No. 2/ May 1982, S. 29 - 34.

5 Siehe z.B. *Cagan, Philip:* Financial Developments and the Erosion of Monetary Controls, in: American Enterprise Institute for Public Policy Research, Contemporary Economic Problems, Washington D.C. 1979, S. 117 - 159.

6 *Hester, Donald D.:* Innovations and Monetary Control, in: Brookings Papers on Economic Activity, No. 1/1981, S. 141 - 189; Zitat S. 141.

7 Vgl. *Köhler, Claus:* Innovationen im Bankgeschäft als geld- und währungspolitisches Problem, in: Deutsche Bundesbank/Auszüge aus Presseartikeln, Nr. 9/3. Februar 1986, S. 1 - 7; hier S. 1.

8 Vgl. *Tobin, James:* Financial Structure and Monetary Rules, in: Kredit und Kapital, Heft 2/1983, S. 155 - 171.

rungsinstrumente gezählt worden.[9] Zum anderen treten die Veränderungen auf dem Geld- und Finanzsektor, die unter dem Stichwort Finanzinnovation subsumiert werden, nicht isoliert auf, sondern greifen das monetäre System von mehreren Seiten gleichzeitig an. Dies bedeutet, daß man es mit einer Vielzahl von sich teilweise überlagernden Effekten zu tun hat, deren Evaluierung schon im Einzelfall nicht immer eindeutig ist. Eine abschließende Beurteilung der gesamten Innovationsproblematik wird dadurch außerordentlich erschwert.

Der beliebte Ausweg in einem solchen Fall, empirische Studien der Analyse zugrunde zu legen, scheint hier weitgehend verbaut zu sein. Zentraleuropa und namentlich die Bundesrepublik sind aus unterschiedlichen Gründen bis dato bestenfalls mit kleinen Ausläufern der Innovationswellen in Berührung gekommen[10], so daß ökonometrische Untersuchungen nicht sehr aussagekräftig wären. Hingegen sind für die Vereinigten Staaten, die neben Kanada und Großbritannien im Zentrum der hier betrachteten Entwicklungen stehen, verschiedentlich empirische Untersuchungen insbesondere über innovationsbedingte Veränderungen der Geldnachfrage veröffentlicht worden, deren Erkenntnisgehalt aber ebenfalls begrenzt ist. Da gerade in den USA von einem Ende des andauernden Innovationsprozesses nicht die Rede sein kann, setzen die erhaltenen Resultate auch nur vage Orientierungspunkte mit unsicherer prognostischer Qualität.

Ausgangspunkt einer Darstellung und Analyse der geldpolitischen Konsequenzen von Finanzinnovationen müssen demzufolge die Vorgänge an den Finanzmärkten selbst sein, wobei die US-amerikanischen Erfahrungen von besonderem Interesse sind, da dort die Innovationsintensität weltweit am größten ist. Sodann muß versucht werden, auf dieser Grundlage allgemeine Tendenzen und Zielrichtungen der finanziellen Neuerungsaktivitäten herauszuarbeiten, die vorwiegend theoretisch unter dem Aspekt ihrer geldpolitischen Bedeutsamkeit näher zu untersuchen sind.

Aufgrund der Vielfalt der Neuerungen auf den internationalen Geld- und Finanzmärkten ist es unumgänglich, die Darstellung der neuen Finanzinstrumente auf die wichtigsten Innovationen zu beschränken. Gleichzeitig erfassen die Auswirkungen von Finanzinnovationen alle vorrangigen Bereiche der Geldpolitik. Neben der Abgrenzung des ökonomisch und politisch relevanten Geldmengenbegriffs stellen sie auch die traditionellen Ansichten über die Kontrollierbarkeit des Geldangebots, die Vorhersagbarkeit der Geldnachfrage und die Übertragung monetärer Impulse auf den realen Sektor einer Volkswirtschaft in Frage. Darum ist es geboten, sich bei der Erörterung der geldpolitischen Effekte auf die grundlegenden Probleme zu konzentrieren.

---

[9] Siehe dazu die Tabelle 2 von *Kaufman, Henry:* Interest Rates, the Markets, and the New Financial World, London 1986, S. 24 - 26.

[10] Vgl. *Dudler, Hermann-Josef:* Geldmengenpolitik und Finanzinnovationen, in: Kredit und Kapital, Heft 4/1986, S. 472 - 495; hier S. 472.

Die vorliegende Arbeit gliedert sich in zwei Teile. In Teil I wird auf die einzelnen finanziellen Neuerungen an den Geld- und Kapitalmärkten beschreibend eingegangen, um so das Spektrum dessen, was heute unter den Stichworten Finanzinnovationen, Deregulierung, Globalisierung der Finanzmärkte, Verbriefung von Forderungen u. ä. diskutiert wird, zu erläutern und einzugrenzen. Aus den genannten Gründen nehmen die Vorgänge an den US-Finanzmärkten einen relativ breiten Raum ein. Anschließend werden die Ursprünge der rasanten Innovationstätigkeit erörtert. Um Anhaltspunkte für politische Einwirkungsmöglichkeiten auf den Innovationsprozeß zu gewinnen und gleichzeitig deren Beschränkungen deutlich zu machen, erfolgt eine getrennte Untersuchung der kurzfristigen Anlässe und langfristigen Ursachen für Finanzinnovationen.

Teil II befaßt sich mit der Analyse der geldpolitischen Implikationen von finanziellen Innovationen. Auf der Grundlage der Darstellung in Teil I sollen die repräsentativ ausgewählten Finanzinnovationen zu allgemeinen Entwicklungstendenzen zusammengefaßt werden, um die daraus resultierenden Probleme den geldpolitischen Grundfragen jeweils zuzuordnen. Zunächst wird der Frage nachgegangen, inwieweit die Vorstellungen über den Geldangebotsprozeß revidiert werden müssen. Daran wird sich die Analyse der voraussichtlichen Veränderungen des Geldnachfrageverhaltens anschließen. Eine zentrale Position in dieser Arbeit kommt der Fragestellung zu, ob und in welchem Ausmaß der geldpolitische Transmissionsmechanismus durch die permanenten und immer schneller ablaufenden Neuerungsaktivitäten an den Geld- und Kapitalmärkten beeinträchtigt wird. Im Rahmen dieser Diskussion lassen sich zusätzlich einige direkte realwirtschaftliche Konsequenzen von Finanzinnovationen beschreiben.

Auf der Basis einer übersichtsartigen Zusammenfassung der herausgearbeiteten theoretischen Ergebnisse werden selektiv einige Problembereiche besonderer Relevanz diskutiert, die beim praktischen Vollzug geldpolitischer Maßnahmen unter dem Eindruck des zunehmend innovativen Charakters der betroffenen Märkte zu erwarten sind. Zunächst wird gefragt, welche Möglichkeiten die Zentralbank von sich aus hat, die Innovationsaktivitäten zu dämpfen. Anschließend wird die schwierige Wahl des monetären Indikators und des geldpolitischen Zwischenziels beleuchtet. Zum Abschluß der Arbeit wird auf strategische Gesichtspunkte eingegangen, die sich für eine regelgebundene oder diskretionär angelegte Geldpolitik aus finanzinnovativen Entwicklungen ableiten lassen.

TEIL I

Finanzinnovationen und ihre Ursprünge

1. Definition

Im Kontext der Themenstellung der vorliegenden Arbeit bietet sich eine möglichst weite Definition des Begriffs *Finanzinnovation* an: Unter Finanzinnovationen sind alle internationalen Geldmarkt-, Kapitalmarkt- und Zahlungsverkehrsinstrumente zu verstehen, die potentiell die Strukturen des monetären Sektors moderner Volkswirtschaften in geldpolitisch relevanter Weise verändern können. Dabei ist es unerheblich, ob es sich um Partial- oder Totalinnovationen[1] handelt.

Die Voranstellung einer Begriffsklärung ist notwendig, weil sich trotz einiger Versuche bisher noch keine einheitliche Interpretation für den Terminus „Finanzinnovation“[2] in der Literatur herausgebildet hat. Dem Nachteil des von sich aus nicht ganz klar umrissenen Untersuchungsgegenstandes steht der Vorteil gegenüber, die eigene Definition auf den jeweiligen Analysezweck zuschneidern zu können. Für die Geldpolitik geht es bei der Frage der Finanzinnovationen darum, inwieweit strukturelle Entwicklungen der letzten Jahre auf den internationalen Finanzmärkten wichtige monetäre Grundrelationen dergestalt abzuwandeln drohen, daß sich planvoll operierende geldpolitische Institutionen wie die Zentralbanken künftig vor neue Herausforderungen gestellt sehen. In diesem Zusammenhang muß eine relativ umfassende Definition des Ausdrucks Finanzinnovation gewählt werden, die nicht per se und

---

1 Von einer Partialinnovation wird gesprochen, wenn nur wenige Leistungselemente einer Einzelleistung verändert wurden; bei einer Totalinnovationen wurden dementsprechend alle Elemente variiert. Vgl. *Schuster, Leo:* Innovationspolitik der Banken – Notwendigkeit oder Modeerscheinung?, in: Zeitschrift für das gesamte Genossenschaftswesen, Heft 2/1986, S. 140 - 149; hier S. 142. Totalinnovationen sind auch an den internationalen Finanzmärkten die Ausnahme. *Niehans* ist also sicherlich zuzustimmen, wenn er anmerkt:

"Except for electronic technology, if an experienced banker from medieval Venice or Genova came to life again, he could understand the operations of a modern bank in a matter of days."

Siehe *Niehans, Jürg:* Financial Innovation, Multinational Banking, and Monetary Policy, in: Journal of Banking and Finance, Vol. 7 (1983), S. 537 - 551; Zitat S. 538.

2 Abwandlungen wie „monetäre Innovation“, „finanzielle Neuerung“, „Innovation auf den Finanzmärkten“ etc. werden im allgemeinen und auch hier im folgenden synonym verwendet.

vielleicht ungewollt bestimmte geldpolitisch bedeutsame Umgestaltungen des Finanzsektors ausschließt.[3]

Kriterium für die Subsumierung eines Finanzinstruments unter dem Oberbegriff Finanzinnovation soll weniger dessen funktionaler Neuigkeitsgrad[4], sondern vor allem die aktuelle oder voraussichtliche Marktakzeptanz sein. Diese fungiert als Indikator dafür, ob Folge dieser neuen Entwicklung eine betrachtenswerte Wandlung geldpolitischer Rahmenbedingungen sein könnte. Hierbei werden trendmäßige Veränderungen des Verhaltens von Marktteilnehmern, wie beispielsweise die allmähliche Verdrängung des Bargelds im Wirtschaftsverkehr, ausdrücklich in die Analyse miteinbezogen. Es erscheint unlogisch, daß unter geldpolitischen Aspekten im Gegensatz zu allen anderen Politikbereichen voraussehbare Konsequenzen einer erkennbaren Entwicklung von vorneherein unproblematisch seien sollen.[5]

Einzelne Kritiker wenden ein, daß solchermaßen weit abgegrenzte und umfassende Definitionen, denen naturgemäß eine gewisse Unschärfe immanent sein kann, das Stichwort Finanzinnovation zu einem substanzlosen Schlag- oder Modewort[6] verkümmert lassen. Dieser Ansicht ist entgegenzuhalten, daß Finanzinnovationen gerade dann einen konkreten und eigenständigen Bedeutungsgehalt im makroökonomischen Sinne erfahren, wenn sie unter Berücksichtigung ihres massierten und weitverbreiteten Auftretens in den letzten 15 bis 20 Jahren, ihrer spezifischen Ursprünge und der abzusehenden weitreichenden Konsequenzen beurteilt werden.

---

[3] Eine ähnlich großzügige Auffassung des Bedeutungsinhaltes von ‚Finanzinnovationen' wird unter geldpolitischen Gesichtspunkten auch von anderen Autoren vertreten. Vgl. dazu u. a. *Bofinger, Peter:* Geldpolitik im Zeichen der sogenannten Finanzinnovationen, in: Sparkasse, Nr. 4/1986, S. 139 - 149; hier S. 142; sowie *Dudler, Hermann-Josef:* Geldmengenpolitik und Finanzinnovationen, a.a.O., S. 474. Niehans kommt im Ergebnis der Zusammenfassung seiner "adaptive innovations" und "technological innovations" zu einem ähnlichen weitgefaßten Verständnis von Finanzinnovation. Vgl. *Niehans, Jürg:* Financial Innovation, Multinational Banking, and Monetary Policy, in: Journal of Banking and Finance, Vol. 7 (1983), S. 537 - 551; hier speziell S. 538ff.

[4] So schließt *Streit,* der nur neue Finanzierungsinstrumente dem Begriff Finanzinnovation zuordnen möchte, eine Einbeziehung von ATS-Konten und anderen verzinslichen Sichtguthaben in seine Untersuchung eigentlich aus. Vgl. *Streit, Joachim:* Die Relevanz monetärer Innovationen in den USA für die Geldpolitik, in: Kredit und Kapital, Heft 4/1984, S. 559 - 579. In Schottland konnten bereits im 18. Jahrhundert verzinsliche Sichteinlagen geführt werden. Siehe *Bofinger, Peter:* Geldpolitik im Zeichen der sogenannten Finanzinnovationen, a.a.O., S. 142.

[5] Davon wird aber ausgegangen, wenn nur abrupte Diskontinuitäten auf den Geld- und Kreditmärkten berücksichtigt werden, wie z. B. bei *Streit, Joachim:* Finanzinnovationen, Deregulierung und Geldmengensteuerung in den USA, Tübingen 1986, S. 45; und *ders.:* ‚Die Relevanz monetärer Innovationen', a.a.O., S. 559f.

[6] *Landesbank Rheinland-Pfalz-Giro-Zentrale:* Modewort Finanzinnovationen, in: Wirtschaftsberichte, Nr. 3/1986, S. 10 - 11.

2. Die wichtigsten Finanzinnovationen

In der Ökonomie wird unter einer Innovation allgemein die Verwirklichung neuer wirtschaftlicher Konzepte, das heißt neuer Produkte, aber auch neuer Verfahren, verstanden.[1] Die eingängige Einteilung von Innovationen in Produkt- und Verfahrensinnovationen (Prozeßinnovationen) läßt sich grundsätzlich auch auf den Bereich der Finanzinnovationen gut anwenden. Einzelnen monetären Neuerungen können allerdings bisweilen sowohl produktinnovative als auch prozeßinnovative Eigenschaften anhaften.[2] In diesen Fällen erfolgt die Zuordnung nach dem jeweils vorherrschenden Neuerungsaspekt.

Bei den Produktinnovationen ist es zweckmäßig, eine weitere Differenzierung nach denjenigen Finanzinstrumenten vorzunehmen, die zuerst an den US-Finanzmärkten aufgetreten sind und jenen Finanzinnovationen, die ihren Ausgang von den Euromärkten genommen haben.

2.1. Produktinnovationen

2.1.1. US-Finanzmärkte

Die Geld- und Kapitalmärkte der USA legen aus zwei Gründen eine gesonderte Betrachtung hinsichtlich der Hervorbringung neuer Finanzinstrumente nahe: Zum einen ist der Innovationsprozeß in den Vereinigten Staaten im Vergleich zu den meisten europäischen Ländern so weit fortgeschritten, daß Amerika von vielen Beobachtern eine Art Vorreiterrolle zugeschrieben wird, was Richtung, Tempo und Ausmaß der finanziellen Neuerungsaktivitäten angeht. Zum anderen weist das Währungssystem der USA einige spezifische Besonderheiten auf[3], deren Kenntnis für das Verständnis einiger finanzinno-

---

[1] Die Differenzierung von Innovationen in neue Produkte und neue Produktionsprozesse geht auf den Wirtschaftstheoretiker Joseph A. Schumpeter zurück.

[2] Vgl. *Schuster, Leo:* ‚Innovationspolitik der Banken', a.a.O., S. 142; der dieses Problem anhand eines schweizerischen Geldausgabeautomaten mit zusätzlichen Funktionen erläutert.

[3] Die Übertragungsrelevanz für andere Länder ist dadurch nur teilweise beeinträchtigt. Die dortigen Vorgänge werden allein wegen der Größe der amerikanischen Finanzmärkte von Theoretikern wie intensiv Praktikern beobachtet. Das Know-how steht künftig bei geeigneten Konstellationen auf weiteren Geld- und Kapitalmärkten jederzeit abrufbar zur Verfügung. Das Zusammenwachsen der Finanzmärkte (‚Globalisierung') begünstigt darüber hinaus die Ausbreitung von Innovationen. Außerdem kann die Einführung von unter US-amerikanischen Bedingungen kreierten Instrumenten auf den Finanzmärkten anderer Länder schon deshalb lohnend sein, weil Konstruktions- und zum Teil auch Markteinführungskosten wegfallen. Ferner reichen die Konsequenzen der innovativen Aktivitäten der US-Finanzwirtschaft über die Landesgrenzen hinaus, zum Beispiel über den internationalen Zinszusammenhang. Zur Diskussion dieser Frage s. *Francke, Hans-Herrmann:* Finanzinnovationen in den USA: Geldpolitische Konsequenzen und Übertragungsrelevanz für die Bundesrepublik Deutschland,

vativer Aktivitäten auf diesen Märkten unabdingbar ist. Aus diesem Grund wird im folgenden auf das amerikanische Bankensystem in groben Zügen eingegangen.[4]

Der Bankensektor der USA ist seit Beginn dieses Jahrhunderts umfangreichen Regulierungen unterworfen worden, die im wesentlichen auf die Finanzkrisen der Jahre 1907/08 und 1929 - 1931 zurückgehen.[5] Aus der Sicht der Bundesrepublik Deutschland sind folgende Beschränkungen bankgeschäftlicher Tätigkeiten besonders herauszustellen:

- Trennung der Geschäftsbereiche: In den Vereinigten Staaten hat sich im Laufe des 19. Jahrhunderts ein Trennbankensystem (Spezialbanksystem) herausgebildet, daß im Rahmen des 1932 vom Kongreß verabschiedeten „Banking-Act" (auch: „Glass-Steagall-Act") gesetzlich festgeschrieben wurde. Der Markt für Bankdienstleistungen ist seitdem vor allem in das ‚commercial banking', ‚investment banking' und den Geschäftsbereich der Sparinstitute streng segmentiert. Geschäftsbanken, also die klassischen Depositenbanken (commercial banks), dürfen danach weder Wertpapiere auf eigene Rechnung halten noch – mit wenigen Ausnahmen – auf eigene Rechnung Wertpapiere kaufen oder an Emissionen teilnehmen. Das Effektengeschäft ist den investment banks (-companies) weitgehendst vorbehalten. Hauptgeschäftsbereich der vergleichsweise kleinen commercial banks ist das kurzfristige Einlagen- und Kreditgeschäft sowie die Abwicklung des bargeldlosen Zahlungsverkehrs. Die Sparinstitute (thrift institutions) konzentrieren sich auf die Entgegennahme von Spareinlagen und die Vergabe privater Hypothekarkredite. Sie gliedern sich in die mutual savings banks, die den Sparkassen vergleichbar sind, die savings and loan associations (≃ Bausparkassen) und die credit unions (≃ Kreditgenossenschaften). Die finance companies sind auf die Vergabe von Konsumentenkrediten spezialisiert, stehen hier also zu den commercial banks in Konkurrenz und haben deswegen vielfach auch gewerbliche Kredite in ihr Programm aufgenommen.[6]

---

in: D. Cansier und D. Kath (Hrsg.), Öffentliche Finanzen, Kredit und Kapital (Festschrift für Werner Ehrlicher), Berlin 1985, S. 497 - 513. Im Rahmen dieser Arbeit siehe Gliederungspunkt 3.2.

4 Einführende Darstellungen findet man z.B. bei *Collyns, Charles* und *Yusuke Horiguchi:* Finanz-Supermärkte in den USA, in: Finanzierung & Entwicklung, März 1984, S. 18 - 22; und *Glogowski, Erhard* und *Manfred Münch:* Neue Finanzdienstleistungen: Deutsche Bankenmärkte im Wandel, Wiesbaden 1986, S. 221ff.

5 Den Banken wurde ein erhebliches Maß an Schuld am Ausbruch der Weltwirtschaftskrise zugeschrieben. Durch die Regulierungsgesetze sollte allgemein die Macht der Banken beschränkt, die Funktionsfähigkeit der Kreditmärkte wiederhergestellt und der Anlegerschutz verbessert werden. Vgl. *Streit, Joachim:* Finanzinnovationen, Deregulierung und Geldmengensteuerung in den USA, a.a.O., S. 8ff.

6 Siehe zu diesem Bereich auch *Hein, Manfred:* Bankensysteme außerhalb der Bundesrepublik Deutschland – Marktwirtschaftliche Bankensysteme, in: Obst/Hintner,

- Regionale Beschränkungen: Die Wurzeln der geographischen Regulierung der Geschäftstätigkeit amerikanischer Banken reichen bis in das Jahr 1864 zurück. Der „National-Banking-Act" ließ generell die Geschäftstätigkeit der Banken an den Grenzen der einzelnen Bundesstaaten enden; sogar die Eröffnung von Zweigstellen innerhalb der Einzelsstaaten war überwiegend limitiert oder ganz untersagt. Der „McFadden-Act" von 1927 verlieh den Bundesstaaten zwar das Recht, das ‚branch banking', die Errichtung von Filialen, in ihrem Hoheitsbereich zuzulassen. Bis 1984 haben davon allerdings nur 12 Staaten Gebrauch gemacht.[7] Der Bankensektor versuchte in den folgenden Jahren, die restriktive Filialgesetzgebung durch die Gründung von Holdinggesellschaften, den ‚Bank-Holding-Companies', zu umgehen, die das Kapital mehrerer Banken halten.[8] Der Gesetzgeber reagierte darauf im Jahr 1956 mit dem „Douglas Amendment to the Bank Holding Company Act", bekannt geworden unter der Bezeichnung ‚Regulation Y'. Seit der Verschärfung der Regelungen im Jahr 1966 sind Gründungen von Bank-Holdinggesellschaften sowie deren Erwerb von Aktien einem sehr streng gehandhabten Genehmigungsverfahren unterworfen.[9]

- Einschränkungen in der Preispolitik: Diese vielleicht bedeutsamste Wettbewerbsbeschränkung hat als ‚Regulation Q' zweifelhafte Berühmtheit erlangt. Der 1933 inkraftgetretene „Glass-Steagall-Act" ermächtigte den Federal Reserve Board, Zinsobergrenzen für Bankeinlagen (ceilings) vorzugeben; Zinszahlungen auf Sichteinlagen wurden gänzlich untersagt.[10] Das Ziel dieser Maßnahmen war, das Konkursrisiko in der Kreditwirtschaft einzudämmen. Die Zinsen für Kredite wurden ebenfalls reguliert und unterliegen in den einzelnen Bundesstaaten zusätzlich den jeweiligen Wucherzinsparagraphen.[11] 1966 wurde die Habenzinsvorschrift der ‚Regulation Q' von

---

Geld-, Bank- und Börsenwesen: Ein Handbuch, 38., völlig neu bearbeitete und erweiterte Auflage, Stuttgart 1988, S. 251 - 269; hier S. 258ff.

[7] Und zwar in Form des ‚reciprocal-banking-System', also der Erlaubnis von Filialgründungen auf Gegenseitigkeit.

[8] Sogenannte ‚Multi-Bank-Holding-Companies'.

[9] Die Wirksamkeit der ‚Regulation Y' läßt sich an der großen Zahl der Bankinstitute in des USA ablesen. 1978 existierten dort 14.701 commercial banks, 4.858 savings and loan associations und 22.608 credit unions. Von eine Rücknahme dieser Reglementierungen im Zuge der Deregulierung wird dann auch ein starkes Absinken dieser Zahlen erwartet: 30% der US-Banken werden ihre Tätigkeit bis 1990 eingestellt haben, die verbleibenden Institute werden zur Hälfte fusionieren. Siehe *Simmert, Diethard B.*: US-Bankensystem im Umbruch, in: Sparkasse, Nr. 10/1985, S. 370.

[10] Die Mitgliedschaft im Federal Reserve System ist für Geschäftsbanken mit einzelstaatlicher Lizenz (state banks) freiwilliger Natur und nur für Banken mit nationaler Lizenz (national banks) obligatorisch. Daraus erklärt sich die geringere Bedeutung und Durchschlagskraft des Mindestreserveinstruments in den USA. Die Höchstzinsen wurden gemeinsam mit der Federal Deposit Insurance Corporation (FDIC), der 1933 gegründeten Bundeseinlagenversicherung, festgesetzt und besaßen für alle Banken Gültigkeit.

den commercial banks auf die thrift institutions ausgedehnt; den ‚thrifts' wurde aber eine um einen Prozent-Punkt höhere Einlagenverzinsung gegenüber den Geschäftsbanken zugestanden, um ihnen Vorteile im langfristigen Baufinanzierungsgeschäft zu verschaffen.

Mitte der siebziger Jahre begann ein Umdenkungsprozeß in den Vereinigten Staaten, in dessen Verlauf sich langsam die Erkenntnis durchsetzte, daß die Regulierungstatbestände zu nicht mehr akzeptablen kontraproduktiven Konsequenzen geführt hatten. Gerade die als schutzbebürftig angesehenen, sozial schwachen Gruppen der Gesellschaft wurden infolge der Wucherzinsparagraphen diskriminiert, als sie in den Zeiten, in denen die Marktzinsen über den limits lagen, erst recht von den Kreditinstituten abgewiesen wurden und sich dubiosen Geldverleihern zuwenden mußten.[12]

Denjenigen Einlegern, die nicht die Möglichkeit hatten, auf unregulierte Finanzaktiva umzusteigen, war es durch die Guthabenzinsbeschränkung (5% bei Spareinlagen) verwehrt, sich gegen steigende Inflationsraten (bis über 13%) abzusichern. Aber auch die Kreditinstitute kamen zunehmend in Schwierigkeiten, da sie die drastisch steigenden Refinanzierungskosten nicht durch entsprechende Sollzinserhöhungen kompensieren konnten und dadurch in nicht unbeträchtlicher Zahl an den Rand der Zahlungsunfähigkeit gerieten.[13]

Die Folgen waren ein steigender politischer Druck namentlich gegen die ‚Regulation Q', ein Absinken der Mitgliedsquote der Banken im Federal Reserve System auf knapp 37% und verstärkte Umgehungsversuche, z.B. durch Kreation nicht unter die Bankengesetze fallender Finanzierungsinstrumente (Finanzinnovationen). Die dadurch induzierten politischen Deregulierungs-Intentionen erreichten 1980 mit der Verabschiedung des ‚Monetary Control Act' (Depository Institutions Deregulation and Monetary Control Act) ihren Höhepunkt. Auf der Grundlage dieses weitreichenden Reform-Gesetzes sowie des ‚Garn-St. Germain Depository Institution Act' wurden unter anderem die Zinshöchstgrenzen für Bankeinlagen der ‚Regulation Q' bis Ende 1986 völlig abgeschafft. Geplant ist, die regionalen Beschränkungen zurückzuführen und das strenge Trennbankensystem zu lockern.[14]

---

[11] Mit diesen limits sollten niedrige Zinsen speziell für Wohnungsbau-Kredite bewirkt werden.

[12] Vgl. *Streit, Joachim:* Finanzinnovationen, Deregulierung und Geldmengensteuerung in den USA, a.a.O., S. 23.

[13] So war es zum Beispiel den Sparinstituten untersagt, sich von ihren langfristig vergebenen festverzinslichen Hypotheken zu trennen, obwohl die Zinsen zwischen 1975 und 1980 von 7,00% auf 10,81% gestiegen waren.

[14] Siehe *Board of Governors of the Federal Reserve System:* The Depository Institutions Deregulation and Monetary Control Act of 1980, in: Federal Reserve Bulletin, June 1980, S. 444 - 453.

2.1.1.1. Certificates of Deposit (CD's)

Das Certificate of Deposit ist ein von einem Kreditinstitut ausgestelltes Zertifikat, daß die Einlage von Geldern für einen bestimmten Zeitraum und deren Verzinsung zu den vereinbarten Konditionen verbrieft.[15] CD's lauten gewöhnlich auf den Inhaber, so daß sie als fungible Inhaberpapiere jederzeit und uneingeschränkt durch Einigung und Übergabe übertragbar sind. De facto stellen sie also marktfähige Quittungen über Einlagen bei Kreditinstituten dar.[16]

Die Certificates of Deposit existieren in den USA schon seit geraumer Zeit, in größeren Beträgen wurden sie erstmals 1961 am Markt abgesetzt. Erhebliche Bedeutung haben die CD's speziell für Banken als Instrument zur Liquiditätsbeschaffung nach 1973 gewonnen.[17] Der Grund für den großen Erfolg der Depositenzertifikate ist darin zu sehen, daß in den Vereinigten Staaten die sogenannten ‚jumbo-CD's' (CD's über Einlagen von mehr als 100.000 $) im Gegensatz zu den ‚small-CD's' bis zum Ende des Jahres 1973 schrittweise von jeglicher Zinsregulierung freigestellt wurden.

Ihrer Natur nach sind die Certificates of Deposit typische Geldmarktinstrumente. Die Laufzeiten liegen grundsätzlich zwischen 30 Tagen und fünf Jahren, vorherrschend sind Fristigkeiten bis zu einem Jahr. Die Beträge der einzelnen Transaktionen variieren erheblich, Mindestsummen von 1 Mio. US-Dollar sind allerdings die Regel, wobei Kontrakte über 10 Mio. $ nicht unüblich sind.[18] Ein funktionsfähiger Sekundärmarkt für CD's garantiert, daß die Papiere problemlos vor Fälligkeit zu den aktuellen Marktkonditionen veräußert werden können.

Der Vorteil von CD's aus der Sicht der Anleger liegt darin begründet, daß die jederzeit über den Sekundärmärkt liquidierbaren Mittel, die insofern kurzfristigen Bankeinlagen entsprechen, zu geldmarktähnlichen Sätzen verzinst werden. Für ihren Wunsch nach Verfügbarkeit über die investierten Beträge

---

[15] Der Normalfall ist dabei die Vereinbarung eines Festzinssatzes, bis 1977 wurden in den USA ausschließlich Festzins-CD's emittiert.

[16] Vgl. z.B. *Dierolf, Günther* und *Josef Lechner:* Das Depositenzertikat – Innovatives Finanzierungsinstrument I, in: Zeitschrift für das gesamte Kreditwesen, Nr. 16/1985, S. 760 - 763.

[17] Ab 1966 wurden CD's auf dem Londoner Geldmarkt eingeführt und haben auch dort beachtenswerte quantitative Größenordnungen erreicht. Das Volumen der umlaufenden Papiere ist allerdings wesentlich geringer als in den USA. Siehe *o. V.:* CD's – ein Refinanzierungsinstrument, in: Die Bank, Nr. 7/1980, S. 342 - 344.

[18] Insofern sind die hier erläuterten CD's nicht mit den gleichnamigen Sparbriefen bzw. Sparobligationen amerikanischer Banken zu verwechseln, deren augenfälliges Unterscheidungsmerkmal die wesentlich niedrigeren Nennwerte sind. Siehe *Zahn, Hans E.:* Finanzinnovationen – Glossarium der neuen Hedging- und Finanzierungsinstrumente, Frankfurt am Main 1986, S. 20f.

müssen die CD-Inhaber nur mit einem geringem Zinsabschlag gegenüber echtem Festgeld bezahlen. Aus der Perspektive der Banken verkörpern CD's dagegen Termineinlagen, die ihrem Bedürfnis nach Unabhängigkeit vom kurzfristigen Dispositionsverhalten der Kunden entgegenkommen. Desweiteren wird der Spielraum der Kreditinstitute hinsichtlich des Passiva-Managements (liability management), also der Steuerung von Einlagenvolumen und -struktur speziell im Festgeldbereich, durch die Ausgabe von Certificates of Deposits beträchtlich erweitert. Diesen Vorteilen stehen freilich auch Nachteile gegenüber: Sofern die Ausgabe der Einlagenzertifikate zu Mittelumschichtungen von konventionellen Termin- und Spareinlagen zu CD's führen, verringern sich die Erträge des emittierenden Instituts aufgrund der höheren Geldeinstandskosten und der damit geringeren Zinsgewinne.[19]

Da die Certificates of Deposit schon seit einiger Zeit auf den Geldmärkten präsent sind, ist es nicht verwunderlich, daß diese Innovation zwischenzeitlich wiederum das Objekt innovativer Anstrengungen geworden ist. Bereits 1970 kamen japanische Banken auf die Idee, ‚Floating Rate CD's' zu kreieren. 1977 führte die Morgan Guaranty Bank in New York Certificates of Deposits mit variabler Zinsausstattung in den Vereinigten Staaten ein, die in den nachfolgenden Jahren sehr populär wurden.[20] Seit Oktober 1983 besteht für amerikanische Banken die Möglichkeit, die Konditionen der CD's ohne Einschränkungen durch die Aufsichtsbehörden mit dem Bankkunden frei zu gestalten (‚Designer-CD's').[21]

Was die Situation in der Bundesrepublik anbelangt, so war die Haltung der Deutschen Bundesbank gegenüber der Emission von Depositenzertifikaten ursprünglich durch eine erhebliche Skepsis geprägt. Dies war besonders darauf zurückzuführen, daß Inhaberschuldverschreibungen im Gegensatz zu vergleichbaren Termineinlagen nach der herrschenden Interpretation des § 16 Bundesbankgesetz nicht mindestreservepflichtig gewesen wären. Die Deutsche Bundesbank sah sich deshalb in ihrer Erklärung zur Begebung von DM-Auslandsanleihen vom 12. April 1985, die das sogenannte Gentlemen's Agreement aus dem Jahr 1980 ablöste, dazu veranlaßt, die Begebung von

---

[19] Zur Bedeutung von Einlagenzertifikaten für Geschäftsbanken siehe auch *Büschgen, Hans E.:* Finanzinnovationen – Neuerungen und Entwicklungen an nationalen und internationalen Finanzmärkten, in: Zeitschrift für Betriebswirtschaft (ZfB), 56 Jg. (1986), Heft 4/5, S. 301 - 336; hier S. 316f. Eine ausführlichere Betrachtung des wachsenden Handlungsspielraums der Banken, die deutlich macht, warum CD's bisweilen als die vielleicht wichtigste Finanzinnovation angesehen werden, bieten *Dierolf, Günther* und *Josef Lechner:* Das Depositenzertifikat – Innovatives Finanzierungsinstrument II, in: Zeitschrift für das gesamte Kreditwesen, Nr. 17/1985, S. 806 - 815.

[20] Siehe *Mishkin, Frederic S.:* The Economics of Money, Banking, and Financial Markets, a.a.O., S. 217.

[21] Vgl. *Streit, Joachim:* Finanzinnovationen, Deregulierung und Geldmengensteuerung in den USA, a.a.O., S. 59.

DM-CD's weiterhin zu unterbinden.[22] Es zeichnete sich aber bereits ab, daß die restriktive Einstellung der Bundesbank zu den CD's, die bereits zu den Standardfinanzierungsinstrumenten der Euromärkte gehörten, nicht allzu lange Bestand haben konnte. Im Zuge einer Neuregelung der Mindestreservebestimmungen hat der Zentralbankrat der Deutschen Bundesbank mit Beschluß zum 19. Dezember 1985 seine Einwendungen gegen auf D-Mark lautende Einlagenzertifikate aufgegeben und deren Emission mit Gültigkeit zum 1. Mai 1986 zugelassen.[23]

2.1.1.2. Commercial Papers (CP's)

Unter Commercial Papers sind unbesicherte Finanzwechsel[24] zu verstehen, die von erstklassigen Schuldnern am US-Geldmarkt begeben werden. In diesen Schuldtiteln verpflichten sich beispielsweise große Finanzgesellschaften, Banken und Bank-Holdinggesellschaften sowie bedeutende Industrie- und Handelsunternehmen zur Rückzahlung eines bestimmten Geldbetrages, wobei die Verzinsung als Abschlag vom Nennwert erfolgt. Die Laufzeiten reichen bis zu 270 Tagen[25], in der Praxis liegen die Fälligkeiten meist zwischen 30 und 50 Tagen. Im Prinzip kann die Stückelung der CP's auf die jeweiligen individuellen Liquiditätsbedürfnisse zugeschnitten werden, es haben sich jedoch Mindestbeträge von 250.000 US-$ durchgesetzt.

Wie bereits angedeutet, weisen Commercial Papers keine staatliche Garantie auf. An die Bonität der emittierenden Gesellschaften werden demzufolge höchste Ansprüche gestellt, zumal als Käufer auf diesem Firmengeldmarkt ausschließlich relativ risikoaverse institutionelle Anleger in Frage kommen. Eine hervorragende Einstufung der Kreditwürdigkeit durch eine der großen

---

[22] Siehe *Deutsche Bundesbank:* Erklärung der Deutschen Bundesbank zur Begebung von DM-Auslandsanleihen, abgedruckt in: Deutsche Bundesbank/Auszüge aus Presseartikeln, Nr. 26/12. April 1985, S. 1 - 2.

[23] Für DM-Einlagenzertifikate gelten künftig die entsprechenden Reservesätze für befristete Verbindlichkeiten der Kreditinstitute. Siehe dazu *Deutsche Bundesbank:* Geldmengenziel 1986 und Neuregelung der Mindestreservebestimmungen, in: Monatsberichte der Deutschen Bundesbank, Januar 1986, S. 14 - 18. Die von Teilen der Kreditwirtschaft angestrebte Mindestreservefreiheit scheint kein konstitutives Erfolgskriterium für Depositenzertifikate zu sein, da sie auch in den USA der Mindestreservepflicht unterliegen. Die Rahmenbedingungen und Gestaltungsmerkmale von DM-CD's aus der Sicht der Bundesrepublik diskutieren *Dierolf, Günther* und *Josef Lechner:* ‚Das Depositenzertifikat I', a.a.O., S. 760 - 763.

[24] Der Ausdruck „Finanzwechsel" soll nicht implizieren, daß hier die Bestimmungen des deutschen Wechselrechts in vergleichbarer Weise Anwendung finden.

[25] Papiere längerer Laufzeit müßten bei der Börsenaufsichtsbehörde SEC (Securities and Exchange Commission) registriert werden, was mit erheblichem zeitlichen Aufwand und hohen Kosten verbunden wäre. Vgl. *Glogowski, Erhard* und *Manfred Münch:* ‚Neue Finanzdienstleistungen', a.a.O., S. 234.

Rating Agencies ist in praxi unumgänglich.[26] Die geforderten Ratings stellen für kleinere inländische Unternehmen und besonders für ausländische Interessenten ("If You can't spell it, don't buy it") eine hohe Marktzutrittsschranke dar. Deren Überwindung erfolgt auf dem Weg der Beifügung einer Garantieerklärung (letter of credit) von einer amerikanischen Bank oder Versicherung mit entsprechender Einschätzung.[27]

Die Attraktivität des Commercial Paper-Marktes macht auf der Schuldnerseite der Umstand aus, daß die Zinsbelastung für die Liquiditätsbeschaffung gemeinhin 1 - 2 Prozent unter der Prime Rate liegt. Daneben sind die einfache technische Abwicklung, die hohe Flexibilität hinsichtlich Laufzeit und Beträgen sowie die Sicherheit der Absetzbarkeit von CP-Programmen zu nennen. Die Gläubiger finden eine breite Fälligkeitsstruktur vor und können ihre kurzfristigen Finanzierungsüberschüsse bei sehr geringem Risiko vergleichsweise günstig verzinsen.

Der Markt für Commercial Papers besteht in den USA schon seit etwa 100 Jahren. Die Einstufung von CP's als Finanzinnovation läßt sich dennoch rechtfertigen, da ihre Blütezeit erst etwa Mitte der sechziger Jahre begann und die amerikanischen CP's das Vorbild für die noch zu erörternden Euro-Commercial Papers waren. Nachdem 1966 der Gültigkeitsbereich der ‚Regulation Q' erweitert wurde, stieg das Volumen der umlaufenden Papiere fast doppelt so schnell an wie in den zehn Jahren zuvor. Der Markt hat heute einen Umfang von gut 335 Mrd. Dollar.[28] Dabei kam den Commercial Papers neben der bis heute geltenden Prospektfreiheit besonders zugute, daß die von Banken und Bank-Holdinggesellschaften aufgenommenen Gelder ursprünglich nicht der Mindestreserve unterlagen. Die Mindestreservefreiheit besteht noch heute für die bedeutenden Bereiche der Refinanzierung von Leasing-, Factoring- und Kreditkartengeschäften.[29]

---

[26] Folgende Rating-Symbole finden bei CP-Emissionen Beachtung: Standard & Poor's: A-1, A-2, A-3; Moody's: P-1, P-2, P-3; Fitch Investors Service: F-1, F-2, F-3. Für die am Commercial Paper-Markt geforderten hochkarätigen Adressen beschränken sich die Ratings auf die Stufen 1 und 2. Vgl. *Zahn, Hans E.:* ‚Finanzinnovationen – Glossarium', a.a.O., S. 126.

[27] Konkrete Beispiele für CP-Transaktionen auf diesem und anderen Wegen beschreibt anschaulich *Dufey, Gunter:* Finanzinnovationen in den USA – Entwicklung und Bedeutung für das internationale Bankgeschäft, in: Georg Bruns und Karl Häuser (Hrsg.), Innovationen auf Finanzmärkten, Schriftenreihe des Instituts für Kapitalmarktforschung an der J. W. Goethe-Universität Frankfurt am Main, Kolloquien-Beiträge 28, Frankfurt am Main 1986, S. 171 - 201; hier S. 184ff.

[28] Nach Angaben des *Board of Governors of the Federal Reserve System:* Federal Reserve Bulletin, June 1987, A23, Table 1.32. Aus dieser Tabelle geht hervor, daß das Volumen ausstehender Commercial Papers zwischen Dezember 1982 und Januar 1987 von 166.436 Mio. $ auf 336.996 Mio. $ gestiegen ist und sich somit in diesem Zeitraum mehr als verdoppelt hat.

[29] Vgl. *Schwolgin, Armin:* Finanzielle Innovationen und Mindestreservepolitik: Reformvorschläge auf Grund amerikanischer und deutscher Entwicklungen, Frankfurt am Main 1986, S. 161 - 162.

In der Bundesrepublik konnte sich ein vergleichbarer Firmengeldmarkt bisher nicht etablieren, was zum einen auf fehlende strukturelle und institutionelle Voraussetzungen auf dem deutschen Geldmarkt zurückzuführen ist und zum anderen auf der laut Bundesbank uneingeschränkten Mindestreservepflicht solcher Instrumente beruht. Renommierte deutsche Industrieunternehmen und Großbanken sind allerdings direkt am US-Markt für Commercial Papers präsent bzw. decken ihren Finanzbedarf zum Teil über dortige Tochtergesellschaften.[30]

2.1.1.3. Automatic Transfer Service (ATS)

Seit dem 1. November 1978 sind die US-Banken befugt, ihren Kunden (genauer: natürlichen Personen) einen von den commercial banks entwickelten automatischen Verrechnungsdienst (Automatic Transfer Service, ATS) anzubieten. Das ATS umfaßt den auf elektronischem Wege vorgenommenen jederzeitigen Mitteltransfer in beiden Richtungen zwischen einem konventionellen Sparkonto und einem besonderen Verrechnungskonto (ATS-Konto), das als vollwertiges Girokonto fungiert. Dadurch wird der Kunde in die Lage versetzt, mit der Bank eine bestimmte Guthabenhöhe für seine Sichteinlagen zu vereinbaren, die nicht über- oder unterschritten werden darf. Dieses Limit kann in beliebiger Größenordnung angesetzt werden. Wird beispielsweise ein beidseitiges Limit von Null für den Kontostand stipuliert, führt jede Belastung etwa in Form einer Scheckziehung ohne gesonderten Auftrag faktisch zu einer Abbuchung vom Sparkonto, während Gutschriften sofort den Sparguthaben zugeführt werden.

Die Vorteile für den Kontoinhaber liegen auf der Hand: Kostspielige Kontoüberziehungen werden qua Automatismus vermieden und die Liquidität der Sichteinlagen wird mit dem Zinsertrag der Spareinlagen verbunden. Die Banken konnten auf diesem Wege Mittel an sich binden, die sie ohne die de facto-Verzinsung der Sichteinlagen unweigerlich verloren hätten. Da die ‚Regulation Q' Zinszahlungen auf Sichtguthaben (demand deposits) de jure verbot, nahmen gegen Ende der siebziger Jahre die Opportunitätskosten der Geldhaltung auf Girokonten wegen des stark steigenden Preisniveaus und der anziehenden Marktzinsen so stark zu[31], daß in großem Umfang mit deren Abzug gerechnet werden mußte.[32]

---

[30] Dazu gehören unter anderem BMW, Daimler-Benz, Hoechst, Bosch, Henkel, die Deutsche Bank, die Dresdner Bank, die Westdeutsche sowie die Hessische und Norddeutsche Landesbank, die Bayerische Hypotheken- und Wechselbank, Siemens und Mannesmann.

[31] Zur Jahreshälfte 1976 lagen die Inflationsrate und die Marktzinsen, gemessen an der Rendite für Commercial Papers mit einer Laufzeit von 90 Tagen, gemeinsam bei knapp über 5%. Bis zum Jahr 1980 waren beide Größen auf rund 14% gestiegen. Eine graphische Darstellung der Verläufe findet sich bei *Gramley, Lyle E.*: Financial Innovations and Monetary Policy, in: Federal Reserve Bulletin, July 1982, S. 393 - 400; hier S. 393.

Der Nachteil der Erhöhung der Refinanzierungskosten der Banken durch die Einführung der ATS-Konten fiel dabei nicht so stark ins Gewicht, wie dies prima facie den Anschein hat. Die Guthaben auf ATS-Konten wurden nur mit den Mindestreservesätzen für Spareinlagen belastet und nicht mit den wesentlich höheren Sätzen der Sichtguthaben.[33] Der Transfer von Einlagen auf einem Girokonto auf das ATS-Konto reduzierte demzufolge das Mindestreserve-Soll der Banken.[34] Wurden dagegen die Guthaben von einem Sparkonto abgezogen, blieb die Mindestreservebelastung wegen der identischen Reservesätze unverändert.[35] Trotz des Mangels an präzisen Zahlenangaben über derartige Umschichtungsvorgänge für die Zeit nach 1979 ist aufgrund der umfangreichen Inanspruchnahme von ATS davon auszugehen, daß die Mindestreservepolitik der Fed durch dieses Instrument fühlbar umgangen wurde.[36]

2.1.1.4. Negotiable Orders of Withdrawal (NOW's)

Die NOW's sind eine Erfindung der Sparkassen, um trotz des Verbotes der Verzinsung scheckfähiger Konten eine dem ATS vergleichbare Dienstleistung anbieten zu können. Bereits 1970 kam eine Sparkasse in Massachusetts auf die Idee, sogenannte NOW-Konten mit einer den normalen Sparkonten entsprechenden Verzinsung zu offerieren.[37] Der Gebrauch dieser NOW-Konten für Transaktionszwecke wurde dadurch ermöglicht, daß man die Schecks, die auf diese Konten gezogen wurden, nicht ‚Schecks', sondern eben ‚Negotiable Orders of Withdrawal' (handelbare Zahlungsanweisungen) nannte. Damit

---

32 Nach Maier kam in diesem Zeitraum der "Krebsschaden staatlicher Regulierungen" zum Ausbruch. Siehe *Maier, Gerhard:* USA: Monetäre Innovationen – ihre Ursachen und Konsequenzen für die Geldpolitik, in: Die Bank, Nr. 11/1981, S. 542 - 546; hier S. 543.

33 Vgl. *Tatom, John A.:* Recent Financial Innovations: Have They Distorted the Meaning of M1?, in: Federal Reserve Bank of St. Louis, Review, April 1982, S. 23 - 35; hier S. 24.

34 Die Mindestreservesätze des Federal Reserve Board gelten grundsätzlich nur für Banken, die am Federal Reserve System teilnehmen (member banks). In diesem Fall haben aber praktisch alle Bundesstaaten für die ‚nonmember commercial banks' ähnlich differenzierte Reservevorschriften erlassen, so daß die Frage einer variierenden Mitgliedsquote hier ignoriert werden kann.

35 Gemäß einer Untersuchung des Federal Reserve Board ging man kurze Zeit nach Einführung des ATS davon aus, daß ungefähr 60% der ATS-Einlagen von Sichtguthaben und ca. 40% von Sparkonten stammen. Vgl. *Tatom, John A.* und *Richard W. Lang:* Automatic Transfers and the Money Supply Process, in: Federal Reserve Bank of St. Louis, Review, Nr. 2/February 1979, S. 2 - 10; hier S. 3.

36 Ebenso *Schwolgin, Arnim:* ‚Finanzielle Innovationen und Mindestreservepolitik', a.a.O., S. 171. Ohne der geldpolitischen Analyse in Teil II dieser Arbeit vorgreifen zu wollen, sei darauf hingewiesen, daß sich Tatom in seinen Beiträgen speziell mit ATS und den Auswirkungen auf Geldangebot, Gelddefinition etc. beschäftigt.

37 Vgl. *Mishkin, Frederic S.:* The Economics of Money, Banking, and Financial Markets, a.a.O., S. 225.

war die ‚Regulation Q' auf die NOW's nicht anzuwenden. Im Ergebnis hatten die mutual saving banks also zinsbringende und trotzdem scheckfähige Sparkonten geschaffen.

Trotz des beachtlichen Anfangserfolges der NOW-Konten gelang es den Geschäftsbanken, die bundesweite Legalisierung eine Reihe von Jahren zu verzögern.[38] Die commercial banks waren verständlicherweise nicht an einer Lockerung des Trennbankensystems und an Konkurrenz auf dem Sektor des Zahlungsverkehrs durch die Sparkassen interessiert. Erst der ‚Monetary Control Act' von 1980 gestattete es allen Geschäftsbanken und Sparinstituten in den gesamten Vereinigten Staaten, ab dem 1. Januar 1981 NOW-Konten einzurichten. Gleichzeitig wurden die Genossenschaftsbanken (credit unions) dazu ermächtigt, die praktisch identischen Share Draft Accounts (‚Anteilszeichnerkonten') einzurichten.

Die NOW's sind zumindest in den Anfangsjahren relativ starken Reglementierungen unterworfen worden. An erster Stelle sind die – bis zum Januar 1983 gültigen – Zinsobergrenzen zu nennen, die denen der Sparkonten entsprachen (5,25 %). Als Kontoinhaber wurden im wesentlichen nur Privatpersonen und Non-Profit-Organisationen zugelassen.[39] Hinsichtlich der Mindestreserve wurden die (relativ hohen) Sätze für normale Transaktionskonten übernommen, und zwar mit Gültigkeit für alle Finanzinstitute.[40] Obwohl die Scheckgebühren bei NOW-Konten über denen der normalen Sichtguthaben lagen, waren den NOW Accounts im Dezember 1981 über 50 Mrd. $ zugeführt worden[41], die zum großen Teil von Sparkonten stammten, denn bei identischer Zinsobergrenze boten NOW-Konten einen erheblichen Zuwachs an Liquidität.

---

[38] Die Verbreitung der NOW-Konten kam deshalb nur sukzessive voran. Zum 1. Januar 1974 sind die Banken in Massachusetts und New Hampshire autorisiert worden, NOW's anzubieten. 1976 kamen die anderen Neu-England-Staaten hinzu, 1978 wurden NOW's im Staate New York und 1979 in New Jersey erlaubt. Vgl. *Glogowski, Erhard* und *Manfred Münch:* ‚Neue Finanzdienstleistungen', a.a.O., S. 235.

[39] Vgl. *Simpson, Thomas D.* und *Patrick M. Parkinson:* Some Implications of Financial Innovations in the United States, in: Bank for International Settlements, Financial Innovation and Monetary Control, Basle March 1984, S. 272 - 302; hier S. 275.

[40] Zur Mindestreserveproblematik der NOW Accounts siehe *Tatom, John A.:* ‚Recent Financial Innovations', a.a.O., S. 25. Auf der Grundlage des „Monetary Control Acts" wurden 1980, abgesehen von einigen Übergangsregelungen, die Mindestreservebestimmungen auf alle Geschäftsbanken, Genossenschaftsbanken, Sparinstitute, ‚Edge-Act'-Gesellschaften und Niederlassungen ausländischer Banken ausgedehnt. Die ‚Edge-Act'-Gesellschaften sind in den USA beheimatete Finanzinstitute mit der Berechtigung, ihren Geschäftsbereich auf ausländische Märkte auszuweiten.

[41] Vgl. *Higgins, Bryon* und *Jon Faust:* NOW's and Super NOW's: Implications For Defining and Measuring Money, in: Federal Reserve Bank of Kansas City, Economic Review, January 1983, S. 3 - 18; hier S. 8f.

In den Geldmengenstatistiken des Board of Governors werden die NOW-Konten mit den ATS-Konten zu den "other checkable deposits" (OCD's) zusammengefaßt.[42] Deren Anteil an den gesamten Transaktionskonten ist seit ihrer Einführung ständig gestiegen.

Abb. 1: Anteil der OCD-Konten an den gesamten Transaktionskonten in den USA in den Jahren 1980 - 1987 (v.H.)

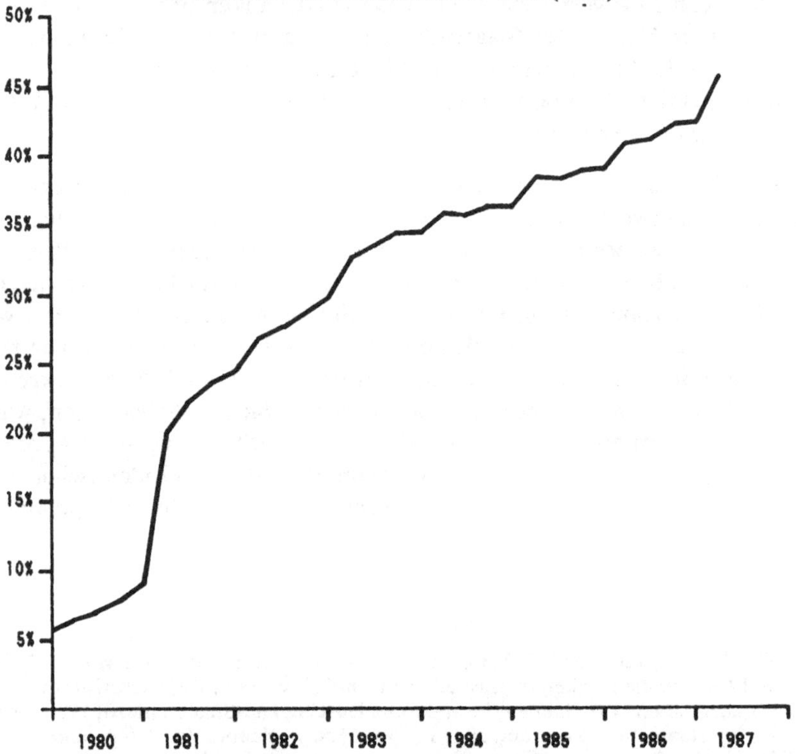

Quelle: Board of Governors[43]; eigene Berechnungen.

[42] Seit dem 5. Januar 1983 werden noch die ‚Super Now's' (siehe Gliederungspunkt 2.1.1.7.) hinzugerechnet, deren quantitativer Einfluß aber als relativ gering einzuschätzen ist.

[43] *Board of Governors of the Federal Reserve System:* Federal Reserve Bulletin, lfd. Ausgaben.

2.1.1.5. Money Market Mutual Funds (MMMF's)

Bei den Money Market Mutual Funds (auch: Money Market Funds) handelt es sich um Kapitalanlagegesellschaften, die im Gegensatz zu den Investmentfonds ihre Mittel in kurzfristigen und hochverzinslichen Geldmarktpapieren – vorwiegend Commercial Bank CD's und Commercial Papers – anlegen. Die durchschnittlichen Laufzeiten der in den Portefeuilles der Geldmarktfonds gehaltenen Aktiva betragen häufig nur 20 bis 40 Tage, die Streuung zwischen den einzelnen Fonds ist allerdings erheblich.[44] Die Einlage bei einem MMMF ist mit der Anteilseignerschaft des Gläubigers an dem betreffenden Fonds verbunden, wobei die ausgegebenen Investmentzertifikate in der Regel eine Mindeststückelung von 500 Dollar aufweisen. Der obligatorische Einsatz kann je nach Fonds auch darunter liegen oder aber bis zu 5000 $ betragen. Die Anteile an den MMMF's können jederzeit und ohne Entrichtung eines Strafzinses oder sonstiger Gebühren in beliebiger Größenordnung zum Tageswert (Rückzahlungspreis) zurückgegeben werden.

Für das breite Echo, das die MMMF's in der Öffentlichkeit gefunden haben, ist ein weiteres Konstruktionsmerkmal verantwortlich. Die Anleger können über ihre Fondseinlage nicht nur täglich per telegrafischer Anweisung verfügen, sondern auch Schecks auf ihre Anteile ziehen, die über ein Transaktionskonto verrechnet werden. Diese vielbeachtete Möglichkeit der Scheckziehung auf Geldmarktfonds-Konten ist insofern etwas eingeschränkt, als dafür nomalerweise ein Minimalbetrag von 500 Dollar erforderlich ist.[45] Grundsätzlich stellen die MMMF-Anteile hochverzinsliche, täglich fällige Guthaben dar, die Girokonten einen Investmentcharakter verleihen[46] und als potentielles Transaktionsmedium zur Verfügung stehen.

Kleinanlegern, die ansonsten die hohen Mindesteinsätze an den Geldmärkten nicht aufbringen könnten (100.000 $ am US-Geldmarkt, 1 Mio. $ am Eurodollarmarkt), wird über die geringe Stückelung der Fondsanteile der Zugang zu diesen Märkten erst eröffnet. Aber auch kapitalkräftige Investoren bedienen sich gerne der Serviceleistungen der Money Market Mutual Funds, die aufgrund der Poolung der anlagesuchenden Gelder und der Spezialisierung der Fondsmanager häufig einen Kostenvorteil und Ertragszuwachs erzielen. Die Verzinsung der MMMF-Anteile orientiert sich an der Durchschnitts-

[44] Vgl. *Springe, Hans-Dieter auf der:* US-amerikanische Money Market Funds, in: Die Bank, Nr. 4/1981, S. 178 - 181; hier S. 179.

[45] Es gibt aber Überlegungen, den Service in dieser Hinsicht noch zu erweitern. Ein großes Brokerhaus z.B. gestattet Scheckabbuchungen in jeder Höhe, wenn der Kontoinhaber über diese Firma mindestens 20.000 Dollar investiert hat. Vgl. *Dotsey, Michael; Steven Englander* und *John C. Partlan:* Money Market Mutual Funds and Monetary Control, in: Federal Reserve Bank of New York, Quarterly Review, No. 4/ Winter 1981-82, S. 9 - 17; hier S. 10.

rendite der gehaltenen Geldmarktpapiere, wobei der Abschlag für Verwaltungskosten und Fondsgewinn weniger als ein Prozent p. a. ausmacht.

Der erste MMMF wurde 1971 kreiert.[47] Die Finanzinnovation ‚Geldmarktfonds' wurde so gestaltet, daß sie faktisch die Funktion von verzinslichen Girokonten erfüllen konnte, de jure aber nicht unter die Mindestreservevorschriften und Höchstzinserlasse viel. Der Federal Reserve Bord versuchte 1980, die MMMF's dem geldpolitischen Instrumentarium über die Erhebung einer 15%igen Mindestreservepflicht zugänglich zu machen, doch war diesem Versuch nur wenig Erfolg beschieden. Obwohl die Regelung erst am 15. März eingeführt wurde, folgte schon im Frühsommer eine Halbierung der Reservesätze, bevor sie am 28. Juli gänzlich auslief.[48] Die Verzinsung der Fondsgelder war deswegen von Beginn an leicht oberhalb derjenigen von Bankeinlagen angesiedelt.

Die Reaktion des Marktes auf diese für den Betrachter recht attraktive Idee blieb anfänglich überraschend zurückhaltend. Ende 1977 hatten die Amerikaner bescheidene 3,8 Mrd. $ in Geldmarktfonds angelegt. Geradezu dramatisch änderte sich die Situation im Frühjahr 1979, als die Marktzinsen auf über 10% stiegen und damit die gesetzlich zulässige Maximalverzinsung von Termin- und Spareinlagen in Höhe von 5½% weit hinter sich ließen. Das Vermögen der Geldmarktfonds stieg auf über 10 Mrd. $ an. In den darauffolgenden Jahren setzte sich das explosive Wachstum der MMMF's nahezu ungebrochen fort. Zwischen Dezember 1980 und Dezember 1981 hatten sich die Fondsguthaben mehr als verdoppelt und lagen schon bei über 180 Mrd. Dollar. Der Anreiz für derart gewaltige Umschichtungen war die verbesserte Ertragssituation der MMMF's zu Beginn der achtziger Jahre: Anfang 1981 betrug die Durchschnittsrendite amerikanischer Geldmarktfonds fast 18 Prozent. Ende 1986 verwalteten die Geldmarktfonds ein Vermögen von rund 300 Mrd. Dollar.[49]

---

[46] Vgl. *o. V.:* Giro mit Investment, in: Wirtschaftswoche, Nr. 16/10. 4. 1981, S. 96 - 97.

[47] Mishkin nennt als Erfinder Bruce Bent und Henry Brown, zwei Außenseiter der Wall Street-Szene. Vgl. *Mishkin, Frederick S.:* The Economics of Money, Banking, and Financial Markets, a.a.O., S. 226.

[48] Als Grund wird der massive Widerstand der Finanzwirtschaft angegeben. Vgl. *Schwolgin, Arnim:* ‚Finanzielle Innovationen und Mindestreservepolitik', a.a.O., S. 155.

[49] Der Marktführer Merrill Lynch Rdy. Assets kam 1981 schon auf 15 Mrd. $, ein durchschnittlicher Fonds verwaltet etwa 1 Mrd. $.

Abb. 2: Entwicklung der Money Market Mutual Funds in den Jahren 1976 - 1986 (Fondsvermögen in Mrd. US-Dollar)

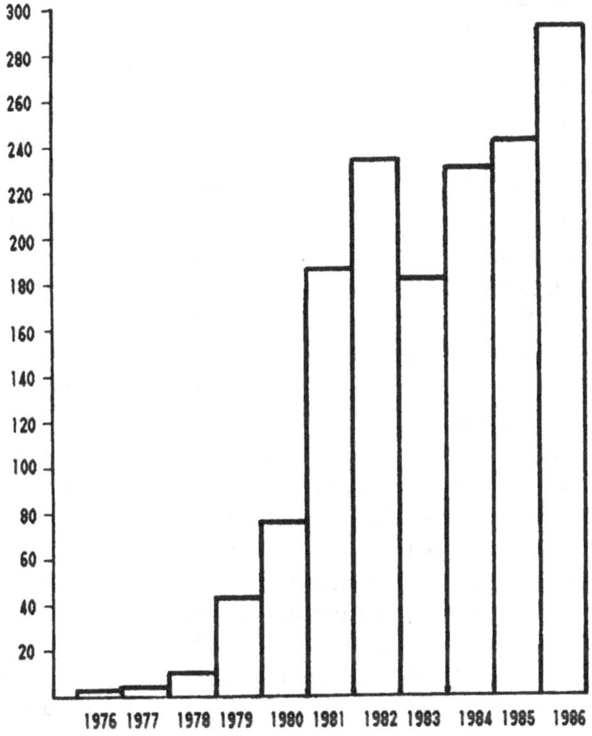

Datenquelle: Board of Governors.

Die Gründung von Geldmarktfonds in der Bundesrepublik ist bisher untersagt, da das deutsche ‚Gesetz über Kapitalanlagegesellschaften' den Investmentfonds vorschreibt, die eingezahlten Gelder grundsätzlich nur in börsengehandelten Wertpapieren anzulegen. Eine direkte Beteiligung an den im Ausland domizilierenden Geldmarktfonds ist den Anlegern allerdings unbenommen. In Luxemburg sind inzwischen auch DM-Geldmarktfonds aufgelegt worden, die das Wechselkursrisiko für deutsche Anleger ausschalten.[50]

Die Diskussion über eine etwaige Liberalisierung des gesetzlichen Rahmens ist von der Deutschen Bundesbank mit dem Hinweis auf geldpolitische Bedenken lange Zeit äußerst reserviert geführt worden.[51] Neuerdings scheint sich

[50] Vgl. *Büschgen, Hans E.*: ‚Finanzinnovationen', a.a.O., S. 318.

[51] *Schwolgin* spricht sogar von einer bewußten Tabuisierung dieses Themas und hielt deshalb noch 1986 eine Einführung deutscher Geldmarktfonds nach amerikanischem

eine Entwicklung abzuzeichnen, die die Chancen für die Zulassung bundesdeutscher Geldmarktfonds steigen läßt. Zur Zeit ist im niedersächsischen Landtag ein Gesetzentwurf zur Novellierung des Gesetzes über Kapitalanlagegesellschaften anhängig, der nachfolgend in den Bundesrat eingebracht werden soll.[52] Der Hintergrund, vor dem sich die Deutsche Bundesbank dazu bewogen (bzw. gezwungen) gesehen hat, sich nicht länger gegen einen globalen Finanzmarkttrend zu sperren und eine eventuelle Schwächung der Durchschlagskraft ihrer Geldpolitik hinzunehmen[53], ist folgender: Gemäß einer EG-Harmonisierungs-Richtlinie, die bis zum 1. Oktober 1989 in allen Staaten der Gemeinschaft umgesetzt sein muß, können von diesem Zeitpunkt an britische, französische und sonstige Fondsgesellschaften ihre Angebote auch in der Bundesrepublik offerieren. Die deutsche Kreditwirtschaft befürchtet natürlich einen eklatanten Wettbewerbsnachteil.[54]

Dem Streben der Investmentbranche nach Erweiterung der Anlagespielräume nachzugeben, könnte der Bundesbank dadurch erleichtert worden sein, daß empirische Ergebnisse von Untersuchungen in den USA darauf hindeuten, daß die scheckfähigen MMMF-Konten bisher nicht in relevanter Größenordnung zur Finanzierung von Transaktionen herangezogen worden sind. Der gängige Indikator für die Zahlungsmitteleigenschaften von Guthaben ist die Umschlagshäufigkeit, gemessen an der sogenannten turnover rate (Volumen der Abhebungen ÷ Durchschnittsguthaben)[55]. Die Umschlagsrate der MMMF-Konten liegt durchschnittlich bei 2,9 und ist relativ stabil; sie ist demzufolge weit niedriger als bei Sichteinlagen (178,3) und liegt auch unter der von NOW- und ATS-Konten (14,3). Die turnover rate der MMMF's entspricht ungefähr der von Spareinlagen, die Werte zwischen zwei und drei aufweisen. Auch die Zahl der gezogenen Schecks pro Konto liegt bei Sichtguthaben mit 240 pro Jahr unvergleichlich höher als bei den Geldmarktfonds-Konten, die jahresdurchschnittlich nur mit knapp zwei Schecks belastet werden.[56]

Vorbild für eher unwahrscheinlich. Vgl. *Schwolgin, Arnim:* ‚Finanzielle Innovationen und Mindestreservepolitik', a.a.O., S. 155f.

[52] Vgl. *o. V.:* Chancen für Zulassung von Geldmarktfonds wachsen, in: Frankfurter Allgemeine Zeitung, Nr. 40/17. Februar 1988, S. 11.

[53] DM-Geldmarktfonds deutscher Finanzunternehmen wären nur dann konkurrenzfähig, wenn sie nicht unter § 16 Bundesbankgesetz fielen, da die Fonds ausländischer Anbieter nach den geltenden Vorschriften nicht mindestreservepflichtig sind.

[54] Vgl. *Müller, Mario:* Parkplätze für Bares, in: Wirtschaftswoche, Nr. 9/26. 2. 1988, S. 64 - 66.

[55] Auf die Bedeutung der Umschlagsrate und die Analyseergebnisse gehen näher ein *Dotsey, Michael; Steven Englander* und *John C. Partlan:* Money Market Mutual Funds and Monetary Control, a.a.O., S. 13. Die turnover rate errechnet sich folgendermaßen:

$$\text{Turnover}_t = \frac{R_t}{(A_t + A_{t-1}) \div 2} \cdot 12 \qquad \begin{array}{l} R = \text{redemptions} \\ A = \text{assets} \end{array}$$

[56] Siehe *Maier, Gerhard:* Geldmarktfonds – eine Gefahr für die Geldpolitik?, in: Zeitschrift für das gesamte Kreditwesen, Nr. 8/1982, S. 308 - 311; hier S. 310. Der

Davon, daß „vielen der rund fünf Millionen amerikanischen Geldmarktfondsbesitzer ihr Geldmarktfonds bereits das Girokonto ersetzt", kann also, obwohl es im Prinzip technisch möglich wäre, gar nicht die Rede sein.[57] Ungeachtet dieser beruhigenden Kennzahlen für den Liquiditätsgrad der MMMF's ist nicht geklärt, ob deutsche Geldmarktfonds-Konten überhaupt die Eigenschaft der Scheckfähigkeit aufweisen werden, da diesbezügliche Erklärungen der Investmentbranche eher Zurückhaltung signalisieren.

2.1.1.6. Money Market Deposit Accounts (MMDA's)

Die Einführung der Money Market Deposit Accounts am 14. Dezember 1982 ist als Reaktion der Kreditwirtschaft auf die MMMF's zu verstehen, deren Popularität einen empfindlichen Mittelabfluß aus dem Bankensektor bewirkte.[58] Der „Garn-St. Germain Depository Instituions Act" von 1982 instruierte das Deregulierungskomitee (Depository Institutions Deregulation Committee, DIDC), die Banken zu autorisieren, ein neues Finanzinstrument zu kreieren, um sie in die Lage zu versetzen, ein direktes Equivalent zu den Geldmarktfonds anzubieten und mit diesen konkurrieren zu können.

Die MMDA's wurden, sofern sie ein monatliches Durchschnittsguthaben von mindestens 2.500 $ aufweisen, von Zinsobergrenzen freigestellt. Hinsichtlich der Berechtigung zur Führung dieser Konten wurden ebenfalls keine Einschränkungen gemacht, die MMDA's privater Haushalte (personal MMDA's) sind jedoch von der Mindestreservepflicht freigestellt. Im übrigen gelten die Reservesätze für Termin- bzw. Spareinlagen.[59] Die Verfügungsgewalt über die

---

geringe Substitutionscharakter der MMMF-Konten für die Transaktionskonten der Einlageninstitute wird auch von Hubbard betont. Vgl. *Hubbard, Carl M.:* Money Market Funds, Money Supply, and Monetary Control: A Note, in: The Journal of Finance, No. 4/September 1983, S. 1305 - 1310.

[57] Das Zitat stammt aus *o. V.:* Giro mit Investment, a.a.O., S. 97. Den Skeptikern aus dem Hause der Bundesbank ist indes zugute zu halten, daß der prognostische Wert der vorgelegten Zahlen völlig ungeklärt ist. Die neuesten verfügbaren Daten für die turnover rates des Jahres 1986 deuten dies bereits an: Für Sichteinlagen wird ein Wert von 564,0 (!) angegeben, ATS- und NOW-Konten haben eine Umschlagsrate von 16,8 mit steigender Tendenz. Die Sparguthaben lagen 1984 bei 5,0 und sind 1986 wieder auf 3,1 zurückgefallen. Für MMMF's werden keine Angaben gemacht. Siehe *Board of Governors:* Federal Reserve Bulletin, verschiedene Ausgaben.

[58] Die Ausführungen zu den MMDA's und den nachfolgenden Super-NOW's basieren im wesentlichen auf *Furlong, Frederick T.; Alan Boyce* und *Guido van der Ven:* New Deposit Instruments, in: Board of Governors of the Federal Reserve System, Federal Reserve Bulletin, May 1983, S. 319 - 326. In diesem Aufsatz werden die Ausstattungsmerkmale sowie die Marktakzeptanz der beiden Finanzinnovationen sehr detailliert abgehandelt. Eine interessante Analyse der isolierten geldpolitischen Effekte von MMDA's und Super-NOW Accounts nimmt vor *Tatom, John A.:* Money Market Deposit Accounts, Super-NOWs and Monetary Policy, in: Federal Reserve Bank of St. Louis, Review, March 1983, S. 5 - 16.

[59] Die turnover rates der MMDA's liegen zwischen drei und fünf; insofern läßt sich die Einstufung als Sparkonto durchaus rechtfertigen.

eingezahlten Gelder ist insofern relativ stark eingeschränkt, als nur sechs Überweisungen pro Monat (automatisch oder fernmündlich) erlaubt sind, wobei höchstens drei per Scheck vorgenommen werden dürfen. Persönliche Einzahlungen oder Abhebungen sind nicht reglementiert.

Am Beispiel der MMDA's dokumentiert sich hervorragend, wie schnell und vorbehaltlos Finanzinnovationen in den USA die Märkte durchdringen können. Bereits im März 1983, also nur drei Monate nach deren Einführung, erreichten die MMDA's einen Anteil von über 15,5 % am Geldmengenaggregat M2, dem sie in den USA zugerechnet werden. Aus Tab. 1 geht hervor, daß die MMDA's damit nach nur einem Quartal ihr relatives Potential weitgehend ausgeschöpft hatten. Die beträchtlichen Mittelzuflüsse stammten aus verschiedenen Quellen, speziell den kleinen Termin- und Guthaben. Einiges deutet auch darauf hin, daß erhebliche Umschichtungen von den Money Market Mutual Funds zu den Money Market Deposit Accounts stattgefunden haben. So werden die MMDA's für den kräftigen Rückgang der Einlagen bei den MMMF's im Jahre 1983 verantwortlich gemacht (vgl. Abb. 2). Die Gründe für den empfindlichen Mittelabzug waren, daß die Zinsgebote der MMDA's in den ersten Monaten 2½ bis 3 Prozent über denen der MMMF's lagen (‚Lockvogel'-Angebote) und die Geldmarktfonds-Guthaben im Gegensatz zu den MMDA's nicht der staatlichen Einlagenversicherung angehörten. Die geringere Verfügbarkeit über die eingezahlten Gelder fiel demgegenüber offenbar nicht so stark ins Gewicht; die Umschlagsraten der MMMF- und MMDA-Einlagen bewegen sich in vergleichbaren Größenordnungen.

Tab. 1: Entwicklung des MMDA-Einlagenvolumens und dessen prozentualer Anteil an M2

MMDA's	1983	1984	1985	1986
Einlagen (in Mrd. US-Dollar)	379,9	417,4	513,2	571,2
Anteil an M2 (in v. H.)	17,3	17,6	20,0	20,4

Quelle: Board of Governors; eigene Berechnungen.

2.1.1.7. Super-NOW Accounts (SNA's)

Seit dem 4. Januar 1983 gestattet das DIDC die Führung sogenannter Super-NOW's, die in etwa mit den MMDA's vergleichbar sind. Ab einem Mindestguthaben von 2.500 $ werden ebenfalls keine Zinsvorschriften gemacht. Die Anzahl der Überweisungen ist aber im Gegensatz zu den MMDA's nicht limitiert, sie werden demzufolge den Transaktionskonten hinzugerechnet und unterliegen den entsprechenden Mindestreservebedingungen. Zur Führung solcher Konten sind nur private Haushalte, Regierungsstellen und bestimmte gemeinnützige Organisationen berechtigt.

Die SNA's sind zwar in ihrer Wirkung nicht zu vernachlässigen, ihre Entwicklung verlief aber weit weniger dramatisch als die der MMDA's. Die Zinsen der MMDA's wurden in den ersten Monaten oberhalb des Marktzinssatzes angesetzt, vermutlich ging ein Teil des Erfolges der Money Market Deposit Accounts, die drei Wochen früher eingeführt wurden, deswegen auf Kosten der Super-NOW's. Auf Dauer können die ‚personal MMDA's' etwas höhere Zinsen offerieren, da sie von der Mindestreserve befreit sind. Die SNA's profitierten folgerichtig im wesentlichen auch nur von Umschichtungen von anderen Transaktionskonten. Trotzdem hatten sie im März 1983 einen Anteil von 23,2 % an den zinsbringenden und scheckfähigen Einlagen.

2.1.1.8. Cash Management Accounts (CMA's), Sweep Accounts (SA's)

Zwei der jüngsten Angebote am amerikanischen Geldmarkt stammen von US-Brokerhäusern. Die Cash Management Accounts dienen dem Zweck, die unverzinslichen Kassenbestände zu minimieren. Erreicht wird dies über die elektronische Verknüpfung eines Verrechnungskontos mit einem Wertpapierkonto, die dafür sorgt, daß überschüssige Guthaben (free credit balances) rentierlich angelegt werden, beispielsweise im hauseigenen Geldmarktfonds. Die CMA's von Merrill Lynch gestatten zusätzlich die Verfügung per Scheck oder Visa Card über die Bareinlagen zuzüglich eines Überziehungskredites bis zu einem bestimmten Prozentsatz des Wertpapierbestandes.

Eine weiterentwickelte Variante der CMA's stellen die Sweep Accounts (‚Auskehrkonten') dar. Die automatische Mittelübertragung wird hier auf täglicher Basis vorgenommen, so daß das Verrechnungskonto auf einem vorher vereinbarten Stand gehalten wird. Auf diesem Weg gelingt neben der Erzielung einer marktmäßigen Rendite auch die wirksame Umgehung der Mindestreserve, da nur Tagesendbestände in die Berechnung eingehen.[60] Die SA's beschränken sich bis jetzt noch auf finanzkräftige Großunternehmen, der Fortschritt in der Computertechnik wird sie in absehbarer Zeit aber auch für mittlere und kleinere Unternehmen sowie private Haushalte rentabel machen.

Wie das ‚deposit-sweeping' geldpolitisch in den Griff zu bekommen wäre, ist den verantwortlichen Instanzen der USA offenbar noch völlig unklar. Verbreitete Prognosen gehen folglich davon aus, daß unter den gegenwärtigen

[60] Vgl. *Schwolgin, Arnim:* ‚Finanzielle Innovationen und Mindestreservepolitik', a.a.O., S. 39. Daneben entsteht natürlich auch ein Fehler in der Geldmengenstatistik, denn die Bestände der verschiedenen Aggregate werden ebenfalls erst am späten Nachmittag ermittelt.

Umständen und angesichts der vorhersehbaren weiten Verbreitung der CMA's, SA's und ähnlicher Instrumente die Transaktionskonten und deren Substitute in nicht ferner Zukunft überwiegend oder vollständig mindestreservefrei sein werden und marktgebundene Zinsen bringen. Die Banken und andere Institute werden eine breite Palette von Instrumenten mit unterschiedlich kombinierten Transaktions- und Investitionseigenschaften offerieren.[61]

2.1.1.9. Repurchase Agreements (RPA's)

Die RPA's existieren bereits längere Zeit an den amerikanischen Geldmärkten, interessant sind sie jedoch erst geworden, als sie als Möglichkeit zur Umgehung der ,Regulation Q' und der Mindestreservevorschriften[62] in der Mitte der siebziger Jahre neuentdeckt wurden. Repurchase Agreements sind Pensionsgeschäfte, bei denen eine Bank Wertpapiere an einen Kunden verkauft und sich gleichzeitig verpflichtet, diese zu einem bestimmten Zeitpunkt und zu dem vorher vertraglich fixierten Preis zurückzunehmen. Die Verzinsung ergibt sich aus der Differenz zwischen Verkaufs- und Rücknahmepreis. Die Laufzeiten sind flexibel, es dominiert aber die Fristsetzung von nur einem Geschäftstag (overnight RPA's). Die kurzlaufenden RPA's werden meist über Summen von 1 Mio. US-$ oder einem Vielfachen davon abgeschlossen; nur RPA's mit Jahresfrist als Substitut für mindestreservepflichtige Termineinlagen sind auch mit einer Stückelung von 1000 Dollar erhältlich (Retail Repurchase Agreements).

RPA's eröffneten damit vor allem Industrie- und Handelsunternehmen die willkommene Gelegenheit, hohe Liquiditätsüberschüsse kurzfristig zu Marktbedingungen gut verzinst und risikoarm anzulegen. Den Banken wurde ein weiteres, disponibel einsetzbares, Instrument an die Hand gegeben, mit dem sie die Passivseite ihrer Bilanz hinsichtlich der kurzfristigen Verbindlichkeiten über die freie Vereinbarung der Vertragskonditionen von RPA's offener als bisher gestalten können. Der vorteilhafte Charakter der Repurchase Agree-

---

[61] So kann man sich beispielsweise leicht ausmalen, daß das ,sweeping', also das übertragen von Guthaben auf andere beliebige Anlageformen, zu jeder Tages- und Nachtzeit vom Terminal im Büro oder Wohnzimmer aus möglich sein wird. Derartige Erwartungen hegt auch Solomon, Präsident der Federal Reserve Bank von New York, der vorhersagt, daß Finanzinnovationen, speziell die Sweep Accounts, noch vor 1992 eine fundamentale Neubewertung des Nutzens von Geldmengenzielen erforderlich machen werden. Vgl. *Solomon, Anthony M.:* New Strategies for the Federal Reserve?, in: Challenge, March-April 1982, S. 18 - 24. Ähnlich skeptisch bezüglich der Konsequenzen des ,deposit-sweeping', insbesondere hinsichtlich der Konstruktion und Messung der relevanten Geldmengenaggregate, ist *Morris, Frank E.:* Do the Monetary Aggregates Have a Future as Targets of Federal Reserve Policy?, in: New England Economic Review, March-April 1982, S. 5 - 14.

[62] Das Vorhaben vom Oktober 1979, die RPA's mit einem Reservesatz von 8% zu belasten, ist nach der Erhöhung der Sonderreserve auf 10% im April 1980 im Juli desselben Jahres aufgegeben worden.

ments für beide Marktseiten zeigt sich daran, daß das Volumen ausstehender RPA's von Banken mit Nichtbanken 1982 fast 40 mal höher war als 1970.

Aus geldpolitischem Blickwinkel ist ebenfalls interessant, daß auch die umgekehrte Vertragsgestaltung, die kurzfristige kreditäre Mittelaufnahme von Nichtbanken durch Verkauf ihrer Wertpapiere (z. B. Staatsanleihen) auf der Basis einer Rückkaufsvereinbarung, am RPA-Markt üblich ist (Reverse Repurchase Agreements). Dies könnte Auswirkungen auf die Geldnachfrage durch eine Verringerung der Geldhaltung in Form von Bargeld oder Sichteinlagen aus dem Vorsichtsmotiv nach sich ziehen. Besonders für die Jahre 1974 - 1976 scheint sich diese Hypothese zu bestätigen. In diesem Zeitraum war das Geldmengenwachstum in der engen Abgrenzung um durchschnittlich 2,75 Prozentpunkte geringer als vorhergesagt. Der Prognosefehler läßt sich ex-post beträchtlich durch die Berücksichtigung der RPA's in der Geldnachfragefunktion verringern.[63]

2.1.1.10. Convertible Bonds

Der Convertible Bond – zu deutsch: Wandelanleihe – ist ein am US-Kapitalmarkt entwickeltes Finanzierungsinstrument, das seinem Wesen nach ein festverzinsliches Wertpapier darstellt. Es handelt sich also um eine Obligation mit einer festen Verzinsung bei gegebener Laufzeit. Im Gegensatz zum herkömmlichen Straight Bond wird dem Anleger jedoch die Möglichkeit gegeben, die Anleihe innerhalb einer bestimmten Frist (meist fünf bis zehn Jahre) zu genau festgelegten Konditionen in Aktien des emittierenden Unternehmens umzutauschen.

Aus der Sicht des Investors sind Convertible Bonds geeignet, die Lücke im Ertrags-/Risikopotential zwischen Rentenpapieren und Aktien zu schließen. Dem Anleger wird neben einem stabilen Einkommen und regelmäßigen Zinszahlungen eine durch den Schuldner garantierte Kapitalrückzahlung am Ende der Laufzeit geboten. Im Konkursfall hat er gegenüber den Aktionären bevorrechtigte Ansprüche. Trotz des limitierten Risikos bewahrt sich der Anleger die Chance, an einer eventuellen Wertsteigerung der unterliegenden Aktien zu partizipieren, da er in einem solchen Fall die Wahl hat, entweder seine im Kurswert ebenfalls gestiegenen Wandelanleihen vor Ablauf der Laufzeit zu

---

[63] Der Fall des ‚missing money' ist lebhaft diskutiert worden. Siehe dazu z. B. *Wenninger, John; Lawrence Radecki* und *Elizabeth Hammond:* Recent Instability in the Demand for Money, in: Federal Reserve Bank of New York, Quarterly Review, No. 2/ Summer 1981, S. 1 - 9. Ähnliche Ergebnisse zeitigte die Untersuchung von *Porter, Richard D.; Thomas D. Simpson* und *Eileen Mauskopf:* Financial Innovation and the Monetary Aggregates, in: Brookings Papers on Economic Activity, Nr. 1/1979, S. 213 - 229. Schlußfolgerungen für die geldpolitische Praxis zieht *Lindsey, David E.:* Recent Monetary Developments and Controversies, in: Brookings Papers on Economic Activity, Nr. 1/1982, S. 245 - 268.

verkaufen[64], oder von seinem Tauschrecht Gebrauch zu machen, um von einem weiteren Wertanstieg der Aktien direkt zu profitieren. Der einzukalkulierende Kursrückgang eines Convertible Bond wird durch seinen Anleihecharakter gebremst, denn der errechenbare Preis einer Obligation mit gleicher Verzinsung bildet eine absolute Wertuntergrenze. Für den bundesdeutschen Investor sind Convertible Bonds auch aus steuerlichen Gründen besonders attraktiv, denn die sichere Verzinsung des eingesetzten Kapitals erleichtert es, die Anleihe länger als sechs Monate zu halten, um eventuelle Kursgewinne nach Ablauf der Spekulationsfrist steuerfrei realisieren zu können.[65]

Den Vorteilen des Convertible Bond steht aus Anlegerperspektive eine Verzinsung gegenüber, die im allgemeinen niedriger ist als die Kapitalmarktrendite bzw. der Kurs eines normalen festverzinslichen Wertpapiers. Zudem wird bei der Umwandlung eines Convertible Bond in Aktien die sogenannte Wandelprämie fällig. Die Wandelprämie bringt zum Ausdruck, um welchen Prozentsatz der Erwerb der Aktie über die Wandelanleihe teurer ist als der direkte Aktienkauf. Sie ergibt sich aus dem vertraglich festgelegten Wandlungskurs, in Beziehung gesetzt zum Börsenkurs der Aktie:

$$\text{Wandlungsprämie} = \frac{\text{Wandlungskurs} - \text{Börsenkurs der Aktie}}{\text{Börsenkurs der Aktie}} \cdot 100$$

Die emittierenden Unternehmen bedienen sich in erster Linie der Convertible Bonds, weil über dieses Finanzierungsinstrument die Kapitalbeschaffung billiger ist als bei der Ausgabe normaler Anleihen oder der Aufnahme von Krediten. Sofern das Wandlungsrecht ausgeübt wird, fließen der Gesellschaft neue Eigenmittel zu. Da der Umtauschkurs über dem aktuellen Börsenkurs der Aktie angesetzt wird, muß der Emittent weniger Aktien ausgeben als bei einer normalen Emission, um einen gegebenen Kapitalbedarf zu decken. Die Finanzierung über den Verkauf von Convertible Bonds ist für Unternehmen besonders in den Zeiten interessant, in denen die Ausgabe von Aktien problematisch erscheint, etwa kurz nach der Gründung oder in Perioden mit relativ geringer Ertragskraft.

---

64 Zwischen dem Kurs der Wandelanleihe und der unterliegenden Aktien besteht insofern ein Konnex, als die aktuellen Aktienkurse die zu erwartende Entwicklung der Kurse beeinflussen und damit auch den Wert der Wandelanleihe bestimmen. Weitere wichtige Konstruktionsmerkmale für die recht komplizierte Kurswertberechnung einer Wandelanleihe sind der Zinssatz, die Laufzeit, der früheste Umtauschtermin, die Umtauschfrist und die Wandlungsprämie. Siehe dazu *Bühler, Wilhelm u. a.:* Finanzinnovationen, Wilhelm Bühler (Hrsg.), Schriftenreihe des Instituts für Kredit- und Versicherungswirtschaft, Abteilung Bankbetriebslehre, Band 12, Wien 1985, S. 89f.

65 Vgl. *Glogowski, Erhard* und *Manfred Münch:* ‚Neue Finanzdienstleistungen', a.a.O., S. 242.

2.1.1.11. Zero-Bonds

Zero-Bonds sind 1981 in den USA zum ersten Mal in Erscheinung getreten. Noch im selben Jahr breiteten sich die Zero's an den Euromärkten aus, auf die 1982 eine wahre Welle von Zero-Bond-Emissionen zurollte. In der Bundesrepublik ist die Ausgabe von in DM denominierten Null-Kupon-Anleihen seit dem 1. Mai 1985 im Zuge der ‚Restliberalisierung' des Kapitalmarktes erlaubt.[66]

Die Besonderheit von Schuldverschreibungen in Form von Zero-Bonds ist der Umstand, daß sie keinen Zinskupon aufweisen, also keine laufenden Zinsen gezahlt werden. Die Zinsen und Zinseszinsen werden thesauriert und bei Endfälligkeit der Anleihe zusammen mit dem ursprünglich eingezahlten Kapitalbetrag an den Anleger zurückgezahlt. Die Rendite der Zero's ergibt sich aus dem Unterschiedsbetrag zwischen Emissions- und Einlösungspreis. Hinsichtlich der Zins- und Zinseszinsansammlung ist es gleich, ob der Zero-Bond als Kapitalzuwachsanleihe ausgestaltet ist, das heißt, die Ausgabe erfolgt zu einem Kurs von 100% und der Rückzahlungskurs liegt weit darüber; oder ob die gängigere Form des Abzinsungs- bzw. Diskontpapiers gewählt wird, bei dem der Emissionskurs weit unter 100% liegt und die Rückzahlung zu pari erfolgt.

Zero-Bonds bieten Anlegern, die nicht an regelmäßigen Zinserträgen interessiert sind, verschiedene Vorteile: Unterstellt man, daß das Wertpapier bis zur Endfälligkeit gehalten wird, bieten Zero's dem risikoaversen Erwerber größtmögliche Sicherheit, denn Emissionskurs und Rückzahlungskurs sind fest vereinbart und die risikobehaftete Reinvestition von Zinserträgen entfällt. Ein Kündigungsrecht für Zero's ist grundsätzlich nicht vorgesehen. Der Erwerb eines Zero's mit hoher Emissionsrendite garantiert also gleichzeitig die Weiterverzinsung der im Zeitablauf kumulierten Zinserträge in derselben Höhe über die gesamte Laufzeit. Hält der Investor den Zero bis zur Fälligkeit, kann er sich also vom schwankenden Kapitalmarktzins ‚abkoppeln', was natürlich bei der Erwartung sinkender Zinsen besonders interessant ist.

Ein weiterer Beweggrund für den Erwerb von Zero-Bonds können steuerliche Gesichtspunkte sein. Der Kapitalertrag als Differenz zwischen Emissions- und Einlösungspreis einer Null-Kupon-Anleihe, die über die gesamte Laufzeit im Besitz des Anlegers war, muß nach bundesdeutschem Steuerrecht erst im Jahr der Fälligkeit versteuert werden. Dadurch ergibt sich der Vorteil einer Steuerstundung bis zum Zeitpunkt der Einlösung im Vergleich zu Normal-Kupon-Anleihen. Unterliegt der Privatanleger bei der Endfälligkeit des Wert-

---

[66] Vgl. *Deutsche Bundesbank:* Erklärung der Deutschen Bundesbank zur Begebung von DM-Auslandsanleihen, a.a.O., S. 1.

papiers einer niedrigeren Steuerprogression – etwa nach seiner Pensionierung – tritt eine spätere Steuerersparnis hinzu.[67]

Für risikofreudige, kurzfristig orientierte Spekulanten bieten Zero-Bonds die Möglichkeit, von einer korrekten Einschätzung der Zinsentwicklung stärker als bisher zu profitieren, was natürlich auch das größere Risiko bei einer Fehlprognose einschließt. Analog zu Papieren mit laufender Zinsausschüttung steigen die Kurse der umlaufenden Zero's, wenn die Marktzinsen sinken und umgekehrt. Die Kursvolatilität der Zero-Bonds ist allerdings wesentlich größer, da nicht nur der Kapitalertrag, sondern auch die künftigen Zinserträge mit dem ursprünglichen Zinssatz weiterrentieren. Die Hebelwirkung (‚leverage-Effekt') ist demzufolge um so stärker, je länger die Restlaufzeit des Zero's ist und je größer die Änderung des Kapitalmarkt-Renditenniveaus ausfällt. Die Reaktion der Zero-Bonds auf Zinsvariationen verdeutlicht folgendes Beispiel:

Der Kurswert eines Zero-Bonds errechnet sich mit nachfolgender Formel, wobei zu beachten ist, daß der tatsächliche Ausgabekurs von dem rechnerischen Kurs aufgrund der aktuellen Marktbedingungen und der besonderen Bonität des Schuldners geringfügig abweichen kann:

$$\text{Kurswert} = \frac{\text{Rückzahlungskurs}}{(1 + \text{Marktzins})^{\text{Restlaufzeit}}}$$

Zugrundegelegt wird ein Zero-Bond mit folgenden Konditionen:

Emissionskurs: 33,37 %

Emissionsrendite: 7,25 %

Laufzeit: 15,5 Jahre

Restlaufzeit: 13,5 Jahre

Kurswert bei unverändertem Zinsniveau:

$$\text{Kurswert} = \frac{100}{(1 + 0{,}0725)^{13{,}5}} = 38{,}87$$

Die Frage ist, wie sich der Kurs des Zero-Bonds bei einer Änderung des Marktzinses von 1%-Punkt innerhalb der ersten beiden Jahre verhält.

Zinssteigerung von 1 % auf 8,25 %:

$$\text{Kurswert} = \frac{100}{(1 + 0{,}0825)^{13{,}5}} = 34{,}29$$

Die Kursvolatilität beträgt 11,78 %.

---

[67] Die steuerliche Behandlung der Null-Kupon-Anleihen wird ausführlich dargelegt von *Büschgen, Hans E.:* ‚Finanzinnovationen', a.a.O., S. 309ff.

Zinssenkung von 1 % auf 6,25 %:

$$\text{Kurswert} = \frac{100}{(1 + 0{,}0625)^{13{,}5}} = 44{,}11$$

Die Kursvolatilität beträgt 13,48 %.

Für den Emittenten der Zero-Bonds können Vorteile darin gesehen werden, daß aus der Plazierung von Zero's keine laufenden Zinszahlungen resultieren, sondern die erwirtschafteten Zinserträge wieder nach eigenem Gutdünken rentierlich angelegt werden können. Bei der Kalkulation der Emissionskosten brauchen Provisionen für den Zinsscheineinlösungsdienst bzw. die Kosten der damit verbundenen Verwaltungsarbeiten nicht berücksichtigt zu werden.

Die Null-Kupon-Anleihen eröffnen den Marktteilnehmer in der beschriebenen Art und Weise Chancen, denen aber außer der starken Volatilität der Kurse bei Zinsänderungen noch weitere, nicht unerhebliche Risiken gegenüberstehen, die teilweise zu Kritik an diesem Instrument geführt haben.

Der Zero-Bond zeichnet sich dadurch aus, daß die Rückzahlung der Anleihe inclusive der Erstattung der Kapitalnutzungsgebühren zur Gänze erst am Laufzeitende des Papiers fällig ist. Im Vergleich zu einer Normal-Kupon-Anleihe ist dadurch das Wechselkursrisiko einer Zero-Bond-Anlage in fremder Währung erheblich höher zu bewerten. Der Investor kann nicht bei jedem Zinstermin erneut entscheiden, ob die Reinvestition der Erträge wiederum in der Anlagewährung erfolgen soll, sondern das Wechselkursrisiko wird vollends auf den Rückzahlungstermin verlagert. Ähnliche Überlegungen gelten für das Inflationsrisiko. Bei steigender Inflationsrate kann der reale Rückzahlungswert eines Zero's erheblich von den realen Rückflüssen einer betragsgleichen Kapitalanlage mit regelmäßigen Zinszahlungen differieren. Daher sind die Renditevergleiche zwischen beiden Anlageformen auf unbereinigter Basis von vornherein in ihrem Aussagewert beschränkt.[68]

---

[68] Anhand der Zero's läßt sich gut illustrieren, wie an den ehemals traditionsbewußten Kapitalmärkten permanent Finanzinnovationen entstehen, indem bekannte Instrumente in ihre Elemente zerlegt werden, um sie dann neu zu kombinieren, sie zu einem neuen Leistungspaket ‚zusammenzuschnüren'. Der Anreiz besteht darin, den Präferenzen der Anleger und Emittenten durch eine wachsende Produktpalette besser gerecht werden zu können. Eine Fülle von Möglichkeiten eröffnet sich alleine durch die unterschiedliche Zusammenfügung der Null-Kupon-Anleihe mit der Normal-Kupon-Anleihe. Will man z. B. die Kursschwankungen von Zero's begrenzen, ohne deren Vorteile völlig aufzugeben, so bieten sich Anleihen an, die mit einem Zinskupon ausgestattet sind, der aber weit unter dem Renditenniveau des Marktes liegt, wobei die Differenz abgezinst wird: die Deep-Discount-Bonds oder Semi-Deep-Discount-Bonds. Beim Deferred-Coupon-Bond setzt die Zinszahlung verzögert ein, beispielsweise erst nach vier Jahren. Im fünften Jahr wird dann ein entsprechender Nachschlag gezahlt und bis zum Ende der Laufzeit hat man eine normale Anleihe mit jährlicher Zinszahlung. Der Step-Up-Coupon-Bond weist eine aufsteigende Verzinsung auf. Diese Instrumente sind

Beim Zero-Bond verbleibt die Wiederanlagemöglichkeit der Zinsen vollständig bei dem Emittenten, zum Ausgleich werden die Papiere mit einem Disagio begeben, das bei zunehmender Laufzeit der Anleihe immer höher wird, wie ein Beispiel aus dem Oktober 1984 besonders deutlich zeigt. Damals brachte der Konzern General Mills eine Zero-Bond-Emission mit dem Nominalbetrag von einer Milliarde Dollar am Markt unter. Angesichts der Laufzeit von 29 Jahren bis zum Jahre 2013 betrug der Ausgabekurs nur 4,8 Prozent. Dem Unternehmen flossen also nur 48 Mio. $ liquide Mittel zu. Der Rückzahlungsbetrag liegt in diesem Fall fast beim 21fachen des ursprünglichen Mittelaufkommens. Damit wird demonstriert, daß beim Zero-Bond als Kapitalanlage höchste Ansprüche an die dauerhafte Bonität des Schuldners zu stellen sind.

Die Bonität der emittierenden Unternehmen kann beispielsweise dann stark leiden, wenn sie von anderen Unternehmen übernommen werden und daraufhin ihre Produktionsstruktur ändern (‚leverage buy-out‘), zumal laufende Zinsdienste als Indikator für die Zahlungsfähigkeit des Kapitalnehmers nicht zu entrichten sind. In den USA haben derartige Fälle mit der Folge starker Kurseinbrüche der Forderung Nachdruck verliehen, Zero-Emissionen mögen staatlichen Stellen vorbehalten bleiben.

Dagegen kann eingewendet werden, daß Zero-Bonds als Finanzierungsinstrument für öffentliche Budgets einer unsoliden Haushaltspolitik Vorschub leisten können, weil der Verschuldung keine unmittelbare budgetäre Belastung gegenübersteht und deswegen zusätzliche Ausgaben induziert werden könnten, die über den eigentlichen Haushaltsrahmen hinausgehen. Aus finanzpolitischer Sicht sollten Zero-Bonds daher nur von privaten Emittenten begeben werden.[69]

2.1.1.12. Stripped Bonds

Die vielfältigen Produktneuheiten auf den Geld- und Kapitalmärkten ermöglichen Techniken der Finanzierung, die den Spielraum für die Mittelauf-

---

auch mit dem Element der variablen Verzinsung erhältlich. Fügt man der Null-Koupon-Anleihe das Recht auf spätere Wandlung in Aktien hinzu, nennt sich das Produkt Liquid Option Note. Jüngste Innovationen auf den internationalen Kapitalmärkten beschreibt kurz *Zitzelsberger, Gerd:* High-High zwischen Himmel und Hölle, in: Mehr Geld durch Geld, Beilage der Süddeutschen Zeitung, Nr. 242/21. Oktober 1987, S. 1 + 59. 1987 sind die Bayerischen Motoren Werke AG (BMW) mit den neuen Annuitätenbonds an den Markt gegangen. Im Gegensatz zu reinrassigen Zero-Bonds beginnt die Tilgung und die Zinszahlung bei den BMW-Abos je nach Tranche nach erst fünf bis zu 23 Jahren. Vgl. *o. V.:* Münchner Abo, in: Wirtschaftswoche, Nr. 14/27. 3. 1987, S. 185.

[69] Vgl. dazu *Köhler, Claus:* Innovationen im Bankgeschäft als geld- und währungspolitisches Problem, a.a.O., S. 5; und *Meinz, Theo:* Neue Finanzierungsinstrumente: Kapitalmarktstrukturen im Fluß, in: Zeitschrift für das gesamte Kreditwesen, Nr. 12/ 1985, S. 557 - 562; hier S. 560.

nahme spürbar erweitern und Finanierungsvorhaben gelingen lassen, die vormals zum Scheitern verurteilt gewesen wären bzw. in einer gegebenen Marktsituation nur unter großen Schwierigkeiten hätten realisiert werden können. Die gestiegene Flexibilität der Märkte zeigt sich z. B. bei der folgenden Problemstellung: Es besteht seitens der Anleger eine rege Nachfrage nach Null-Kupon-Anleihen (Zero-Bonds), der Emittent möchte oder darf aber keine Zero's, sondern normale festverzinsliche Wertpapiere, ausgeben, so z. B. das US-amerikanische Schatzamt im Jahre 1984. Den Ausweg markieren die sogenannten Stripped Bonds, die es seit 1986 auch auf DM-Basis in der Bundesrepublik gibt.[70]

Die erforderlichen Stripped Bonds erhält man durch folgende Operation: Eine Investmentbank erwirbt vom Schuldner die Kuponanleihen, welche laufende und feste Zinszahlungen verbürgen und als Sondervermögen in einem Trust deponiert werden. Die Kuponanleihen vollführen nun dergestalt einen ‚Striptease', als daß die Zinsscheine von den Wertpapiermänteln, also den Rückzahlungsurkunden, abgetrennt werden. Die einzelnen Jahres- oder Halbjahreskupons und die Mäntel verbriefen dann jeweils das Anrecht auf eine einmalige Zahlung. Die Zinskupons identischer Fälligkeiten werden dabei zu Gruppen zusammengefaßt, um größere Anlagebeträge zu gewinnen (‚Repackaging'). Die Zahlungsversprechen mit gestaffelter Laufzeit können dann abgezinst, das heißt mit einem Disagio unter Berücksichtigung der Dauer der Fälligkeit, am Markt an private und institutionelle Anleger veräußert werden.

Ökonomisch gesehen lassen sich mit dem beschriebenen Verfahren aus einer 30-jährigen Normal-Kupon-Anleihe mit halbjährlicher Zinszahlung 61 vollwertige Zero-Bonds ‚synthetisch' herstellen; nämlich einmal der isoliert vertriebene Wertpapiermantel und dann die 60 verbrieften Kuponzahlungen jedes Zinstermins. Den Gläubigern wird neben den unter dem vorhergehenden Gliederungspunkt erörterten Chancen und Risiken von Zero-Bonds ein breiter Laufzeitfächer geboten, der sie in die Lage versetzt, die Dauer der Anlage relativ präzise auf ihre Bedürfnisse abzustimmen.

Die Stripped Bonds sind in den vergangenen Jahren recht populär gewesen. Dazu mag die Marketing-Maßnahme beigetragen haben, daß für die an den Kapitalmärkten angebotenen Urkunden über die Wertpapierteile eingängige Bezeichnungen aus dem Fauna-Bereich gewählt wurden: Merrill Lynch vertrieb TIGR's (Treasury Investment Growth Receipts), Lehmann Brothers reagierten mit LION's (Lehmann Investment Opportunity Notes), worauf Salomon Brothers mit den bekannten CATS (Certificates of Accural on Treasury Securities) antworteten. In London wurden Zero-Coupon Euro-Sterling

---

[70] Einer der ersten Emittenten von ‚gestrippten' Schuldscheindarlehen war damals die Commerzbank. Vgl. *Commerzbank:* Innovation der Commerzbank, in: Wirtschaftsnotizen, März/April 1986, S. 8 - 10.

Bearer or Registered Accruing Securities, also ZEBRAS, aufgelegt. Daraus erklärt sich der Sammelname ‚Zoo' für die Stripped-Bonds.

Warum sind die Banken überhaupt am Coupon-Stripping interessiert? Sie verdienen auf zwei Wegen daran. Die Wertpapierhäuser, die ein Stripping durchführen, erhalten dafür Bearbeitungsgebühren, die ‚management fees'. Bedeutsamer als die Gebühren sind die Handelsgewinne beim getrennten Verkauf von Zinsscheinen und Mänteln, die Banken können nämlich von der Zinsstruktur auf den Kapitalmärkten profitieren. Eine Investmentbank, die vom ursprünglichen Kapitalnehmer die Festzinsanleihe übernommen hat, erhält dafür kontinuierlich Zinsgutschriften in Höhe der marktüblichen Rendite für langfristiges Kapital. Die Bank splittet allerdings die langlaufende Normal-Kupon-Anleihe in Tranchen wesentlich kürzerer Laufzeit. Liegt nun der Zinssatz für Titel kürzerer Laufzeit unter der Rendite langfristiger Anlagen, ist der aufgebrachte Betrag infolge der Emission der Zero's höher als die Investitionssumme für das Festzinspapier. Das Emissionshaus kann einen Zinsarbitrage-Gewinn einstreichen.[71]

2.1.1.13. Financial Futures

Die Financial Futures sind in den siebziger Jahren in den USA entstanden, und zwar vornehmlich aus zwei Gründen: Zu Beginn des letzten Jahrzehnts ließ das Umsatzwachstum an den US-Warenterminbörsen so stark nach, daß den Anlegern eine Diversifikationsmöglichkeit für ihr Engagement in Termingeschäften offeriert werden sollte. Daneben begründete die zunehmende Volatilität von Zinsen und Wechselkursen einen Bedarf an Sicherungsinstrumenten, um sich gegen diese Risiken zu schützen.

Das wirklich besondere an den Financial Futures ist, daß sie an Terminkontraktmärkten (Futures Markets) gehandelt werden, deren Konstruktionsmerkmale in wichtigen Punkten von denen herkömmlicher Terminmärkte (Forward Markets) abweichen. Unter Terminkontraktmärkten sind organisierte Märkte zu verstehen, an denen standardisierte Verträge über die zukünftige Lieferung oder Abnahme einer bestimmten Qualität und Quantität der zugrundeliegenden Waren bzw. Finanztitel zu verstehen, wobei der Preis bei Vertragsabschluß fixiert wird. Die Liefertermine und -modalitäten sind von der Börsenorganisation vorgegeben und für alle Marktteilnehmer verbindlich, es sind nur wenige Fälligkeitstermine im Handel. Die Standardisie-

---

[71] Die Ursache für das Ertragspotential aufgrund der Arbitragemöglichkeiten liegt insofern in einer unvollständigen Transparenz der Kapitalmärkte, als die Renditeanforderungen offensichtlich nur auf die Restlaufzeit und die Schuldnerbonität abstellen und sich nicht, wie es eigentlich korrekt wäre, an der durchschnittlichen Kapitalbindungsdauer orientieren. Vgl. *Walz, Hartmut:* Stripped Bonds, in: Wirtschaftswissenschaftliches Studium (WiSt), Heft 8/August 1987, S. 405 - 406.

rung erstreckt sich auch auf die Beträge, über die Verträge abgeschlossen werden können. Die individuelle Gestaltbarkeit der Kontrakte ist also stark eingeschränkt, da die bilaterale Festlegung von Art, Menge und Termin an den Futures Markets entfällt.

Eine weitere Besonderheit der Terminkontraktmärkte ist, daß sich die Börse bzw. deren Clearing House am Ende jedes Börsentermins in die Verträge einschaltet und nunmehr für alle Kontraktkäufe und -verkäufe die Marktgegenseite repräsentiert. Alle offenen Kauf- und Verkaufspositionen bestehen nur gegenüber der Abrechnungsstelle, die die Kontrakte garantiert und notfalls deren Erfüllung durchsetzt. Auf diese Weise werden die Beziehungen zwischen Anbietern und Nachfragern juristisch völlig entpersonalisiert und die Bonität der einzelnen Vertragsparteien ist sichergestellt.[72]

Die Standardisierung und Entpersonalisierung ist die Basis für die hohe Fungibilität der Terminkontrakte. Es entstand ein flüssiger Sekundärmarkt für Financial Futures, der es erlaubt, die Kontrakte jederzeit vor Fälligkeit zum sich laufend verändernden Marktpreis wieder zu veräußern. Augenscheinlicher Ausdruck dieser hohen Fungibilität ist, daß Verträge an den Futures Markets nur äußerst selten, nämlich lediglich im Bereich von ½% bis 2%, auf Erfüllung in Form einer effektiven Lieferung gerichtet sind, die Mehrzahl der Kontrakte wird vor Ablauf durch Kauf bzw. Verkauf eines gegenläufigen Kontraktes glattgestellt. Financial Futures sind demzufolge besonders für Investoren interessant, denen nicht an einer Warentransaktion, sondern an einer rein finanziellen Anlage liegt. Im Gegensatz dazu beträgt die Erfüllungsrate auf Terminmärkten über 90%.

In der Praxis läuft der Handel mit Finanzterminkontrakten so ab, daß nach Abschluß eines Geschäftes für jede offene Kontraktposition vom Käufer wie vom Verkäufer eine Einschußzahlung (initial margin) verlangt wird, die dem Clearing House als Sicherheit dient. Die Höhe der geforderten Sicherheitsmarge variiert je nach Vertragsgegenstand, Bonität des Kunden und Motiv des Geschäftes, also ob der Vertrag spekulativen Charakter hat oder der Kurssicherung dient, liegt aber im Normalfall nur zwischen 0,2% und 5% des Kontraktwertes. Zusätzlich muß an den Broker eine Kommission von 80 bis 100 $ je Kontrakt gezahlt werden, bedeutenden Kunden werden nicht selten günstigere Konditionen gewährt.

Das Clearing House ermittelt täglich den letzten Börsenkurs des Kontraktes. Kurserhöhungen werden börsentäglich dem Rechnungskonto (margin account) gutgeschrieben bzw. dieses wird bei Bewertungsverlusten entsprechend belastet. Unterschreitet im Verlustfall der Kontostand die im vorab ver-

[72] Zur Unterscheidung von Kassa-, Termin- und Terminkontraktmärkten siehe *Streit, M. E.:* Zur Funktionsweise von Terminkontraktmärkten, in: Jahrbücher für Nationalökonomik und Statistik, Band 195, Stuttgart 1980, S. 533 - 549; hier S. 534ff.

einbarte Untergrenze (maintenance margin), besteht eine sofortige Nachschußpflicht, andernfalls wird die Position zwangsweise glattgestellt.

Aufgrund dessen, daß Geschäfte in Finanzterminkontrakten der Gewinnerzielung und dem Risikomanagement dienen können, sind drei Gruppen von Marktteilnehmern zu unterscheiden: Die Hedger, die Spekulanten (Trader) und die Arbitrageure. Hedger führen an den Futures Markets Kurs- oder Renditesicherungsgeschäfte durch, d.h., sie versuchen sich gegen Preisänderungsrisiken abzusichern, die sich aus Transaktionen ihres Geschäftsbetriebes – den Grundgeschäften – ergeben. Neben die offene Risikoposition aus dem Grundgeschäft wird eine entgegengesetzte offene Position am Terminkontraktmarkt gestellt, um zu erreichen, daß die Wertänderungen des Terminkontraktgeschäftes eventuelle Wertänderungen des Grundgeschäftes gerade ausgleichen. Das sog. ‚Short Hedging' besteht in einem Verkauf per Terminkontrakt, unter ‚Long Hedging' versteht man den Kauf per Terminkontrakt.[73]

Für Spekulanten sind Terminkontrakte wegen der großen leverage-Effekte interessant, die sich aus dem – bezogen auf den Kontraktwert – geringen Kapitaleinsatz ergeben. Obwohl der Kontraktpreis nur einen Bruchteil des Kontraktwertes ausmacht, errechnen sich die Gewinne (und Verluste) aus den Kursveränderungen der Kontrakte mit ihren hohen Nominalwerten. Sehr kleine Kursvariationen eröffnen somit in Relation zur Einschußzahlung spektakuläre Gewinn- (und Verlust-)chancen. Spekulativ motivierte Anleger sind an den Futures Markets im Gegensatz zu den Terminmärkten ausdrücklich erwünscht, denn es hat sich gezeigt, daß die Hedger in der Regel überwiegend ‚short' gehen. Erst die Spekulanten, die de facto bereit sind, aufgrund ihrer Risikofreudigkeit die ‚lange' Gegenposition zu übernehmen, verleihen den Terminkontraktmärkten die nötige Tiefe.[74]

Auch bei den Arbitrageuren dominiert das Ziel der Gewinnerzielung, allerdings auf risikoarmer bis risikoloser Grundlage. Sie versuchen, von bestehenden Preisunterschieden auf nahe verwandten (Teil-)Märkten durch gleichzeitige An- und Verkäufe zu profitieren. Möglichkeiten zur Arbitrage können sich zwischen ähnlichen Terminkontrakten sowie zwischen den Kassa- und Terminmärkten einerseits und den Futures Markets andererseits ergeben. Das

---

[73] Ein perfektes Hedging ist in der Realität normalerweise nicht möglich, weil beispielsweise die Nominalwerte und Fälligkeiten der Futures-Kontrakte von denen der Grundgeschäfte abweichen. Die Laufzeiten der Geschäfte sind außerdem auf ein Jahr begrenzt.

[74] Vgl. *Streit, M. E.:* Zur Funktionsweise von Terminkontraktmärkten, a.a.O., S. 541f. Auf den Seiten 537 ff findet sich eine ausführliche Analyse der Transaktionen auf Terminkontraktmärkten, in die auch das Carrying-Charge Hedging und das Spreading miteinbezogen sind. Eine explizite Betrachtung der Risikofaktoren von Financial Futures nimmt vor *Barth, Herbert:* Financial Futures: Neue Risiken für die Kreditinstitute?, in: Kredit und Kapital, Heft 1/1984, S. 120 - 145.

fortlaufende Ausnutzen von Preis-, Zins- und Kursvorteilen sorgt für eine ungefähre Parallelität der Preisbewegungen auf den drei Marktsegmenten.

Unter Financial Futures sollen hier drei Gruppen von Terminkontrakten verstanden werden, nämlich die

- Currency Futures (Devisen-Terminkontrakte)
- Interest Rate Futures (Zins-Terminkontrakte)
- Stock Index Futures (Aktienindex-Terminkontrakte).[75]

1972 wurde der Handel mit Financial Futures in Form der Currency Futures am International Monetary Market (IMM) eröffnet. Der CBOT (Chicago Board of Trade) führte 1975 den ersten Zins-Terminkontrakt ein. Zu den Interest Rate Futures ist anzumerken, daß ein direkter Handel von Zinsen auf Termin natürlich nicht möglich ist. Man behilft sich, indem man künstliche ‚Referenzpapiere' handelt, deren theoretischer Kurs sich leicht berechnen läßt und eng an die Zinsentwicklung gebunden ist. Das wichtigste Beispiel ist der Chicagoer US-Treasury-Bond-Future, dem ein Acht-Prozenter mit 15 Jahren Laufzeit und einem Nennwert von 100.000 Dollar zugrunde liegt.

Stock Index Futures gibt es seit 1982, zuerst angeboten am Kansas City Board of Trade (KCBT). Terminkontraktgeschäfte mit Aktienindices basieren auf dem Durchschnittswert des in einem Index zusammengefaßten Aktienportfolios, der bekannteste auf den Futures Markets ist der Standard & Poors-500-Index (S&P 500). Die Kontraktgröße entspricht 500 Dollar. Das Kontraktvolumen erhält man, indem man den Kurs des S&P-Index mit dem Betrag eines Kontraktes, also 500 Dollar, multipliziert.

Der internationale Handel mit Finanzterminkontrakten begann 1981 mit der Einführung von Interest Rate Futures für Euro-Dollareinlagen in Chicago. Der erste europäische Finanzterminkontraktmarkt ist 1982 in London an der dortigen LIFFE (London International Financial Futures Exchange) entstanden. Für 1989 ist geplant, den weltweiten vollautomatisierten Handel mit den an der Chicagoer Börser vertriebenen Finanzterminkontrakten für Devisen und Staatspapiere außerhalb der normalen Öffnungszeiten der dortigen Börse aufzunehmen.[76]

---

[75] Vgl. *Nowack, Götz-Peter:* Financial Futures, in: Zeitschrift für das gesamte Kreditwesen, Nr. 24/1984, S. 1134 - 1136. Die hier gewählte Abgrenzung ist nicht allgemeinverbindlich. Weitere Fassungen des Begriffes ‚Financial Futures' rechnen auch die Precious Metal Futures (Edelmetall-Terminkontrakte) hinzu, während engere Auslegungen die Currency Futures zu den Warenterminkontrakten zählen. Vgl. dazu z.B. *Barth, Herbert:* Financial Futures: Neue Risiken für die Kreditinstitute, a.a.O., S. 122 mit *Reszat, Beate:* Devisentermingeschäfte – Störfaktor der Währungspolitik, in: Sparkasse, Nr. 4/1985, S. 135 - 138; hier S. 137.

[76] Präzise Angaben zu den an der Chicago Mercantile Exchange gehandelten Futures-Kontrakte macht *Ochynski, Walter:* Geheimnisse der Futures-Märkte, in: Wirtschaftswissenschaftliches Studium (WiSt), Heft 4/April 1985, S. 187 - 191; hier S. 188. Durchgerechnete Beispiele für die einzelnen Strategien und Kontraktvarianten sind

Financial Futures gehören zu den erfolgreichsten Finanzinnovationen überhaupt, kaum einer anderen Neuentwicklung wurde soviel Aufmerksamkeit zuteil wie dem finanziellen Terminkontrakthandel. Bereits 1982 konnte an den US-Börsen zwischen 22 verschiedenen Financial Futures gewählt werden, alleine in Chicago werden derzeit täglich etwa 900.000 Kontrakte umgesetzt.[77]

Tab. 2: Anzahl der gehandelten Kontrakte an den Financial Futures Markets in den USA (in Mio.)

	1982	1983	1984	1985	1986
Currency Futures	8,7	11,9	14,0	17,1	19,3
Interest Rate Futures	28,8	28,1	41,2	55,1	70,2
Stock Index Futures	4,9	12,7	18,4	22,2	26,4
Total	42,4	52,7	73,6	94,4	115,9

Quelle: *Zimmermann, Heinz*: Zur ökonomischen Bedeutung von Finanzinnovationen, in: Aussenwirtschaft, Heft II/III 1987, S. 163 - 198; hier S. 184.

In jüngerer Zeit mehren sich die Forderungen in Richtung auf die Etablierung eines Finanzterminkontraktmarktes in der Bundesrepublik, um die große Anwendungsbandbreite der Financial Futures insbesondere für Kurssicherungsmaßnahmen auch im D-Mark-Bereich nutzen zu können. Nach dem aktuellen Stand der Diskussion projektiert ein Förderkreis, Anfang 1990 die GOFFEX (German Options and Financial Futures Exchange) anlaufen zu lassen, deren Vorbild die schweizerische Terminbörse SOFFEX (Swiss Options and Financial Futures Exchange) sein soll. Voraussetzung für die pünktliche Öffnung wäre allerdings noch im Jahre 1988 die Schaffung verschiedener gesetzlicher Grundlagen wie Änderungen des Börsengesetzes, des Versicherungsaufsichtsgesetzes (VAG) und des Gesetzes über Kapitalanlagegesellschaften (KAGG).[78]

bereits häufig dargestellt worden, solche findet man z.B. bei *Wermuth, Dieter* und *Walter Ochynski:* Strategien an den Devisenmärkten, 2., durchgesehene Auflage, Wiesbaden 1984, S. 127 ff; und *Brestel, Norbert:* Innovationen am Finanzmarkt: ein praktischer Ratgeber für Anlage-Neuheiten, Zollikon 1987, S. 74ff.

77 Vgl. *Claus, Dieter:* Zinstermingeschäfte – eine erfolgreiche Variante der Financial Futures Markets, in: Sparkasse, Nr. 11/1982, S. 458 - 462; und *Schubert, Wolfram:* Deutsche im Zugzwang, in: Wirtschaftswoche, Nr. 40/25. 9. 1987, S. 130 - 134. Eine Zusammenstellung der aktuell gehandelten bzw. in Vorbereitung befindlichen Futures findet man in *Glogowski, Erhard* und *Manfred Münch:* ‚Neue Finanzdienstleistungen', a.a.O., S. 252 - 253.

78 Auf die Bedeutung der SOFFEX und deren Konstruktionsmerkmale geht ausführlich ein *Zimmermann, Heinz:* Zur ökonomischen Bedeutung von Finanzinnovationen,

2.1.1.14. Finanz-Optionen

Finanz-Optionen (Devisen-, Zins- und Aktienindexoptionen) verleihen dem Optionsinhaber das Recht, verpflichten ihn aber nicht, das betreffende Basisobjekt zu einem vereinbarten Basispreis (Strike Price) innerhalb eines festgelegten Zeitraums oder an einem bestimmten Fälligkeitstermin zu kaufen (Call-Option) oder zu verkaufen (Put-Option). Hinsichtlich der Optionsfrist ist zwischen American Options und European Options zu unterscheiden. Während amerikanische Optionen (Spot Options) jederzeit während der vereinbarten Frist ausgeübt werden können, ist dies bei den europäischen Optionen (auch: Forward Options) nur zu dem festgelegten Endfälligkeitstermin möglich.

Abgesehen von den OTC (over-the-counter) Options, deren Spezifikationen im wesentlichen frei vereinbar sind, werden Optionen heutzutage meist in Form standardisierter Kontrakte an Optionsbörsen gehandelt (exchange-traded options). Vorgegeben sind die Verfallmonate der Optionen (März, Juni, September, Dezember), die Laufzeit beträgt maximal 12 Monate, und die Kontrakte beziehen sich nur auf bestimmte Finanzaktiva mit vorgegebenen Standardbeträgen bzw. einem Vielfachen davon.[79] Der Hauptvorteil des börsenmäßigen Optionshandels liegt in dem Tatbestand, daß die Optionen jederzeit vor dem Ende ihrer Laufzeit zu den geltenden Marktpreisen wieder verkauft werden können und, ähnlich wie bei den Financial Futures, von der Clearing-Stelle der Börse eine Aufrechnung vorgenommen wird. Die Glattstellung einer offenen Optionsposition durch den Aufbau einer in Fälligkeit und Basispreis identischen, aber gegenläufigen Option ist problemlos. Nur ein geringer Teil der Optionen, nämlich etwa 10%, wird tatsächlich, also durch physische Erfüllung, ausgeübt.

Für das Kauf- bzw. Verkaufsrecht auf Zeit, das der Optionsinhaber erworben hat, muß er der Gegenpartei, dem sogenannten ‚Stillhalter', eine Prämie zahlen, die den Wert der Option ausmacht. Die Optionsprämie setzt sich aus zwei Faktoren zusammen, dem ‚inneren Wert' und dem ‚Zeitwert'. Eine Option weist einen inneren Wert auf, wenn sich infolge einer Differenz zwischen dem Kassapreis des Finanztitels und dem vorab vereinbarten Basispreis der Option die sofortige Ausübung der Option mit Gewinn lohnen würde, die

---

a.a.O., S. 187ff. Die Ausführungen sind weitgehend auf die Bundesrepublik übertragbar. Die Notwendigkeit einer deutschen Futures- und Optionsbörse erörtert *Reszat, Beate:* GOFFEX – Wozu eine neue spekulative Börse?, in: Wirtschaftsdienst, Nr. 12/1987, S. 615 - 618. Zu den konkreten Planungsstadien siehe *Schubert, Wolfram:* Deutsche im Zugzwang, a.a.O.; insbesondere S. 134.

[79] Die börsengehandelten Optionen können auf die Lieferung per Kasse oder die Übernahme eines entsprechenden Futures-Kontraktes gerichtet sein. Siehe *Fischer-Erlach, Peter:* Wie funktionieren Devisenoptionen?, in: Die Bank, Nr. 7/1984, S. 329 - 331.

Option also ‚in-the-money' ist. Die zweite Komponente, der Zeitwert einer Option, repräsentiert grob gesprochen die Chance, daß die Option vor dem Ablauf ihrer Ausübungsfrist noch ‚in-the-money' kommt. Einflußfaktoren sind die Kurs- oder Preisvolatilität des Basisobjektes, die Restlaufzeit der Option und die vorhandene Differenz zwischen Strike und Kassapreis. Je größer diese Differenz ist und je geringer die verbleibende Laufzeit und die implizierte Volatilität sind, desto geringer ist die Wahrscheinlichkeit, daß sich die Option noch mit Gewinn ausüben läßt und desto kleiner fällt die Prämie aufgrund des niedrigen Zeitwertes aus.[80]

Der Markt für Finanz-Optionen besteht grundsätzlich schon eine geraume Zeit, hat aber in der ersten Hälfte der achtziger Jahre fast spektakulär zu nennende Wachstumsraten verzeichnet. Haupthandelsplätze sind die Börsen von Philadelphia und Chicago sowie in Europa die Börsenplätze London und Amsterdam. Alleine in den Vereinigten Staaten werden täglich rund 1 Mio. Kontrakte geschlossen, wobei den Aktienindexoptionen eine besondere Bedeutung zukommt, deren Volumen sich in den drei Jahren zwischen 1983 und 1985 verneunfacht hat.

Finanz-Optionen lassen sich wie Finanzterminkontrakte zur Erzielung eines spekulativen Gewinns oder zur Absicherung bestehender Positionen, beispielsweise gegenüber Wechselkursschwankungen, einsetzen. Trotz der vordergründigen Ähnlichkeit der beiden Instrumente stellen Optionen eine durchaus sinnvolle Erweiterung des Anlagespektrums dar. Optionen sind im Vergleich zu Futures wesentlich flexibler handhabbar und bieten die unterschiedlichsten Kombinationsmöglichkeiten. Optionen auf Optionen, begrenzte Optionen, bei denen die Prämie erst bei Ausübung oder Fälligkeit gezahlt wird, und sogenannte synthetische Optionen, die zusammen mit Termingeschäften abgeschlossen werden, sind nur einige Beispiele hierfür. Entscheidend ist aber das ungewöhnliche Wahlrecht des Optionsinhabers hinsichtlich der Ausübung der Option. Bei einer ungünstigen Kursentwicklung am Markt des Basisobjektes kann der Erwerber einer Option den Kontrakt einfach verfallen lassen, was bei herkömmlichen Termingeschäften nicht möglich wäre.

Der genaue Vergleich von Optionen und Futures zeigt zudem, daß Optionen nur gegen das Risiko von Kursbewegungen in einer Richtung absichern.[81] Folge davon ist die Besonderheit asymmetrischer Gewinn- und Verlustkurven, dargestellt am Beispiel von Devisenoptionen. Bei einem Dollar-Call

[80] Die Berechnung des Zeitwertes einer Option ist relativ kompliziert, es existieren aber einige Verfahren, die dies zumindest näherungsweise erlauben. Die bekanntesten Modelle sind wiedergegeben in *Bank for International Settlements:* Recent Innovations in International Banking, Basle April 1986, S. 103ff.

[81] Vgl. *Van Horne, James C.:* An Inquiry Into Recent Financial Innovations, in: Kredit und Kapital, Heft 4/1986, S. 453 - 471; hier S. 461f.

(Recht auf Dollar-Kauf gegen D-Mark) lohnt sich die Ausübung der Option, wenn der Kassakurs den Basispreis (Strike Price) um mehr als die eingezahlte Prämie übersteigt. Das Gewinnpotential ist dabei unlimitiert. Bei sinkenden Kassakursen erstreckt sich das Verlustrisiko hingegen nur auf die gezahlte Prämie, etwaige Nachschußzahlungen wie bei Terminkontraktgeschäften (hier: Currency Futures) sind nicht zu befürchten.

Eine Verkaufsoption (Put-Option) befindet sich in der Gewinnzone, wenn der Kassakurs um mehr als die gezahlte Prämie nach unten vom Basispreis abweicht; tut er dies nicht, ist die Prämie verloren. Beim Verkäufer von Optionen erstreckt sich die Gewinnchance nur auf die erhaltene Optionsprämie, während die Verlustrisiken grundsätzlich nicht begrenzt sind.[82] Mit dem Instrumentarium der Finanz-Optionen kann über die Risiko- und Renditeprofile von Portefeuilles also wesentlich freier als bisher disponiert werden.

In der Bundesrepublik ist der Optionshandel, insbesondere was Aktien- und Aktienindexoptionen angeht, zur Zeit nur sehr beschränkt möglich und auf vergleichsweise niedrigem Niveau angesiedelt. Nicht für alle börsengängigen Papiere werden überhaupt Optionen notiert. Außerdem fehlt es den Märkten allgemein an Liquidität, was zur Folge hat, daß der Abschluß bestimmter, im Prinzip möglicher Optionsgeschäfte nicht jederzeit garantiert ist und unter Umständen überhaupt nicht zustandekommt. Abhilfe schaffen soll die Einrichtung einer deutschen Optionsbörse (GOFFEX), allerdings frühestens zu Beginn der neunziger Jahre.[83]

2.1.2. Euromärkte

2.1.2.1. Euro-Commercial Papers (Euro-CP's)

Euro-Commercial Papers stellen die standardisierte und damit weniger flexible Version der US-CP's an den Euromärkten dar. Die Laufzeiten dieser kurzfristigen Schuldtitel, deren Verzinsung durch einen Abschlag vom Nominalwert bei Ausgabe der Papiere erfolgt, liegt in der Regel zwischen drei und

---

[82] Graphische Darstellungen der Renditeverläufe findet man bei *Ochynski, Walter:* Devisenoptionen, in: Wirtschaftswissenschaftliches Studium (WiSt), Heft 2/Februar 1985, S. 80 - 82. Durchgerechnete Beispiele für Optionsgeschäfte geben *Brestel, Norbert:* ‚Innovationen am Finanzmarkt', a.a.O., S. 82 ff; und *Wermuth, Dieter* und *Walter Ochynski:* Strategien an den Devisenmärkten, a.a.O., S. 144ff.

[83] Vgl. dazu *Kneidl, Manfred:* Die Kurse sichern, in: Wirtschaftswoche, Nr. 49/27. 11. 1987, S. 119 - 126; und *Erlenbach, Erich:* Jetzt auch Termingeschäfte mit festverzinslichen Wertpapieren, in: Frankfurter Allgemeine Zeitung, Nr. 72/26. 3. 1986, S. 14. Einige praktische Beispiele des artverwandten Handels mit Optionsscheinen besprechen *o. V.:* Nackte Warrants, in: Wirtschaftswoche, Nr. 40/26. 9. 1986, S. 121; und *o. V.:* Nicht nur für Millionäre, in: Wirtschaftswoche, Nr. 16/10. 4. 1987, S. 156 + 158.

sechs Monaten, nur in Ausnahmefällen können sich darunterliegende Fristen bis hinab zu sieben Tagen oder längere Laufzeiten von neun Monaten bis maximal einem Jahr am Markt durchsetzen. Die Plazierung der Titel übernehmen Händler, mit denen die Konditionen der Emission vereinbart werden. Auf ein Rating nach amerikanischem Vorbild, also die Einstufung der Bonität des Schuldners durch Bewertungsagenturen, ist bisher bis auf wenige Ausnahmen verzichtet worden. Somit ist der Markt für Euro-CP's hochkarätigen Adressen vorbehalten, die aufgrund ihres Standings mit einer Unterbringung ihrer Papiere sicher rechnen können.

Ein wichtiges Unterscheidungsmerkmal der Euro-CP's von anderen Finanzierungsinstrumenten am Euromarkt ist die Tatsache, daß Euro-Commercial Paper-Programme nicht durch back-up-Linien, also Übernahmeverpflichtungen von Banken, unterlegt sind. Der Kostenersparnis durch Wegfall der Bereitstellungsprovisionen für etwaige Absicherungsfazilitäten (stand-by facilities) steht aus der Sicht des Schuldners gegenüber, daß er als Emittent der Euro-CP's nunmehr das volle Plazierungsrisiko zu tragen hat, also Gefahr läuft, die Papiere nicht in gewünschtem Umfang am Markt absetzen zu können und damit auf benötigte liquide Mittel verzichten zu müssen.

In der wachsenden Bedeutung von Euro-Commercial Paper-Programmen manifestiert sich unübersehbar der allgemeine Trend an den internationalen Finanzmärkten, Forderungen gegenüber Schuldnern in Schuldtiteln zu verbriefen und damit handelbar zu machen; ein Vorgang, der gemeinhin mit dem Stichwort ‚Securitization' belegt wird. Während den Schuldnern dadurch zusätzliche Möglichkeiten zur Mittelaufnahme eröffnet werden, steigt durch die ‚Securitization' für die Gläubiger der Liquiditätsgrad ihrer Forderungen, da die Papiere jederzeit am Markt wieder veräußert werden können. 1985 belief sich der Anteil der in verbriefter Form erfolgten Mittelgewährung an der gesamten internationalen Kapitalaufnahme bereits auf etwa 80%, während der entsprechende Wert zu Beginn der achtziger Jahre erst knapp die 40%-Marke überschritt und 1983 die Wertpapieremissionen mit einem Anteil von 54,5% erstmals die Kreditgewährungen, deren kumulierte Beträge ständig zurückgingen, überflügelten.[84]

2.1.2.2. Floating Rate Notes (FRN's)

Zu den tiefgreifendsten Umwälzungen an den Euromärkten gehört die Erfindung und Einführung der Floating Rate Notes am Anfang der siebziger Jahre. Obwohl die feste Zinsbindung zu den klassischen Wesensmerkmalen

[84] Vgl. *Damm, Ulrich:* Eurokapitalmärkte im Umbruch, in: Die Bank, Nr. 5/Mai 1986, S. 225 - 229; und *Deutsche Bundesbank:* Innovationen im internationalen Bankgeschäft, in: Monatsberichte der Deutschen Bundesbank, April 1986, S. 25 - 35; hier S. 26.

der Kapitalmarktfinanzierung zählt, entschloß man sich, genau an dieser Stelle die Innovationsbemühungen anzusetzen. Das Kennzeichen der Floating Rate Notes ist, daß es sich um variabel verzinsliche Schuldverschreibungen handelt, deren Zins eben nicht über die gesamte Laufzeit fixiert ist, sondern in periodischen Abständen in Anlehnung an einen Referenzzinssatz neu bestimmt wird. Die Zinszahlung sowie die gleichzeitige Neufestsetzung des Zinssatzes für die Folgeperiode erfolgt normalerweise alle sechs Monate, seltener sind Intervalle von drei Monaten oder einem Jahr.

Als Basiszinssatz wird auf den Euromärkten in der Regel der LIBOR (London Interbank Offered Rate), der Angebotssatz für Sechsmonats-Einlagen zwischen Banken, bei FRN-Emissionen herangezogen. Der LIBOR wird am Londoner Interbankenmarkt für alle wichtigen Euromarkt-Währungen täglich neu festgestellt. Daneben existieren als Referenzzinssätze noch der LIBID (London Interbank Bid Rate), der Londoner Interbanken-Geldkurs, und der LIMEAN (London Interbank Mean Rate), der arithmetische Mittelkurs zwischen LIBOR und LIMEAN. Die Differenz zwischen Basiszinssatz und FRN-Verzinsung, ‚spread' genannt, ist aufgrund des starken Wettbewerbs auf rund ¼ Prozent gesunken.

Durch die regelmäßige Zinsanpassung weisen Floating Rate Notes in aller Regel eine wesentlich stabilere Kursentwicklung auf als vergleichbare Festzins-Anleihen. Das Risiko größerer Kursschwankungen ist gewöhnlich – abgesehen von Verschlechterungen der Bonität des Schuldners – auf die Zeit zwischen den Zinsanpassungsterminen beschränkt. Kurz vor und nach einer Neufestsetzung notiert ein Floater gemeinhin um pari.

FRN's stellen demzufolge für Investoren, die aufgrund der Erwartung steigender Zinsen ein Engagement in festverzinslichen Wertpapieren scheuen oder aus anderen Gründen einen kurzfristigen Verkauf ihrer Papiere nicht ausschließen können, eine interessante Anlagealternative dar. Für kapitalmarktfähige Schuldner sind Floating Rate Note-Emissionen geeignet, die Kapitalaufnahme über syndizierte Eurokredite zu substituieren und Diversifikationsmöglichkeiten zu eröffnen, wobei sich im mittel- und langfristigen Bereich durchaus Kostenvorteile ergeben können. Der Floater ist in den letzten Jahren am internationalen Anleihemarkt neben dem klassischen Straight Bond zu einem nahezu gleichberechtigten Finanzierungsinstrument herangewachsen. Augenfällig sind dabei die Wachstumsraten des Gesamtmarktes:

Tab. 3: Struktur des internationalen Anleihemarktes

	1983	1984	1985	1986
Anleihen insgesamt (in Mrd. $)	72,0	107,9	163,7	220,3
festverzinsliche Anleihen (in Mrd. $)	56,7	73,9	107,8	172,5
Floating Rate Notes (in Mrd. $)	15,3	34,0	55,9	47,8
Anteil der FRN's (in Prozent)	21,3	31,5	34,1	21,7
Marktwachstum (in Prozent)	0,4	49,9	51,7	34,6

Quelle: *Bank für internationalen Zahlungsausgleich*: Siebenundfünfzigster Jahresbericht, Basel 15. Juni 1987, S. 118; eigene Berechnungen.

In den Floating Rate Notes ist das natürliche Analogon auf den Anleihemärkten zu den bekannten Roll-over-Krediten zu sehen. Sie erweitern den Kreis der langfristigen Finanzierungsinstrumente an den Euromärkten um eine zinsvariable Variante für die Mittelanlage bzw. -beschaffung zu geldmarktnahen Konditionen bei allerdings fast vollständiger Überwälzung des Zinsänderungsrisikos auf den Anleiheschuldner. Nachdem die Übernahme des Zinsänderungsrisikos erst einmal grundsätzlich zur Disposition gestellt wurde, sind in der Folgezeit verschiedene Spielarten von Anleihekonstruktionen entwickelt worden, die unter Risikogesichtspunkten zwischen den beiden Extrempositionen – klassische festverzinsliche Anleihe (Straight Bond): Zinsänderungsrisiko beim Gläubiger, Floating Rate Note: Zinsänderungsrisiko beim Schuldner – angesiedelt sind.

Fast schon zum Standard gehört die Ausstattung der FRN mit einem Minimalzinssatz, bei dessen Erreichen die Anleihe automatisch in ein Festsatzpapier umgewandelt wird (Drop-Lock Bond). Das Gegenstück dazu bildet der Capped Floater, bei dem ein Höchstzinssatz vorgegeben ist. Die Minimax-Floaters weisen sowohl einen Minimal- als auch einen Maximalzinssatz auf, sind aber relativ bedeutungslos geblieben. Erfolgt das Einfrieren der Nominalverzinsung einer FRN bei bestimmten Zinsmarken nicht automatisch, sondern dem Anleihegläubiger wird ein Wahlrecht, eine Option, auf die Fixierung dieses Zinssatzes für den Rest der Laufzeit eingeräumt, handelt es sich um eine Floating-Fixed Rate Note.[85]

---

[85] Siehe zu Floating Rate Notes und deren Varianten z. B. *Brestel, Norbert:* ‚Innovationen am Finanzmarkt', a.a.O., S. 40 - 49; und *Köhler, Claus:* Innovationen im Bankgeschäft als geld- und währungspolitisches Problem, a.a.O., S. 3. Die Anleihemärkte, deren Geschichte, Strukturen und Teilnehmer werden genauer unter die Lupe genommen von der *Bank of England:* The International Market for Floating-Rate Instruments, in: Bank of England Quarterly Bulletin, September 1984, S. 337 - 343; sowie von *Bowen, Michael:* Bond Innovations and the Issuer, in: Euromoney, March 1983, S. 112 - 113.

Was die Bundesrepublik Deutschland anbetrifft, so war die Haltung der Deutschen Bundesbank gegenüber Floating Rate Notes ursprünglich äußerst reserviert. 1983 hat die Bundesbank ihre konsequent ablehnende Einstellung unmißverständlich zum Ausdruck gebracht:

> „Und variabel verzinste ... Anleihen halten wir in Übereinstimmung mit den staatlichen Instanzen sowie mit großem Konsens in allen Banken- und Marktkreisen für ausgesprochen inflationsträchtige Finanzierungsmittel, die wir mit besonderem Nachdruck aus der Bundesrepublik weiter heraushalten wollen."[86]

Offenbar war der Konsens mit den Banken- und Marktkreisen doch nicht ganz so einmütig, wie es von der Bundesbank an dieser Stelle herausgestellt wurde, denn seit Mai 1985 besteht auch im DM-Bereich die Möglichkeit, variabel verzinsliche Anleihen zu emittieren.[87] Eine inflationstreibende Wirkung dieses Anleihemediums ist bisher nicht auszumachen.

2.1.2.3. Doppelwährungsanleihen

Das Ziel der Konstruktion der Doppelwährungsanleihe (Dual Currency Issue) war es, an den internationalen Anleihemärkten eine Neuverteilung des Währungsrisikos vorzunehmen. In ihrer schon mehrfach erwähnten ‚Erklärung zur Begebung von DM-Auslandsanleihen' hat die Deutsche Bundesbank auch den deutschen Kapitalmarkt seit dem 1. Mai 1985 für dieses neue Finanzierungsinstrument geöffnet.

Die Charakteristika einer Doppelwährungsanleihe sind kurz erläutert: Die Einzahlung des Anlegers beim Kauf der Anleihe sowie die laufenden Zinszahlungen des Emittenten erfolgen in einer anderen Währung als die Rückzahlung des Anleihebetrages bei Fälligkeit. Bezogen auf das Beispiel einer Doppelwährungsanleihe mit DM-Komponente zahlt der Anleger einen bestimmten DM-Betrag ein, die Zinszahlungen erfolgen ebenfalls in DM, die Rück-

---

[86] *Andreas, Kurt:* A Central Bank View of Financial Innovation on the Capital Markets, in: Deutsche Bundesbank/Auszüge aus Presseartikeln, Nr. 90/30. September 1983, S. 5 - 8; Zitat S. 6. Im Januar 1980 hatte die Deutsche Bundesbank die deutschen Kreditinstitute zu der Verpflichtung veranlaßt, keine Konsortialführungen für Floating Rate Notes zu übernehmen. Vgl. *o. V.:* Gentlemen's Agreement mit der Bundesbank erweitert, in: Börsen-Zeitung, Frankfurt am Main, vom 26. Januar 1980; siehe Deutsche Bundesbank/Auszüge aus Presseartikeln, Nr. 9/28. Januar 1980, S. 2 - 3.

[87] Als dafür zuständige Instanz gemäß § 795 bzw. § 808a BGB machte der Bundesfinanzminister seine Genehmigung von DM-FRN-Begebungen inländischer Emittenten von der Schaffung eines originär deutschen Referenzzinssatzes abhängig. Im August 1985 wurde der FIBOR (Frankfurt Interbank Offered Rate) kreiert, dessen Ermittlung folgendermaßen vonstatten geht: Täglich um 11.30 Uhr melden 12 Institute der deutschen Bankwirtschaft ihre Verkaufskurse für Drei- und Sechsmonatsgeld im Interbankenhandel mit ersten Adressen der Privatdiskont AG. Nach Streichung des niedrigsten und höchsten Zinssatzes wird aus den verbleibenden Werten das auf 0,05 % gerundete arithmetische Mittel gebildet und täglich als FIBOR von der Frankfurter Börse veröffentlicht.

zahlung kann jedoch in US-Dollar vorgenommen werden. Die ersten Doppelwährungsanleihen wurden mit der Kombination SFr./US-$ begeben, die Schweiz ist bis heute das wichtigste Land für Doppelwährungsanleihen geblieben.

Für den Emittenten lohnt sich eine Auflage solcher Titel besonders dann, wenn er dadurch seine Finanzierungskosten senken kann. Benötigt beispielsweise eine US-amerikanische Unternehmung einen bestimmten DM-Betrag, so ist es denkbar, daß diese Mittel am deutschen Kapitalmarkt zu einem deutlich geringeren Zinssatz mobilisiert werden können als es am Heimatmarkt möglich wäre. Weiterhin können etwaige DM-Einnahmen, z. B. aus Exporterlösen, für den Zinsdienst verwendet werden. Ein Wechselkursrisiko besteht für das emittierende Unternehmen nur hinsichtlich der jährlich zu leistenden Zinszahlungen, da der Rückzahlungsbetrag in eigener Währung aufgebracht werden kann.[88]

Dem Anleger wird die weitgehende Übernahme des Währungsrisikos – nur etwa ein Drittel seiner Einkünfte (Zinsen) erhält er in der Heimatwährung und ca. zwei Drittel (Tilgung) in Fremdwährung[89] – dergestalt vergütet, daß er eine gegenüber einer reinen DM-Anleihe höhere Verzinsung erhält. Regelmäßig wird das Währungsrisiko des Investor, welches bei Zeichnung einer Doppelwährungsanleihe entsteht, in Form einer Put-Option begrenzt, die ihm ein vorzeitiges Kündigungsrecht zusichert.

Es darf bei der Erörterung von Doppelwährungsanleihen nicht übersehen werden, daß sich dem Anleger aus der Übernahme des Währungsrisikos natürlich auch – bei einer für ihn günstigen Entwicklung des Wechselkurses – zusätzliche Gewinnchancen eröffnen. So gesehen wird der traditionelle Anleihemarkt durch Doppelwährungsanleihen um ein spekulatives Moment bereichert. Die Ertragschancen aus einer richtigen Antizipierung der Wechselkursentwicklung gewinnen noch zusätzlich Gewicht, denn der US-Dollar-Rückzahlungsbetrag ist – ausgehend von einer DM/US-$-Doppelwährungsanleihe – um einige Prozentpunkte höher als der in US-Dollar (auf der Basis des Kurses bei Begebung der Anleihe) bewertete Einzahlungsbetrag. Der Emittent macht dieses Zugeständnis, weil die Verzinsung der Doppelwährungsanleihe zwar über dem Zinssatz der Zeichnungswährung (hier: D-Mark) liegt, aber unter derjenigen angesiedelt ist, die der Investor bei einem direkten Engagement auf dem US-Markt erzielen könnte.

---

[88] Vgl. *Füllenkemper, Horst* und *Hannes Rehm:* Finanzinnovationen auf den deutschen Kapitalmärkten, in: Wirtschaftsdienst, Nr. 10/1985, S. 510 - 515; hier S. 514.

[89] Vgl. *Breuer, Rolf-E.:* Neue Formen auf dem Anleihemarkt, in: Georg Bruns und Karl Häuser (Hrsg.), Innovationen auf den Finanzmärkten, Schriftenreihe des Instituts für Kapitalmarktforschung an der J. W. Goethe-Universität Frankfurt am Main, Kolloquien-Beiträge 28, Frankfurt am Main 1986, S. 7 - 15; hier S. 9.

2.1.2.4. Euronote Facilities

Zu den meistbeachteten Innovationen der letzten Jahre, die die Struktur der Finanzmärkte maßgeblich beeinflußt haben, gehören zweifellos die Euronote Facilities. Entwickelt worden ist diese neue Technik der Mittelmobilisierung an den Euromärkten zu Beginn der achtziger Jahre von US-amerikanischen Banken, die sich auf diesem Wege Bilanzierungsverpflichtungen entledigen wollten. Das wichtigste Kriterium der Euronote-Fazilitäten aus Bankensicht war deren Bilanzneutralität. Wann und wo erstmalig eine der neuartigen ‚Kredit'-Fazilitäten auftauchte, ist nicht mehr präzise festzumachen, die erste publik gewordene Euronote Facility ist 1981 für Neuseeland arrangiert worden.

Unter Euronote Facility werden eine ganze Reihe von Instrumenten verstanden, die unter Bezeichnungen wie Note Issuance Facilities (NIF's), Short-Term Note Issuance Facilities (SNIF's), Revolving Underwriting Facilities (RUF's), Transferable Revolving Underwriting Facilities (TRUF's), Euronote-Standby-Facilities oder ähnlichen Namen bekannt geworden sind. Die einzelnen Varianten unterscheiden sich zwar neben ihrer Benennung noch geringfügig in anderen Details, die Grundcharakteristika sind jedoch praktisch identisch.

Das hervorstechende Ausprägungsmerkmal der Euronote Facilities ist der Umstand, daß der Kreditnehmer die gewünschten Fremdmittel nicht auf dem Wege der unmittelbaren Kreditgewährung einer Eurobank erhält, sondern die Investoren auf den Geldmärkten (Pensionsfonds, Versicherungsgesellschaften usw.) und die Kapitalnachfrager, z.B. große Unternehmen, werden direkt zusammengeführt. Die Aufbringung der Finanzmittel erfolgt über die – je nach Länge des Finanzierungsbedarfs – revolvierende Plazierung von Euronotes, also kurzfristiger Geldmarktpapiere emissionsfähiger Kreditnehmer mit Laufzeiten von ein bis sechs Monaten. Die Gesamtlaufzeit der Fazilität selbst kann durchaus fünf bis zehn Jahre erreichen.

Die Banken sind in diesen Prozeß noch auf zwei Arten involviert: Einerseits organisieren Geschäfts- und Investmentbanken die Plazierung und Distribution der Euronotes, sei es als ‚Sole Placing Agent' oder im ‚Tender Panel', bei dem mehrere Institute für die Plazierung verantwortlich sind und sich die Zuteilung nach der Plazierungskraft ausrichtet. Andererseits verpflichten sich die sogenannten ‚Underwriting Banks', im Falle der Nichtplazierbarkeit der Papiere diese zu einem vereinbarten Höchstsatz selbst zu übernehmen (back-up line) bzw. an Stelle der Übernahme in entsprechendem Umfang Kredite bereitzustellen (stand-by facilities).[90]

---

[90] Die zunehmende Nutzung der Euronote Facilities und anderer verbriefter Refinanzierungsformen substituiert in steigendem Maße die direkte Kreditgewährung und

Unter rein quantitativen Gesichtspunkten stellen sich die Euronote Facilities folgendermaßen dar: Zwischen 1982 und 1985 wuchs der Markt für RUF's und ähnliche Fazilitäten fast dramatisch von 5,4 Mrd. US-Dollar auf 46,8 Mrd. $, was einer durchschnittlichen Wachstumsrate von über 100 % entspricht. Im gleichen Zeitraum ging die Beschaffung mittel- und langfristiger Euromittel über die Vergabe syndizierter Kredite von 98,2 auf 42,0 Mrd. US-Dollar zurück, womit deren Anteil an den gesamten Kapitalmarktaktivitäten von rund 55 % auf bescheidene 16,4 % fiel. Optimistische Schätzungen gehen davon aus, daß der Markt für Euronote-Fazilitäten Ende 1988 ein Volumen von 250 Mrd. $ erreichen könnte. Damit würden Größenordungen erreicht, die dem gesamten internationalen Kapitalmarkt des Jahres 1985 unter Einschluß aller Segmente vergleichbar wären.[91]

Der große Erfolg dieser neuen Finanzkonstruktionen ist darauf zurückzuführen, daß sich für den Kreditnehmer mit der Vereinbarung einer Euronote Facility verschiedene Vorzüge miteinander kombinieren lassen. Die Emittenten der Euronotes erhalten eine langfristige Finanzierungsgrundlage mit einer festen Liquiditätszusage, die sich außerordentlich flexibel handhaben läßt und betragsmäßig fast perfekt dem im Zeitablauf schwankenden Finanzbedarf angepasst werden kann. Die Laufzeit der Papiere läßt sich ebenfalls variieren. Die eigentliche Mittelaufnahme erfolgt dabei zu geldmarktnahen Konditionen und ist normalerweise kostengünstiger als bei traditionellen langfristigen Kreditinstrumenten. Die Banken geben zwar ihre Rolle als Kreditgeber auf, erhalten dafür aber Provisionen für die Absicherung der Emission (underwriter fees bzw. facility fees) sowie sonstige Provisionen bei einer Inanspruchnahme der Übernahmeverpflichtung (utilisation fees) und für die Abwicklung der Finanzierungsfazilität (management fees und front-end fees). Desweiteren fließen ihnen Erträge aus dem Plazierungsgeschäft zu.[92]

---

verdrängt schrittweise die Banken aus dem finanziellen Kreislauf vom Sparer und Anleger zum endgültigen Kreditnehmer; ein Prozeß, der unter dem Begriff ‚Disintermediation' diskutiert wird. Vgl. *Gleske, Leonhard:* Finanzinnovationen aus der Sicht der Notenbanken und der Bankenaufsichtsbehörden, in: Die Bank, Nr. 6/1986, S. 280 - 285; hier S. 282. Daß die Banken Gefahr laufen, sich mit diesem Instrument in einem wichtigen Geschäftsbereich auf längere Sicht selber überflüssig zu machen, wird deutlich, wenn man an das Beispiel der BP denkt, die im November 1985 auf jegliche Mitwirkung eines Bankenkonsortiums verzichtete und eine Fazilität mit Erfolg selbst tenderte. Vgl. *Köhler, Claus:* Innovationen im Bankgeschäft als geld- und währungspolitisches Problem, a.a.O., S. 6.

[91] Die genannten Zahlen basieren auf den Angaben von *Damm, Ulrich:* Eurokapitalmärkte im Umbruch, a.a.O., S. 228 f; und *Chessen, James C.:* RUFs, NIFs, SNIFs, and other Exotic Financing Facilities, in: The Bankers Magazine, September-October 1986, S. 14 - 17.

[92] Detaillierte Darstellungen des Ablaufs solcher Geschäfte findet man bei *Reinhard, Peter:* Der Euronotemarkt als internationale Finanzierungsquelle, in: Zeitschrift für das gesamte Kreditwesen, Nr. 9/1985, S. 380 - 386; *Füllenkemper, Horst* und *Hannes Rehm:* Internationale Finanzmärkte unter Innovations- und Liberalisierungsdruck, in: Kredit und Kapital, Heft 4/1985, S. 553 - 585; hier S. 560 ff und *Storck, Ekkehard:*

Es ist eigentlich erstaunlich, daß sich das kritische Augenmerk der Finanzmarktbeobachter so stark auf ein Produkt richtet, das allen Beteiligten prima facie nur Vorteile zu bringen scheint. Die Konsequenzen der Euronote Facilities für das traditionelle Bankgeschäft könnten allerdings unzweifelhaft recht weitreichend sein, man denke nur an den schon angesprochenen Disintermediations-Prozeß, also die sukzessive Aufgabe des herkömmlichen Kreditgeschäfts zugungsten der Übernahme rein provisionsorientierter Geschäfte.[93] Den Organen der Bankaufsicht sind die Euronote-Fazilitäten schon allein deswegen unsympathisch, weil man hier erstmalig Elemente aus drei Märkten, dem Kreditmarkt (stand-by facilities), dem Geldmarkt (Euronotes) und dem Kapitalmarkt (mittel- bis langfristige Finanzierung), miteinander verknüpft hat. Eine eindeutige Zuordnung zu einem bestimmten Bereich ist nicht mehr möglich ist und die Grenzen zwischen den Segmenten werden durchlässig.

Im Zentrum der Kritik an diesen Instrumenten aus der Welt des ‚High-Tech Financing' steht aber die schwer erkennbare Verteilung und unklare Bewertung der von den Marktpartnern jeweils übernommenen Risiken, speziell des von den Kreditinstituten getragenen Liquiditäts- und Refinanzierungsrisikos. Dabei wird weniger auf den inzwischen gewaltigen Umfang der in Verbindung mit Standby-Kreditbriefen und ähnlichen Fazilitäten gegebenen Absicherungszusagen der Banken rekurriert, sondern mehr auf den unsicheren Zeitpunkt der Inanspruchnahme. Viele dieser Zusagen sind völlig nach Gutdünken der Kreditnehmer abrufbar, vermutlich wird auf sie genau dann zurückgegriffen, wenn die Märkte zögern, die benötigten Mittel bereitzustellen und der Absatz der Papiere ins Stocken gerät. In einer solchermaßen angespannten Marktlage kann es sich auch für Banken als problematisch erweisen, die Summen zur Einhaltung der Zusagen kurzfristig zu beschaffen oder Papiere geringerer Bonität in den eigenen Bestand übernehmen zu müssen.[94]

Neue Instrumente am Euromarkt, in: Georg Bruns und Karl Häuser (Hrsg.), Innovationen auf Finanzmärkten, Schriftenreihe des Instituts für Kapitalmarktforschung an der J. W. Goethe-Universität Frankfurt am Main, Kolloquien-Beiträge 28, Frankfurt am Main 1986, S. 19 - 41; hier S. 22ff.

[93] Die bankgeschäftlichen Aspekte der ‚Issuance-Facilities' werden kurz angerissen von *Füllenkemper, Horst* und *Hannes Rehm:* Internationale Finanzmärkte unter Innovations- und Liberalisierungsdruck, a.a.O., S. 566ff. Der Trend zur Gewichtsverschiebung der Geschäftsaktivitäten in Richtung zinsunabhängiger Ertragserzielung ist auch bei deutschen Kreditinstituten nachweisbar. Vgl. *Deutsche Bundesbank:* Die Ertragslage der deutschen Kreditinstitute im Jahre 1986, in: Monatsberichte der Deutschen Bundesbank, August 1987, S. 13 - 31.

[94] Eine kurze Übersicht über die Risiken der Euronote-Fazilitäten gibt *Storck, Ekkehard:* Innovative Instrumente des Euro-Kreditmarktes, in: Zeitschrift für Betriebswirtschaft, Nr. 2/Februar 1987, S. 176 - 188; hier S. 181. Die Risikolage von Note Issuance Facilities und anderen neuartigen Instrumenten, beispielsweise von Optionen, hat ausführlich diskutiert der *Ausschuß für Bankenbestimmungen und -überwachung:* Die Behandlung nicht bilanzwirksamer Risiken aus der Sicht der Bankenaufsicht, Übersetzung, Basel März 1986.

Da wenig Vertrauen in die Fähigkeit der Kreditinstitute zu bestehen scheint, solche Fragen eigenverantwortlich im Rahmen eines vorausschauenden Risiko-Managements selbst zu regeln, ist letztlich auch das Bundesaufsichtsamt für Kreditwesen auf die internationale Linie eingeschwenkt, nach der eine eigenkapitalmäßige Unterlegung von ‚Underwriting'-Verpflichtungen unverzichtbar ist. Seit Juli 1986 sieht das Aufsichtsamt Absicherungszusagen in Form der Euronotes-Fazilitäten aufgrund ihres garantieähnlichen Charakters als "sonstige Gewährleistungen" im Sinne des Kreditwesengesetzes bzw. als "Gewährleistungen" im Sinne von Grundsatz I an. Die Zusagen müssen seither den Eigenkapitalerfordernissen des Grundsatzes I mit einem Anrechnungssatz von 50 % genügen und sind als Eventualverbindlichkeiten in der Bilanz auszuweisen.[95]

2.1.2.5. Forward Rate Agreements (FRA's)

Auf die Forward Rate Agreements (auch: Future Rate Agreements) braucht an dieser Stelle nur kurz eingegangen zu werden, denn sie sind weitgehend mit den Interest Rate Futures vergleichbar. Im Grunde genommen stellen die FRA's nichts anderes dar als die an den Interbank-Märkten gehandelte börsenfreie Variante der Zins-Terminkontrakte. Außerhalb der Bankenkreise sind FRA's bisher nur wenig vertrieben worden. Vereinzelte Angebote kamen lediglich von britischen, italienischen und holländischen Banken an den Markt, daneben haben Broker einige Kontrakte mit dem Nichtbanken-Bereich arrangiert. Größtenteils schließen die Banken FRA's noch auf eigene Rechnung ab.

Ein Forward Rate Agreement ist ein Vertrag, in dem zwei Parteien für eine künftige Einlage festgelegter Laufzeit den dann zu zahlenden Zinssatz im voraus vereinbaren. Beispielsweise fixiert ein ‚six against nine months'-FRA die Verzinsung für eine Drei-Monats-Festgeldeinlage, die erst in einem halben Jahr zu tätigen ist. Eine Bank, die als ‚buyer' einen derartigen Kontrakt erwirbt, sichert sich gegen Zinssteigerungen ab, ohne die eigene Bilanz dadurch aufzublähen. Der ‚seller' des FRA ist dementsprechend für seine spätere Einlage, die er hinsichtlich Volumen und Zeitdauer schon jetzt abschätzen kann, zuverlässig gegen künftige Zinssenkungen gefeit.

---

[95] Vgl. zu diesem Problemkreis *o. V.:* Grundsatz I künftig auch für NIFs und RUFs, in: Börsen-Zeitung, Frankfurt am Main, vom 19. Februar 1986; siehe Deutsche Bundesbank/Auszüge aus Presseartikeln, Nr. 15/24. Februar 1986, S. 4 - 5. Zum Kreditwesengesetz siehe *Eicke, Jürgen:* Vom Umgang mit dem neuen KWG II, in: Zeitschrift für das gesamte Kreditwesen, Nr. 16/1985, S. 754 - 757. Die internationalen regulativen Ansätze in diesem Bereich beschreibt die *Bank for International Settlements:* ‚Recent Innovations', a.a.O., S. 36. Sehr plausibel ist die Annahme, daß die Einbeziehung der Euronote Facilities in bankenaufsichtliche Regulierungstatbestände stark zum Wachstum des Marktes für Euro-Commercial Papers beigetragen hat.

Im Gegensatz zu den Zins-Futures sind FRA's nicht standardisiert, Laufzeit und Umfang der Geschäfte sind individuell aushandelbar. Die Kehrseite dieses Vorteiles ist, daß Forward Rate Agreements wegen ihrer ungenügenden Strukturierung weniger flexibel gehandelt werden können als Terminkontrakte.[96]

2.1.2.6. Swaps

Swaps werden heutzutage zu den Neuentwicklungen gezählt, die die traditionellen Strukturen der Finanzmärkte schon jetzt entscheidend verändert haben und gelten als Auslöser oder Mitverursacher eines in absehbarer Zukunft zu erwartenden globalen Kapitalmarkts ohne nationale Grenzen. Im Prinzip sind Swaps bzw. swapverwandte Techniken schon lange an den internationalen Geld- und Devisenmärkten bekannt. An dieser Stelle ist aber nicht die althergebrachte Kombination eines Kassageschäfts mit einem gegenläufigen Termingeschäft gemeint. Etwa zu Beginn der achtziger Jahre haben sich hier die Bedeutungsinhalte verschoben. Unter der Finanzinnovation Swap wird der Austausch von Zahlungsforderungen oder -verbindlichkeiten mit dem Ziel verstanden, relative Vorteile, die eine Partei gegenüber der anderen aufgrund ihrer Stellung an einem bestimmten Finanzmarkt genießt, zu arbitrieren.[97]

Die Bedeutung, die die Swap-Transaktionen in einem äußerst kurzen Zeitraum erlangt haben, läßt sich am ehesten an deren Marktvolumen festmachen. Leider mangelt es an zuverlässigen Statistiken für dieses äußerst interessante Instrument, so daß man auf mehr oder weniger zutreffende Schätzungen angewiesen ist. Trotzdem ist das fulminante Wachstum der Märkte für Swaps unverkennbar: Nach Angaben der OECD ist das Volumen der Swap-Märkte für das Jahr 1982 noch bei 3 Mrd. US-Dollar anzusiedeln. In den darauffolgenden Jahren vervielfachte sich der Umfang der Geschäfte und erreichte 1984 bereits 75 Mrd. \$. 1985 wurde die 100 Mrd. Dollar-Grenze übersprungen; das war mehr als eine Verdreißigfachung der nominalen Kapitalbeträge in nur drei Jahren. Allgemeine Untersuchungen gehen davon aus, daß heute 75 Prozent aller internationalen Kapitalmarkttransaktionen swap-induziert sind und etwa die Hälfte der Anleihe-Emissionen mit Swapgeschäften in Verbindung stehen.

Was die Konditionen der Swap-Transaktionen angeht, so werden diese flexibel zwischen den jeweiligen Kontrahenten ausgehandelt. Die Laufzeiten liegen überwiegend zwischen drei und zehn Jahren, können in Einzelfällen aber auch darüber hinaus reichen. Der Umfang einzelner Geschäfte beträgt im

---

[96] Detailangaben, etwa zur Preisgestaltung oder Dokumentation, macht die *Bank for International Settlements:* ‚Recent Innovations', a.a.O., S. 121ff.

[97] Vgl. *Lerbinger, Paul:* Swap-Transaktionen als Finanzinstrumente, in: Die Bank, Nr. 5/1985, S. 245 - 249; hier S. 245.

Normalfall 500 Mio. Dollar oder mehr; Abschlüsse unter 5 Mio. Dollar sind selten. Die verwendeten Techniken auf den Swap-Märkten werden dabei immer aufwendiger und komplizierter, manchmal werden für eine Emission drei und mehr verschiedene Swaps hintereinander geschaltet. Obwohl schon 17 unterschiedliche Swap-Varianten gezählt worden sind, kann man drei Basisformen bzw. Grundmodelle abgrenzen:

- Cross Currency Swap,
- Interest Rate Swap,
- Integrierter Swap.

a) Cross Currency Swaps

Cross Currency Swaps haben sich aus den in den frühen siebziger Jahren häufig abgeschlossenen Parallelkrediten in zwei verschiedenen Währungen, den back-to-back loans, entwickelt. Der wesentliche Unterschied zu dieser speziellen Kreditart ist, daß Swap-Geschäfte bei den üblichen Bilanzierungsvorschriften keinen Niederschlag in den Bilanzen der beteiligten Unternehmen und Banken finden.

Die Terminologie im Bereich der Swaps ist leider nicht immer eindeutig. Hier soll unter einem Cross Currency Swap ein einfacher Währungs-Swap verstanden werden. Ein Währungs-Swap läuft darauf hinaus, daß die beiden Swappartner eine Kapitalsumme einschließlich der damit verbundenen Zinszahlungen in ein entsprechendes Kapitalvolumen einer anderen Währung und die darauf zu bedienende Zinsverpflichtung der gleichen Art tauschen. Am Ende der vereinbarten Laufzeit steht der Rücktausch der Kapitalbeträge zu den am Beginn festgelegten Kursen. Die für die Zinszahlungen benötigten Beträge transferieren sich die Vertragspartner jeweils zu den anstehenden Terminen.

Einen Cross Currency Swap schließen zwei Kontrahenten ab, die zwar hinsichtlich der Laufzeit und der Beträge der benötigten Kapitalaufnahme gleichgerichtete Interessenlagen haben, deren Präferenzen in bezug auf die Währung aber unterschiedlich sind. Die Einsatzbereiche von Währungs-Swaps sind vielfältig. Sie ermöglichen beispielsweise die Kapitalaufnahme am kostengünstigsten Finanzmarkt mit anschließendem Umtausch in die eigentlich gefragte Währung; denkbar ist, daß Swap-Geschäfte bestimmten Kreditnehmern erst den Zugang zu ausländischen Märkten eröffnen, die ihnen ansonsten aus den unterschiedlichsten Gründen verschlossen sind. Cross Currency Swaps erleichtern auch die Refinanzierung einer renditeoptimalen Anlage in einer anderen Währung und lassen Banken die währungs- und laufzeitkongruente Refinanzierung eigener Fremdwährungsausleihungen sicherstellen. Für Banken haben Swaps zusätzlich einen provisionsträchtigen Vermittlungs- und Beratungsmarkt geschaffen.

b) Interest Rate Swaps

Zins-Swaps, bisweilen als ‚heißeste und vielleicht geheimnisvollste Finanztechnik überhaupt' tituliert, sind 1982 erstmals vereinbart worden und hatten 1985 einen Marktanteil von ca. 80 Prozent. Ein einfacher Interest Rate Swap basiert auf nur einer Währung und erstreckt sich ausschließlich auf den Tausch von Zinsverbindlichkeiten aus aufgenommenen Kapital gleicher Höhe mit unterschiedlichen Verzinsungsformeln, also etwa von zinsvariablen Zinsdiensten und zinsfixen Verpflichtungen. Die Partner in einem solchen Geschäft, meist zwei Unternehmen oder ein Unternehmen und eine Investment Bank, tauschen also nicht die zugrundeliegenden Kapitalsummen, sondern nur den jeweiligen Zinsaufwand.

Ziel dieser Transaktion ist – wie häufig bei Neuerungen auf Geld- und Kapitalmärkten – die Reduzierung der mit der Finanzintermediation verbundenen Kosten. Interessanterweise genügt es als Basis für einen Zins-Swap, wenn die Vertragspartner (A u. B) komparative Emissionsvorteile auf zwei Märkten aufweisen. Absolute Vorteile sind nicht erforderlich, um beide Beteiligten von dem Geschäft profitieren zu lassen, worin sicherlich der wesentliche Grund für die Attraktivität der Interest Rate Swaps zu sehen ist.[98] Ein Swap ist demzufolge für A und B immer dann rentabel, wenn

$$\text{Zins(A;fix)} - \text{Zins(A;var)} \quad > \quad \text{Zins(B;fix)} - \text{Zins(B;var)}$$
$$\Rightarrow \text{A emittiert variabel} \qquad\qquad \Rightarrow \text{B emittiert fix}$$

Auch wenn B, sei es eine große Unternehmung oder eine Bank, potentiell in der Lage wäre, wegen der besseren Schuldnerqualität, der größeren Marktpräsenz oder aus sonstigen Gründen auf beiden Märkten eine absolut kostengünstigere Mittelaufnahme zu realisieren als A, könnte sich ein Zins-Swap durchaus lohnen. Selbst Einsparungen geringen prozentualen Umfanges nehmen dann schnell beachtliche Größenordnungen an. Gehen wir von einer Reduzierung der Zinskosten von nur 0,25 Prozentpunkten aus, so resultiert daraus bei einer 10-jährigen Anleihe, Nennwert 500 Mio., jährliche Zinszahlungen und konstanter Zinssatz von 5%, ein Barwert der Zinsersparnisse von immerhin fast 10 Mio. in der betreffenden Währung.[99]

---

[98] Vgl. *Zimmermann, Heinz:* Zur ökonomischen Bedeutung von Finanzinnovationen, a.a.O., S. 172 - 175. An dieser Stelle führt Zimmermann auch den Nachweis anhand eines Beispiels, auf dessen Wiedergabe hier verzichtet werden kann. Übersichtliche graphische Darstellungen verschiedener Swap-Geschäfte findet man unter anderem bei *Storck, Ekkehard:* Zins- und Währungsswaps im Euromarkt, in: Die Bank, Nr. 10/1983, S. 459 - 464.

c) Integrierte Swaps

Der Integrierte Swap[100] verkörpert die logische Fortentwicklung der Cross Currency Swaps und der Interest Rate Swaps, nämlich die Kombination derselben. Neben dem Ausgleich der Zinsverbindlichkeiten verpflichten sich die Vertragspartner zusätzlich zum Tausch respektive Rücktausch der aufgenommenen Finanzmittel, und zwar jeweils auf der Basis des Kassakurses bei Vertragsschluß. In diese recht aufwendige Konstruktion schaltet sich häufig eine Bank als sogenannter ‚Intermediary' dazwischen und geht mit den beiden Parteien, die sich regelmäßig gar nicht mehr kennen, separate Vertragsverhältnisse ein. Die Übernahme des Ausfallrisikos, das häufig durch Sicherheitsleistungen begrenzt wird, lassen sich die Banken per Provision vergüten.

Integrierte Swaps haben den Kreis potentieller Marktteilnehmer vergrößert, die ständige Konzipierung neuer Swap-Varianten geht in die gleiche Richtung. Die bisher umfassendste Spielart scheint der Cocktail Swap zu sein, der die beschriebenen Konstruktionen verknüpft und einen dritten Teilnehmer in die Transaktion einbezieht.

2.2. Prozeßinnovationen

Neue, innovative Verfahren auf den internationalen Finanzmärkten betreffen besonders den gesamten Zahlungsverkehr, wobei der ständige Wandel in diesem Bereich dominierend vom permanenten technologischen Fortschritt bei elektronischen Informations- und Kommunikationssystemen induziert ist. Verfahrens- oder Prozeßinnovationen als Untergruppe der Finanzinnovationen umfassen deshalb vor allem den Komplex der sogenannten ‚Electronic Funds Transfer Systems' (EFTS). EFTS ist der Sammelbegriff für eine ganze Reihe von Systemen und Technologien, die es erlauben, monetäre Transaktionen auf rein elektronischem Wege vorzunehmen, ohne auf Belege wie Schecks u. ä. zurückgreifen zu müssen und die die Versendung von Papier ganz oder teilweise substituieren.

---

[99] Das ergibt sich aus folgender Rechnung:

$$\frac{1\,250\,000}{0{,}05} \cdot \left(1 - \frac{1}{(1{,}05)^{10}}\right) = 9\,652\,169$$

Bei anderen Nennwerten muß der jetzt errechnete Barwert, abgesehen von geringfügigen Rundungsfehlern, nur mit dem entsprechenden Faktor multipliziert werden.

[100] Der Begriff ‚Integrierter Swap' ist entnommen *Carstensen, Meinhard:*: Finanzinnovationen in der praktischen Anwendung einer Geschäftsbank, in: Die Bank, Nr. 7/ 1986, S. 352 - 356. Weitere gängige Bezeichnungen sind ‚Double Swap' bzw. ‚Doppelswap'.

Die EFTS lassen sich in drei Sparten untergliedern: den Interbankenzahlungsverkehr, den internationalen Zahlungsverkehr und den kundenorientierten Zahlungsverkehr; geldpolitische Fragestellungen werfen vornehmlich die beiden letzten Gebiete auf.[101] Im grenzüberschreitenden Zahlungsverkehr hat es eine ‚lautlose Revolution' durch das SWIFT-System gegeben. Beim kundenorientierten Zahlungsverkehr lassen sich Bank-Firmenkunden-Beziehungen (Cash-Management) und Bank-Privatkunden-Beziehungen unterscheiden. Bei den neuen Verfahren im letztgenannten Bereich liegt aufgrund der potentiell breiten Anwendungsmöglichkeiten und weitreichendsten Auswirkungen das Schwergewicht der Betrachtung.

Electronic Funds Transfer Systems sind in den Vereinigten Staaten am weitesten verbreitet, doch liegen zuverlässige Zahlen über deren Nutzung leider nicht vor. Offensichtlich werden überwiegend sehr große Summen auf elektronischem Wege transferiert. Als Perspektive wird für 1990 erwartet, daß dann 75% der Scheckzahlungen in den USA durch elektrische Impulsübermittlungen ersetzt sein werden.[102]

2.2.1. Das SWIFT-System

Nach umfangreichen Vorarbeiten hat die von 239 Banken aus 15 Ländern im Mai 1973 gegründete „Society for Worldwide Interbank Financial Telecommunication" die Grundlagen für das aus ihren Anfangsbuchstaben abgeleitete SWIFT-System geschaffen, das schließlich am 9. 5. 1977 seine Tätigkeit aufnahm. SWIFT ist ein modernes interkontinentales Kommunikationssystem zwischen den Korrespondenzbanken, dessen computergesteuertes Daten-Fernübertragungsnetz mit der Intention aufgebaut wurde,

- die Abwicklung des internationalen Zahlungsverkehrs beleglos und damit rationeller gestalten zu können,

[101] Auf die Automatisierungstendenzen im Interbankenzahlungsverkehr, die auf den meist schon länger bestehenden Elementen Fed Wire, Bank Wire, Automated Clearing Houses und Clearing House Interbank Payment System (CHIPS) aufbauen und alle aus den USA stammen, wird darum in dieser Arbeit nicht weiter eingegangen. Im deutschen Sprachraum haben sich bereits ausführlich damit auseinandergesetzt *Bouveret, Andreas Michael:* Elektronischer Zahlungsverkehr (EFTS): Was bringt die 3. Generation des Geldes? Eine Bestandsaufnahme der internationalen Entwicklungstendenzen, Würzburg 1981, S. 104 ff; und *Godschalk, Hugo T. C.:* Computergeld: Entwicklungen und ordnungspolitische Probleme des elektronischen Zahlungsverkehrssystems, Frankfurt am Main 1983, S. 76ff.

[102] Vgl. *Schwolgin, Arnim:* ‚Finanzielle Innovationen und Mindestreservepolitik', a.a.O., S. 175. Zur Situation in der Bundesrepublik siehe *Deutsche Bundesbank:* Stand und weitere Entwicklung der Automation des unbaren Zahlungsverkehrs bei der Deutschen Bundesbank, in: Monatsberichte der Deutschen Bundesbank, August 1985, S. 47 - 51.

- durch den elektronischen Direktverkehr den Nachrichtenaustausch zwischen den Banken zu beschleunigen, und
- die im konventionellen Verfahren liegenden Risiken wie Verlust, Fehlleitung sowie fehlerhafte Übermittlung bzw. bewußte Verfälschung von Aufträgen und mangelhafte Kontrollmöglichkeiten, zu minimieren.[103]

SWIFT arbeitete zunächst mit den beiden direkt gekoppelten Schaltzentralen in Brüssel und Amsterdam, von denen Drahtverbindungen zu den nationalen Konzentratoren in den Finanzzentren Europas abgehen. Als Ende 1978 schon 619 Banken aktiv an das SWIFT-Netz angeschlossen waren und weitere 150 Institute ihr Interesse daran bekundet hatten, stieß das System mit täglich mehr als 300.000 Übermittlungen bald an seine Kapazitätsgrenzen. Inzwischen mußte das Netz um eine dritte Schaltzentrale im amerikanischen Culpeper erweitert werden, die den Arbeitsbereich von SWIFT auch auf Südamerika ausdehnte. Für die Automatisierung des fernöstlichen Zahlungsverkehrs ist bereits eine vierte Zentrale in Japan projektiert und sogar aus dem Ostblock sind Teilnahmewünsche laut geworden.

Neben Überweisungen werden mit SWIFT auch Kontoauszüge übermittelt und Devisengeschäfte sowie Wertpapiertransaktionen abgewickelt. Die Anziehungskraft dieses Nachrichtenübermittlungssystems liegt in der erheblichen Beschleunigung und der drastischen Verbilligung globaler Mitteltransfers. Interkontinentale Geldbewegungen, die früher häufig mehrere Tage in Anspruch nahmen, sind heute in minutenschnelle bei deutlichen Kostenvorteilen durchgeführt. Gegenüber herkömmlichen Post- oder Telegraphenverbindungen hat man Kostensenkungen durch SWIFT von 2,50 - 3,00 $ auf 0,50 $ pro Überseeanschluß errechnet. Damit wurden wichtige Voraussetzungen für weltweite Betätigungen von Bankinstituten geschaffen und internationale Zins-, Wertpapier- und Devisenarbitragegeschäfte entscheidend gefördert.

2.2.2. Cash-Management-Systeme

Cash-Management ist ein neues Dienstleistungsangebot von Banken an ihre Firmenkunden, das erstmals Ende der sechziger in den USA an den Markt kam und inzwischen auf den internationalen Bereich ausgedehnt wurde. Mit Cash-Management-Systemen (CMS) soll auf der Basis der extremen Beschleunigung von Zahlungsströmen durch deren vollelektronische Abwicklung eine unter Liquiditäts-, Rentabilitäts- und Risikogesichtspunkten optimale Finanzmittelsteuerung erreicht werden. Um die von den Finanzinstituten angebotene Software zu nutzen, genügt selbst für multinational operierende

---

[103] Vgl. *Wickenkamp, Werner:* Internationaler Zahlungsverkehr, in: Obst/Hintner, Geld-, Bank- und Börsenwesen: Ein Handbuch, 38., völlig neu bearbeitete und erweiterte Auflage, Stuttgart 1988, S. 552 - 573; hier S. 560.

Konzerne ein in Speicher- und Verarbeitungskapazität ausreichend ausgestatteter Personal Computer mit einer Schnittstelle zum Bankcomputer.

Die Anwendungsbereiche von CMS sind außerordentlich vielfältig und gehen über die Optimierung kurzfristiger Geldanlagen und -aufnahmen weit hinaus. Abgesehen davon, daß alle wichtigen Marktdaten wie Zinssätze und Wechselkurse jederzeit auf das hauseigene Terminal geholt werden können, ermöglicht CMS auch die sofortige Erstellung aktueller Übersichten über wichtige Entscheidungsgrundlagen wie Liqudiätslage, Währungspositionen und alle sonstigen Finanzdaten. Vor allem im Exportgeschäft tätige Unternehmen sind aufgrund der Vielzahl von Zahlungsein- und -ausgängen in fremden Währungen häufig Anwender von Cash-Management-Systemen.[104] Weiterhin kann CMS auch die Überwachung und Steuerung der Geschäftstätigkeiten von Tochtergesellschaften erleichtern.

Neben einer Optimierung der Zahlungsvorgänge und einer rationaleren Finanzplanung führt CMS aber auch zu einer Verminderung des Personalbedarfs, weil viele manuelle Tätigkeiten obsolet werden. Ein weiterer Vorteil aus Unternehmenssicht ist die Reduzierung des Bankfloat, da alle Buchungen mit CMS wesentlich schneller ausgeführt werden.

Seit kurzem versuchen einige deutsche Großbanken wie die Commerzbank („Com-Cash") und die Dresdner Bank („Drecam"), ihre Cash-Management-Systeme im bundesrepublikanischen Markt zu verankern. Obwohl sich die Auflistung der Vorteile noch verlängern ließe, entwickelt sich die Nutzung von Cash-Management-Systemen in der Bundesrepublik nur sehr zögerlich. Dabei kann eine Rolle spielen, daß das ausgefeilte Zahlungsverkehrsnetz in Deutschland die Unternehmen von vornherein mit wesentlich mehr Informationen versorgt, als es in den USA der Fall ist. Durch die weit verbreiteten Lastschrift-Einzugsverfahren und Daueraufträge zum Beispiel kann der Bankkunde normalerweise auch ohne CMS den Bestand bzw. die Veränderung seiner liquiden Mittel selbst recht leicht ermitteln und prognostizieren. Ein weiterer Hemmfaktor ist die mangelnde Bereitschaft der Banken, ihre eigenen Daten in fremde und konkurrierende Systeme einzuspeisen. Ein sinnvolles Cash-Management wäre in diesem Falle nur möglich, wenn eine Unternehmung seine gesamten Transaktionen über eine einzige Hausbank abwickelte, obwohl größere Firmen in der Regel mit über 50 Instituten gleichzeitig zusammenarbeiten.

---

[104] Zum Beispiel hat die Porsche AG 1984 ca. 500 Devisentermingeschäfte abgeschlossen, um ihr USA-Geschäft abzusichern. Um bei einer solchen Vielzahl von Geschäften nicht die Übersicht zu verlieren und um noch aus stündlichen Marktbewegungen Vorteile ziehen zu können, ist ein CMS praktisch unumgänglich. Vgl. zu den Einsatzmöglichkeiten von CMS *Lingenfelder, Michael:* Cash Management Systeme, in: Wirtschaftswissenschaftliches Studium (WiSt), Heft 9/September 1986, S. 459 - 460. Die technischen und betrieblichen Aspekte von CMS behandelt *Abolins, Karlis I.:* Cash-Management-Systeme für Unternehmen, in: Der Betrieb, Heft 2/11. 1. 1985, S. 64 - 65.

2.2.3. Cash Dispensers

Cash Dispensers (Bargeldautomaten) sind als sehr einfacher und unkomplizierter Baustein des EFTS weltweit in über 15 Ländern verbreitet, so auch in weiten Teilen Europas. Nachdem sich das deutsche Kreditgewerbe im Mai 1979 über die „Vereinbarung für das institutsübergreifende Geldausgabeautomaten-System", den ‚Pool-Vertrag', geeinigt hatte, wurden die ersten Geräte des ec-Geldautomaten-Pools, bei denen die eurocheque-Karte als einheitliches Identifikationsmedium dient, im Frühjahr 1981 in Berlin installiert. Grundsätzlich positive Erfahrungen ließen die Zahl der Pool-Geldautomaten bis Mitte 1984 auf etwa 1.000 Geräte an über 400 Orten der Bundesrepublik steigen; dazu kommen weitere 300 Geldausgabeautomaten, die nicht poolkonform betrieben wurden. Der aktuelle Bestand deutscher Geldausgabeautomaten liegt bei etwa 5.000 Stück.

Ein Cash Dispenser gibt den Bankkunden rund um die Uhr die Möglichkeit der Barabhebung zu Lasten von Sicht- oder Sparguthaben oder durch Inanspruchnahme vereinbarter Kreditlinien, ohne an personal- und arbeitszeitdeterminierte Schalterstunden gebunden zu sein. Der Abhebungsvorgang beginnt mit der Identifizierung des Kunden über eine Plastikkarte in Kreditkartengröße, die mit einer Magnetspur versehen ist. Zusätzlich wird in der Regel – einige Institute in den Vereinigten Staaten verzichten aus Gründen der Bedienungserleichterung darauf – das Eintippen einer persönlichen Codenummer verlangt, die in den USA meist sechs und in der Bundesrepublik vier Stellen hat. Hinsichtlich des Betrages ist die Wahlmöglichkeit des Benutzers oft auf standardisierte Summen beschränkt. In Deutschland können bei höchstens einer Geldausgabe pro Tag maximal 500 DM, und zwar in Stückelungen von je 50 DM, abgehoben werden. Die Ausgabe der Banknoten geschieht mit Hilfe einer Mechanik aus dem im Automaten eingebauen Tresor, der üblicherweise rund 2.500 Scheine faßt.[105]

Die Anschaffungskosten der in der Bundesrepublik verwendeten Geräte liegen bei ca. 100.000 DM pro Stück. Wie hoch der Auslastungsgrad der bisher installierten Bargeldautomaten sein muß, um die Rentabilität einer solchen Investition zu gewährleisten, ist nicht bekannt, da die Banken diesbezüglich keine konkreten Aussagen veröffentlichen. Allerdings weiß man, daß eine Barabhebung am Bankschalter mit Stückkosten zwischen drei und sechs Mark kalkuliert wird. Incentives zur permanenten Suche nach wirtschaftlicheren Lösungen sind also ausreichend vorhanden.[106]

---

[105] Eine ausführliche Darstellung der technischen Aspekte von Cash Dispensers findet man bei *Bouveret, Andreas Michael:* ‚Elektronischer Zahlungsverkehr (EFTS)', a.a.O., S. 14 - 23.

[106] Vgl. *Priewasser, Erich:* Bundesbank schachmatt?, in: Wirtschaftswoche, Nr. 30/ 22. 7. 1983, S. 58 - 60; hier S. 59.

Eine Steigerung des Auslastungsgrads der Geldausgabeautomaten erhofft man sich von der weiteren Vereinfachung der schon heute sehr unkomplizierten Bedienung. Ein Versuch in dieser Richtung ist die phonetische Bedienerführung, bei der die notwendigen Anweisungen von einem in dem Gerät eingebauten und über Mikrochip gesteuerten Lautsprecher erteilt werden. Geplant ist die Entwicklung eines Cash Dispensers, der nicht nur selbst ‚spricht', sondern auch die verbalen Befehle des Benutzers per Mikrophon akustisch wahrnehmen und decodieren kann. Der Kunde braucht seine Wünsche dann nur noch zu artikulieren und ist nicht mehr gezwungen, seine Absichten über eine Tastatur einzugeben.

2.2.4. Automated Teller Machines

In den USA sind schlichte Bargeldautomaten schon wieder weitgehend überholt und durch eine neue, multifunktionale Automatengeneration ersetzt, deren Fähigkeiten nicht mehr nur auf die Ausgabe von Bargeld beschränkt sind. Automated Teller Machines können darüber hinaus verschiedene zusätzliche Bankdienstleistungen ausführen, dazu zählen zum Beispiel die Einzahlung von Bargeld auf eigene oder fremde Konten, die elektronische Ausführung von Überweisungsaufrägen, die Auskunftserteilung über den aktuellen Kontostand und die Erstellung von Auszügen sowie je nach betreibendem Institut einige weitere einfache Tätigkeiten.

Die automatischen Schaltereinheiten stellen ‚teures' Bankpersonal von eher primitiven aber zeitraubenden Routinetätigkeiten wie dem Ausfüllen verschiedendster Formulare frei, das sich dann intensiver den eigentlichen Beratungsaufgaben widmen kann. Entlastungen zeichnen sich weiterhin besonders im Bereich der Kasse, bei der bisher manuell ausgeführten Sparkontenführung und beim zentralen Datenänderungsdienst ab.[107]

Mit Hilfe der Automated Teller Machines werden die Kunden in die Lage versetzt, den Kontoservice außerhalb der Öffnungszeiten der Bankfilialen gemäß ihren individuellen Bedürfnissen im 24-Stunden-Betrieb in Anspruch zu nehmen. In der Bundesrepublik käme dieses Angebot einer nicht zu unterschätzenden Leistungsverbesserung gleich, denn eine normale Filiale einer deutschen Geschäftsbank ist nur 31 Stunden in der Woche für den Publikumsverkehr zugänglich, und zwar zu über 80 % vormittags bis 13.30 Uhr. Ein weiterer Vorteil ist, daß die Geräte auch an zentralen Orten außerhalb der Bankzweigstellen, beispielsweise in großen Supermärkten und Einkaufsstraßen, aufgestellt werden können.

---

107 Vgl. *Meincke, Ulrich:* Einführung neuer Techniken und Probleme der Rationalisierung im Bankenbereich, in: Die Bank, Nr. 2/1983, S. 52 - 54; hier S. 54.

Das Problem dieses ziemlich kostenintensiven Systems ist die schwer abschätzbare Akzeptanz beim Publikum, das möglicherweise den persönlichen Kontakt mit den Bankangestellten präferiert. Studien in den USA gehen allerdings schon heute von einer potentiellen Zielgruppe um die 70 % aus.[108] Letztendlich dürfte sich diese Frage mit dem Heranwachsen einer Generation, die von Jugend an den Umgang mit Computern gewöhnt ist und nicht selten die Kommunikation mit einer Maschine der mit anderen Menschen vorzieht, von selbst erledigen.

2.2.5. Home Banking

Die Krönung der Automatisierungsbemühungen der Bank/Kunden-Beziehungen stellen die Projekte dar, deren Intention es ist, dem Abnehmer sogar den Aufwand des Weges zur Filiale oder einer zentral installierten automatischen Schaltereinheit zu ersparen und das Finanzinstitut mit seinem Dienstleistungsangebot sozusagen direkt ‚auf den Schreibtisch bzw. in das Wohnzimmer' des Verbrauchers zu bringen.

Bei der praktischen Umsetzung dieser theoretischen Vision entstehen offenbar eine ganze Reihe von Problemen und Schwierigkeiten, deren Überwindung mehr Zeit in Anspruch nimmt, als ursprünglich erwartet. Die ersten Versuche der Implementierung solcher Systeme in den USA datieren bereits aus dem Jahr 1973 (Initiator war die Seattle First Nationalbank), dieser und nachfolgende Testläufe anderer Anbieter sind bisher aber nicht sehr erfolgreich verlaufen.

Einen neuen Anlauf wollen jetzt die drei amerikanischen Branchenführer IBM, CBS und Sears Roebuck starten. IBM ist der größte Computerhersteller, CBS die bedeutendste private Fernsehgesellschaft in den Vereinigten Staaten und Sears Roebuck der wichtigste Waren- und Versandhauskonzern sowie Muttergesellschaft einer großen Wertpapierbank und von Versicherungs- und Immobilienunternehmen. Gemeinsam wollen sie ein neues Dialogsystem (Videotex-System) entwickeln, dessen interessantestes Merkmal ist, daß es mit Personal Computern jeglicher Herkunft betrieben werden kann. Die Anschaffung eines speziellen Decoders für das Fernsehgerät wäre dann überflüssig. Der Arbeitsbereich des geplanten Videotex-Systems wurde bis dato nicht genau umrissen, soll sich aber grundsätzlich auf die Bereiche Nach-

---

[108] Den bekanntesten Feldversuch startete die First National Bank of Atlanta 1974 mit ihrem ‚Tillie the Teller'-Experiment. Sie begann mit 11 Automated Tellers im Stadtgebiet von Atlanta, im Mai 1979 war die Zahl der installierten Automaten auf 29 angewachsen. 1974 wurden über die Geräte der First National 500.000 Transaktionen vorgenommen, bis 1978 stieg die Zahl der jährlichen Benutzungen auf 3,2 Millionen. Im Durchschnitt wurde damit jeder ‚Tillie'-Automat monatlich 10.500 bis 11.000 Mal frequentiert. Vgl. *Bouveret, Andreas Michael:* ‚Elektronischer Zahlungsverkehr (EFTS)', a.a.O., S. 28 - 29.

richten- und Datenabruf, Werbung, Bankgeschäfte und Warentransaktionen erstrecken. Ein konkreter Termin, an dem die ersten PC's an das Netz angeschlossen werden sollen, ist noch nicht bekannt.[109]

Die Basis für Home Banking in der Bundesrepublik hat die Bundespost mit dem im September 1983 ins Leben gerufenen Bildschirmtext (Btx) geschaffen. Btx nutzt das bestehende und weitverzweigte Telefonnetz der Post zur privaten und gewerblichen elektronischen Informationsübermittlung. Benötigt wird dafür ein Btx-tauglicher Farbmonitor zur Darstellung der Schriftzeichen, ein Computer und ein Netzanschlußgerät. Teilnahmebeschränkungen, abgesehen von der Gebührenpflicht, bestehen nicht. Eine der ersten deutschen Großbanken, die dieses System anwendeten, war die Dresdner Bank im Herbst 1984. Seitdem können die Bankkunden von allen Punkten der Bundesrepublik zu Ortstarifen mit dem Zentralrechner dieses Instituts in Verbindung treten und bestimmte Geschäfte abwickeln. Die Erfahrung der letzten Jahre mit Btx zeigt, daß trotz einiger ‚Vorschußlorbeeren' für dieses System ein Btx-Anschluß bis zum Ende der achtziger Jahre mit Sicherheit noch nicht zur Standard-Ausstattung eines bundesdeutschen Haushalts gehören wird.[110]

Trotzdem eröffnet das Home Banking faszinierende Perspektiven, die noch vor wenigen Jahren als utopisch bezeichnet wurden. Schon in absehbarer Zukunft wird es für den Bankkunden möglich sein, einen Großteil seiner Geschäfte vom eigenen Terminal aus zu steuern. Routinetätigkeiten wie das Abfragen von Kontoständen und Umsatzzahlen, die Veranlassung von Überweisungen und die Übermittlung anderer Aufträge können schon heute über Btx vorgenommen werden. Ihre größte Attraktivität werden Home Banking-Systeme dort entfalten, wo es auf schnelle und umfassende Informationsübermittlung ankommt. Der direkte Zugriff auf alle weltweit relevanten Finanzmarktdaten wie zum Beispiel die Aktienkurse aller wichtigen Börsenplätze ist technisch problemlos zu realisieren.[111] Selbstverständlich wäre auch die Abgabe von An- und Verkaufsorders für Wertpapiere über Btx und deren sofortige, möglicherweise automatisierte Ausführung durchaus vorstellbar. Weiterhin könnten sich die Nutzer von Home Banking-Systemem verschiedene Anlagealternativen vorlegen und detaillierte Vergleichsrechnungen durchführen lassen; die Banken könnten ihre Kreditangebote einem breiten

---

109 Vgl. *Glogowski, Erhard* und *Manfred Münch:* ‚Neue Finanzdienstleistungen', a.a.O., S. 152.

110 Als Gründe für die etwas enttäuschende Ausbreitungsgeschwindigkeit dieses neuen Mediums lassen sich die hohen Preise für Btx-geeignete Farbfernsehgeräte und die mangelhafte Informationspolitik der Bundespost anführen. Darüber hinaus besteht das Problem, daß dem Verbraucher bisher bestenfalls die Kosten von Btx in Gestalt der benötigten technischen Ausstattung und der Nutzungsgebühren genau bekannt sind. Die Prognosen über die künftigen Anwendungsbereiche fallen demgegenüber noch äußerst vage aus.

111 Die Berliner Bank wirbt mit einer solchen Dienstleistung unter dem Titel „World-cash".

Kundenkreis unterbreiten und die Sparpläne präzise und ohne Zeitdruck erläutern. Der Kunde wäre dann in die Lage versetzt, in aller Ruhe und nach Abwägung der unterschiedlichen Konditionen seine Dispositionen zu treffen.

Der Anwendungspalette von Home Banking sind theoretisch kaum Grenzen gesetzt, so daß es denkbar ist, daß letztlich jeder entsprechend ausgestattete Haushalt zu einer mehr oder weniger vollwertigen Bankaußenstelle wird, die unter Umständen rund um die Uhr betriebsbereit ist. Home Banking reduziert auf diese Weise drastisch die Kosten der Informationsbeschaffung und -verarbeitung im monetären Sektor. Hinsichtlich der Unterrichtung der Teilnehmer über die ausgehandelten Preise scheint sich die Transparenz der Finanzmärkte immer mehr dem idealtypisch konstruierten, theoretischen Optimum anzunähern.

2.2.6. Point-of-Sale-Terminals (POS-Terminals)

Die Point-of-Sale-Terminals (Verkaufsort-Terminals) stellen dasjenige Element der EFTS dar, das den entscheidenden Durchbruch zur angestrebten ‚cashless‘ und ‚chequeless society‘ bringen soll. Unter einem POS-Terminal ist eine besondere vollelektronische Registrierkasseneinheit zu verstehen, die es dem Konsumenten erlaubt, in damit ausgerüsteten Läden bzw. Verkaufspunkten zu zahlen, ohne auf die konventionellen Zahlungsmittel Bargeld oder Scheck zurückgreifen zu müssen. Der Kunde muß lediglich seine systemkonforme Plastikkarte mit sich führen, daher die amerikanische Titulierung ‚plastic money‘. Die eminente Bedeutung der POS-Terminals im Rahmen des elektronischen Zahlungsverkehrs illustrieren folgende Zahlen: An den zur Zielgruppe von Point-of-Sale gehörenden rund 670.000 Verkaufspunkten in der Bundesrepublik werden jährlich ca. 26 Milliarden Transaktionen mit einem Gesamtumsatz von mehr als 460 Mrd. DM abgewickelt.[112]

Das technische Grundkonzept eines Zahlungsvorgangs im POS-System sieht folgendermaßen aus: Der Kunde führt nach der Ermittlung der zu zahlenden Summe seine Ausweiskarte, die direkt an sein Bankkonto gebunden ist (Debit Card), in das Gerät ein. Zusätzlich muß er sich durch die Eingabe seiner PIN (Personalidentifikationsnummer) über eine von Fremden nicht einsehbare Tastatur identifizieren. Sofern die PIN stimmt, tippt der Kassierer die Identifikationsdaten des Marktes und den Rechnungsbetrag ein. Da die gängigen Magnetstreifenkarten nichts über die Bonität des Kunden aussagen, muß

[112] Das Interesse der Hersteller von POS-Terminals an diesem neuen Zahlungssystems ist mehr als verständlich, denn alleine in Deutschland stehen über 820.000 Ladenkassen zur Disposition. Da europaweit etwa 16 Länder über die Einführung von Point-of-Sale nachdenken, wird der Markt für solche Geräte in den nächsten zehn Jahren auf mehrere hunderttausend Stück veranschlagt. Die Zahlenangaben entstammen *Glogowski, Erhard* und *Manfred Münch:* ‚Neue Finanzdienstleistungen‘, a.a.O., S. 39.

per sofortiger Abfrage bei einer zentralen Stelle geprüft werden, ob das Kundenkonto ausreichend gedeckt ist (kaufferne Autorisierung). Um zu gewährleisten, daß diese Prozedur nicht zuviel Zeit in Anspruch nimmt, muß die Installierung schneller und teurer Datex-Leitungen erfolgen. Nach positiver Bestätigung nimmt der Kassierer über Tastendruck eine sofortige Abbuchung des Kaufbetrages vom Konto des Konsumenten vor, die in Sekundenbruchteilen vollzogen ist.

Mit den POS-Terminals will man die Nachteile überwinden, die mit den unbequemen Zahlungsweisen per Bargeld oder per Scheck verbunden sind. Jeder Käufer, der an der Tankstelle oder der Einzelhandelskasse seine Rechnung in bar begleichen will, hat vor dem Einkauf dafür Sorge zu tragen, daß er Barmittel in ausreichender Menge bei sich führt. Möchte der Kunde den Betrag seiner Barschaft relativ genau auf die auch wirklich benötigte Summe abstimmen, hat er sich vor dem Einkauf präzise über die Höhe seines geplanten Konsums im klaren zu sein. Abgesehen von dem Aufwand, den diese regelmäßige ex-ante-Ermittlung erfordert, ist in einem solchermaßen vorab begrenzten Bargeld-Budget kein Platz mehr für Spontankäufe, beispielsweise bei Wahrnehmung besonders günstiger Sonderangebote. Um solche Probleme bei der Barzahlung zu umgehen, kann sich der Käufer ein ‚Dispositionspolster' zulegen, das er aber wahrscheinlich garnicht in Anspruch nimmt. Falls er dieses überschüssige Bargeld nicht beisich behalten möchte, muß der Kunde es wieder auf sein Konto einzahlen. Außerdem enthebt diese Strategie den Konsumenten auch nicht davon, ständig eine wenigstens ungefähre Vorstellung von der Mindestsumme seiner Transaktionen zu entwickeln.

Entscheidet sich der Kunde angesichts dieser Schwierigkeiten für die bargeldlose Zahlung mit Schecks, muß er bei jedem Zahlungsvorgang unabhängig von der Höhe des Betrages einen neues Formular ausfüllen, was verhältnismäßig zeitaufwendig ist. Daneben handelt es sich bei der Scheckzahlung um einen kostenintensiven, weil bearbeitungsreichen Vorgang, denn ein Scheck wird normalerweise zu verschiedenen Orten transportiert und unterdessen mehrere Male geprüft, bevor die endgültige Buchung stattfindet.

Darüber hinaus verspricht man sich einige weitere positive Nebeneffekte von der POS-Einführung. Die Banken erhoffen sich eine Vertiefung ihrer Privatkunden-Beziehungen, denn "wer das persönliche Konto führt und den Zahlungsverkehr abwickelt, hat auch den Schlüssel zum übrigen Bankgeschäft".[113] Außerdem sind die Banken problemlos in der Lage, ihr Dienstleistungsangebot an die mit dem Point-of-Sale-System ausgerüsteten Händler zu erweitern, weil die POS-Terminals neben ihrer Hauptfunktion auch für Umsatzaufstellungen, als Datenlieferant für die Finanzbuchhaltung, als Fak-

[113] Eine Aussage von Eckart van Hooven, Vorstandsmitglied der Deutschen Bank AG, zitiert nach *o. V.:* Kampf der Karten, in: Wirtschaftswoche, Nr. 17/17. 4. 1987, S. 48 - 65; hier S. 49.

turierhilfe und zu ähnlichem genutzt werden können. Der Einzelhandel erwartet von POS eine mögliche Umsatzerhöhung durch die Erleichterung von Spontan- und Impulskäufen und eine Reduzierung der Kassierzeiten, die sich auch in einem Personalabbau niederschlagen kann. Da weniger Bargeld bewegt werden muß, verringert sich allgemein das Diebstahl- und Beraubungsrisiko. Weiterhin lassen sich mittels POS Scheckvergehen, wie zum Beispiel das Ausstellen ungedeckter Schecks, und Kreditvergehen aller Art, speziell der Kreditkartenmißbrauch[114], indirekt eindämmen.

POS-Terminals haben bereits des öfteren Probeläufe in der Praxis absolviert. Das wichtigste Ergebnis der vielfältigen Pilotprojekte in den USA im Laufe der siebziger Jahre war die Erkenntnis, daß die Aufstellung der Geräte nur dann sinnvoll ist, wenn sich die Betreiber vorher auf ein einheitliches Konzept geeinigt haben.[115] Abgesehen davon, daß es den Einzelhändlern selbstverständlich unmöglich ist, für jede größere Bank ein eigenes Terminal in den Verkaufsräumen zu installieren, wäre bei einer nicht-konsensuellen Lösung der Auslastungsgrad der expensiven Datenverarbeitungsmaschinen zu niedrig. In der Bundesrepublik hat die Gesellschaft für Zahlungssysteme mbH (GZS), eine Gemeinschaftsgründung des deutschen Kreditgewerbes, die Aufgabe der Koordinierung aller Beteiligten übernommen. Nachdem sich die Geldinstitute 1981 auf eine POS-Rahmenvereinbarung festgelegt hatten, wurden Ende 1984 die ersten Feldversuche mit POS-Terminals in Berlin und München gestartet.

In diesen Tests zeigte sich rasch, daß die Kosten des POS-Systems für den Handel praktisch prohibitiven Charakter annahmen. Im Mittelpunkt der Kritik standen besonders die hohen Leitungskosten. Bei jedem Zahlungsvorgang wird die ec-Karte des Kunden on-line, also in direktem Datenaustausch mit der Autorisierungszentrale der Bankengruppe, auf Gültigkeit und Autorisierung überprüft. Sofern die GZS ein ‚okay' signalisiert, wird der zu zahlende Betrag im Echt-Zeit-Verfahren transferiert.[116]

Die Lösung für dieses Problem soll eine neue Karten-Technologie bringen, die Chip Card. Bei der Chip Card ist in die Plastikkarte ein kleiner Mikroprozessor mit einem Datenspeicher eingebaut. In diesen Chip werden alle banktechnischen Informationen, der persönliche Code für den Karteninhaber sowie der Geldbetrag, über den der Kunde verfügen kann, programmiert. Bei

[114] Die Abschreibungen amerikanischer Großbanken aufgrund von Ausfällen im Kreditkartengeschäft durch Zahlungsunfähigkeit oder Betrug summierten sich im Jahr 1986 auf ca. 2,5 Milliarden Dollar - 56 Prozent mehr als im Jahr zuvor. Vgl. *o. V.:* Kampf der Karten, a.a.O., S. 52.

[115] Die amerikanischen Erprobungen von POS bespricht *Bouveret, Andreas Michael:* ‚Elektronischer Zahlungsverkehr (EFTS)', a.a.O., S. 45ff.

[116] Die GZS verlangte für diesen Service 0,2% vom Umsatz und 7 Pfennig pro Transaktion, die die Händler zusätzlich zu den Kosten für Hard- und Software und für die Leitungsbelegung zu tragen hatten.

jedem Kauf wird nun der Preis von dem in der Kasse registrierten Höchstbetrag automatisch abgezogen. Der Speicher der Karte erfaßt jedesmal alle notwendigen Informationen und reicht für etwa 100 Transaktionen. Spätestens dann muß die Karte entweden neu geladen oder durch eine neue ersetzt werden.

Die Chip Card erlaubt im Gegensatz zur Magnetstreifenkarte die kaufnahe Autorisierung, denn der Kunde bringt alle wichtigen Daten in seiner Karte gespeichert mit und die notwendigen Prüfungen nehmen die bereits zur Serienreife entwickelten neuen POS-Terminals selbst vor. Eine weitere Reduzierung der Leitungskosten erfolgt durch den Verzicht auf die real-time-Abbuchung vom Kundenkonto. Nach dem neuen Konzept sollen die POS-Umsätze nicht mehr sofort verbucht, sondern zunächst elektronisch gespeichert werden. Die Datenübermittlung an die Hausbank geschieht nur einmal am Tag, zweckmäßigerweise nach Geschäftsschluß und zwar über eine normale Wählleitung. Die kostenträchtigen on-line Datenverbindungen mit den Bankrechenzentren können entfallen.

Ein weiterer großer Vorteil der Chip Card liegt im Sicherheitsaspekt. Nach Expertenmeinung sollen Fälschungen der Karte und deren unbefugtes Benutzen auf Jahre hinaus nahezu ausgeschlossen sein. An der Sicherheit der Magnetstreifenkarte wachsen dagegen in letzter Zeit die begründeten Zweifel. Sie ist nachgewiesenermaßen weder gegen Totalfälschungen, noch gegen unbefugte Datenmanipulation und die Anfertigung von Duplikaten gefeit, da die dafür benötigte Technik weit verbreitet und leicht beherrschbar ist. Die Verbraucherschutzorganisationen raten sogar zur Rückgabe von Karten mit Magnetpiste.[117]

Ein erneuter Probelauf von POS-Terminals auf Chipkartenbasis soll darüber Auskunft geben, ob die neue Technik schon völlig ausgereift ist. Nachdem jüngst sogar die ersten Point-of-Sale-Terminals in China eingerichtet wurden, kann man davon ausgehen, daß der flächendeckende Einsatz des POS-Systems in Europa unter Einschluß der Bundesrepublik nur noch eine Frage der Zeit ist.

3. Ursprünge des Innovationsprozesses

Im Mittelpunkt des folgenden Kapitels steht die Frage, was ganz allgemein gesprochen die Motive für Innovationen im Finanzsektor sind. Obwohl sich eine ganze Reihe von Autoren vornehmlich anglo-amerikanischer Provenienz mit diesem Problem befaßt haben, ist es bisher nicht gelungen, eine in sich

[117] Selbst Bankenvertreter geben inzwischen zumindest anonym zu, daß sich die Branche die bei der Magnetstreifenkarte aufgetretenen Pannen mit der Chip Card nicht noch einmal leisten kann. Vgl. dazu *o. V.:* Durchbruch mit Haken, in: Wirtschaftswoche, Nr. 6/30. 1. 1987, S. 74 - 75.

konsistente ‚Allgemeine Theorie der Finanzinnovationen' zu formulieren, die auf eine generelle Akzeptanz stößt.[1] Die diversen Analysen von Einzelaspekten finanzinnovatorischer Prozesse sind zwar recht aufschlußreich, vermitteln aber kein befriedigendes Gesamtbild, solange sie unverbunden nebeneinander stehen.

Betrachtet man aufmerksam die unterschiedlichen Standpunkte, die im Rahmen dieses Themenkreises bezogen werden, so scheint sich durch die Literatur, die die Gründe für Finanzinnovationen behandelt, ein begrifflicher Dissens zu ziehen, dessen Identifizierung die gedankliche Strukturierung des Problems erleichtern kann. Aus diesem Grund sollen zunächst diejenigen Faktoren herausgearbeitet werden, die direkt finanzielle Neuerungsaktivitäten auslösen, also die *Anlässe* für Finanzinnovationen. In einem zweiten Schritt wird untersucht, ob sich hinter diesen vordergründigen Änderungsanstößen tiefere *Ursachen* von Finanzinnovationen verbergen. Hierdurch soll der Gefahr vorgebeugt werden, durch die naheliegende Abhandlung bestimmter temporärer Konstellationen auf den Finanzmärkten den Blick für fundamentalere Antezedenzien des andauernden Innovationsprozesses zu verlieren.

3.1. Der Theoretische Ansatz

Für die Erstellung fundierter und in zeitlicher Hinsicht präzisierbarer Prognosen der zu erwartenden weiteren Vorgänge an den Finanzmärkten benötigt man eine geeignete und zuverlässige theoretische Basis, auf der solche Voraussagen über das künftige Erscheinungsbild der monetären Märkte aufbauen müssen. Die Anforderungen an dieses Erklärungsmodell, dessen Formulierung noch aussteht, sind sehr komplex. Es muß so umfassend konstruiert sein, daß es alle Innovationen auf den Geld- und Kapitalmärkten einschließt und zu verstehen hilft, warum einzelne Finanzinnovationen zu bestimmten Zeitpunkten eingeführt werden. Eingebettet in einen historischen und gesellschaftlichen Gesamtzusammenhang muß das Modell also die ökonomischen Rahmenbedingungen erläutern, die zum Auftreten von finanziellen Innovationen führen.

Gleichzeitig soll erklärt werden, wie finanzinnovatorische Aktivitäten ablaufen, also was diese Aktivitäten fördert, wie sie organisiert sind und welche Faktoren die Ausbreitungsgeschwindigkeit der neuen Produkte und Verfahren bestimmen. Zusätzlich ist erforderlich, daß das theoretische Konzept spezifisch genug abgefaßt ist, damit es auch bei dem konkreten Einzelfall aus-

---

[1] Eine sehr interessante vergleichende Darstellung und Kritik der verschiedenen theoretischen Ansätze liefert, obgleich auch er grundsätzlich das analytische Defizit beklagt, *Podolski, T. M.:* Financial Innovation and the Money Supply, Oxford 1986, S. 181ff.

sagekräftig bleibt und genug Ansatzpunkte für empirische Untersuchungen bietet, um die Ergebnisse wiederum im Sinne einer fortlaufenden Verfeinerung des Modells zu integrieren.

Die Schwierigkeiten, denen man sich bei der Konstruktion einer Theorie gegenübersieht, die die genannten Probleme lösen kann, lassen sich exemplarisch anhand der Schriften von *Silber* belegen, der dessenungeachtet Pionierarbeit auf diesem Gebiet geleistet hat und wichtige Anregungen gab. *Silber* war wahrscheinlich der erste, der Finanzinnovationen als einen dauerhaften Prozeß betrachtete und sich nach eigenem Anspruch an einer ‚General Theory of Financial Innovation' versuchte. Er ging dabei von folgenden Annahmen aus:

> "Our basic hypothesis is that innovation of financial instruments and practices occurs in an effort to remove or lessen the financial constraints imposed on firms. ... In one case exogenous changes in constraints force a reduction in the utility of the firm and the firm innovates in an effort to return to its previous level of utility. ... In the second case innovation responds to an increase in the cost of adhering to a constraint."[2]

Der Vorschlag von *Silber* ist also recht unkompliziert. Profitmaximierende Finanzinstitute unterliegen bei ihren Firmenaktivitäten verschiedenen Beschränkungen, die exogener oder endogener Natur sein können. Die wichtigsten exogen auferlegten Beschränkungen sind staatliche Regulierungen, während sich selbstgegebene Einschränkungen zum Beispiel in internen Liquiditätsregeln niederschlagen. Steigen die mit diesen Beschränkungen verbundenen Kosten (shadow prices) ‚im historischen Kontext gesehen in abnorme Höhen', werden ‚constraint-induced innovations' stimuliert. Der Anstieg der Schattenpreise muß dauerhaft ausfallen, denn die Innovation von Finanzprodukten verursacht Entwicklungskosten.[3]

Silber's Beschreibung des Innovationsprozesses ist paradoxerweise nicht umfassend genug und gleichzeitig nicht ausreichend spezifiziert. Seine ‚General Theory' ist dort zu spezifisch abgefaßt, wo sie sich ausschließlich auf den Part der finanziellen Firmen kapriziert, deren Verhalten zudem nur unter kurzfristigen Gewinnmaximierungsaspekten analysiert wird. Das Modell ist an jenen Punkten zu allgemein gehalten, wo es *Silber* nicht gelingt, seine Ausführungen hinreichend zu konkretisieren und in eine operationale Struktur bringen. Seine eigenen Versuche, die Theorie empirisch zu untermauern, fallen folgerichtig wenig überzeugend aus, da sie den Präzisionsgrad seiner Äuße-

---

[2] *Silber, William L.:* Towards a Theory of Financial Innovation, in: William L. Silber (ed.), Financial Innovation, Lexington – Massachusetts – Toronto – London 1975, S. 53 - 85; Zitat S. 64 + 66.

[3] Vgl. *Silber, William L.:* The Process of Financial Innovation, in: American Economic Review, Papers and Proceedings, No. 2/May 1983, S. 89 - 95; hier S. 90.

rungen nicht erhöhen.[4] Die Perspektiven, die *Silber's* ,General Theory' eröffnet, sind aus diesen Gründen als sehr beschränkt anzusehen.

Erfolgversprechender scheint ein anderer theoretischer Ansatz zu sein, der einen Ausweg aus dem Dilemma weisen könnte. Er unterstellt als Arbeitshypothese, daß es einen Markt für neue finanzielle Verfahren und Produkte gibt, auf dem sich die Anbieter und Nachfrager jener Güter treffen.[5] Finanzinnovationen wären dann im Rahmen dieser Betrachtungsweise nichts anderes als das Ergebnis des Zusammenspiels von Angebot und Nachfrage auf diesem fiktiven Dienstleistungsmarkt. Für ein vermehrtes Auftreten von Neuerungen auf den Geld- und Kapitalmärkten könnten also sowohl Angebots- als auch Nachfragefaktoren verantwortlich sein. Um zu erfahren, was den Innovationsprozeß im einzelnen vorantreibt oder auch behindert, muß man in diesem Modell diejenigen Determinanten identifizieren, die die beiden Marktseiten signifikant beeinflussen.

Finanzielle Novitäten sind cum grano salis Ausfluß rationalen Verhaltens der Beteiligten, die mit ihnen bestimmte wirtschaftliche Zielvorstellungen verwirklichen wollen; sie entspringen im allgemeinen nicht einer latenten ,Spielkasinomentalität' an den Finanzmärkten.[6] Eine Beschränkung der Darstellung auf ökonomische Einflußgrößen ist demzufolge sinnvoll und angebracht. Folgerichtig sind zur Hervorbringung von Finanzinnovationen – davon wird in diesem Modell ausgegangen – ausreichend große Verschiebungen der wirtschaftlichen Determinanten notwendig, die das Verhalten der Akteure auf dem Finanzinnovationsmarkt lenken.

Die Fluktuationen der ökonomischen Einflußgrößen kommen in einer Variation der Kostenstruktur zum Ausdruck. Die zentrale These dieses theo-

---

[4] Zur vorgelegten empirischen Evidenz siehe *Silber, William L.:* The Process of Financial Innovation, a.a.O., S. 90ff. *Podolski* kommentiert dazu:

"The study, however, is more a plea for further investigations of the innovations identified than a coherent an completed empirical work."

Podolski, T. M.: Financial Innovation and the Money Supply, a.a.O., S. 209.

[5] Ein ähnlicher Gedankengang liegt möglicherweise den Ausführungen von *Hawawini, Gabriel:* Financial Innovation and Recent Developments in the French Capital Markets, European Institute of Business Administration, Working Research Papers, No. 85/25, Fontainebleau October 1985, S. 17 f; und der *Bank for International Settlements:* ,Recent Innovations', a.a.O., S. 171 - 186, zugrunde, denn beide unterscheiden ebenfalls zwischen Angebots- und Nachfragefaktoren.

[6] Damit soll die Existenz einiger zweifelsfrei zu konstatierender Exzesse ohne ökonomische Substanz nicht geleugnet werden, die nur durch ein irrationales Marktverhalten mit erstaunlichem Verbreitungsgrad zu erklären sind. Die Selbstreinigungskräfte der Märkte verhindern aber weitgehend deren dauerhaften Erfolg. Eine mehrjährige Überlebensdauer sollte deshalb einen akzeptablen Indikator dafür abgeben, ob es sich wirklich um eine beachtenswerte Neuerung handelt. Einige Anmerkungen zu den Ausuferungen auf den Finanzmärkten macht *Van Horne, James C.:* Of Financial Innovations and Excesses, in: The Journal of Finance, Nr. 3/July 1985, S. 621 - 631; hier besonders S. 626ff.

retischen Ansatzes ist also, daß finanzinnovatorische Aktivitäten angebots- und/oder nachfrageinduziert sein können und immer dann zur Entfaltung kommen, wenn sich die Kostenstruktur auf dem Markt für finanzielle Neuerungen ausschlaggebend geändert hat.

Die Kostenstruktur auf dem gedanklich konstruierten Markt für Finanzinnovationen umfaßt aus volkswirtschaftlicher Sicht nicht nur die primären Kosten der Leistungserstellung, sondern auch potentielle Kosten, die aus der Übernahme von Risikopositionen resultieren. Ebenso sind die indirekten Opportunitäts- oder Alternativkosten miteingeschlossen, die sich aus dem Fehlen geeigneter Instrumente für Reaktionen auf Marktsituationen ergeben, die mit den jeweiligen Zielvorstellungen der Akteure kollidieren. Die ökonomischen Motive der Marktteilnehmer müssen dabei keineswegs immer nur kurzfristig profitorientierter Natur sein, sondern können beispielsweise auch auf das Halten beziehungsweise den Ausbau von Marktanteilen gerichtet sein.

Zusammenfassend ist festzuhalten, daß die Ursprünge des Innovationsprozesses in den Kosten liegen, die mit Finanztransaktionen verbunden sind. Die einzelnen Anlässe, zu denen finanzielle Kreationen vorgenommen werden, sind unter den Faktoren zu suchen, die über die maßgebliche Beeinflussung der angesprochenen Kostengrößen das Angebot und/oder die Nachfrage auf dem Finanzinnovationsmarkt erhöhen.[7]

3.2. Anlässe für Finanzinnovationen

3.2.1. Technologischer Fortschritt

Der rasante technologische Fortschritt der letzten Jahre ist der fundamentale Einflußfaktor der umfassenden Veränderung des Erscheinungsbildes der internationalen Finanzmärkte. Die weitverbreitete Anwendung moderner Computer-, Informations- und Telekommunikationstechnologien hat eine so herausragende Bedeutung erlangt, daß inzwischen nahezu alle Vorgänge auf den Geld- und Kapitalmärkten von den Auswirkungen erfaßt worden sind.[8]

---

[7] Merkwürdigerweise besteht unter den Ökonomen unabhängig vom theoretischen Konzept, sofern überhaupt auf ein solches rekurriert wird, weitgehend Einigkeit über die Innovationen auslösende Faktoren. Abweichungen beziehen sich meist nur auf deren Gewichtung und Einordnung.

[8] Eine Vorstellung vom Ausmaß der technischen Revolution versucht folgender schöne Vergleich zu vermitteln: Wäre die Fortschrittsrate in der Automobilindustrie genauso hoch gewesen wie in der Computerindustrie in den letzten 25 Jahren, würde ein Rolls Royce heutzutage nur noch 2,0 $ kosten und könnte mit nur einer Gallone Benzin (3,785 l.) etwa 100.000 Meilen weit fahren. Vgl. *Stigler, George:* The Regularities of Regulation, in: Richard Dale (ed.), Financial Deregulation, Cambridge 1986, S. 1 - 12; hier S. 8.

Im Bild unseres Finanzinnovationsmarktes hat die Nutzung technologisch neuartiger Hilfsmittel vornehmlich auf der Angebotsseite die Kosten von Finanzinnovationen drastisch reduziert und zu einer kontinuierlichen Rechtsverschiebung der Angebotskurve geführt. Die deutliche Personalkostensenkung durch die verfahrensinnovative Automatisierung des gesamten Zahlungsverkehrs (EFTS), die den damit verbundenen Bearbeitungsaufwand über den weitgehenden Wegfall der Papierbelege erheblich verringert hat, basiert auf der Einführung computergestützter elektronischer Daten-Fernübertragungsnetze. Technologisch induziert ist auch das Angebot neuer bargeld- und scheckloser Zahlungstechniken durch Benutzung von Plastikkarten (POS-System). Komplizierte Finanzdispositionsofferten wie das Cash-Management wurden erst durch die Entwicklung und Einführung geeigneter Hard- und Software ermöglicht. Der stürmisch ablaufende Prozeß von dem ersten Einatz der Cash Dispensers etwa zu Beginn der siebziger Jahre über die nachfolgende Einführung komplexerer Automated Teller Machines bis hin zur Vervollkommnung der Bildschirmtechnik und dem schon heute nicht mehr visionären Home Banking belegt eindrucksvoll, wie eng die Koppelung monetärer Systemfortgänge an die Vorgaben technologischer Spielräume ist.[9]

Auch bei den Produktinnovationen ist der bestimmende Einfluß des technologischen Fortschritts unverkennbar, da sich die Wirtschaftlichkeit vieler neuer Instrumente durch den elektronischen Mitteltransfer in Verbindung mit modernen Informationsmedien wesentlich erhöht hat. Exemplarisch dafür stehen die neuen Finanzprodukte, bei denen viele Buchungsschritte anfallen; also zum Beispiel die Cash Management Accounts und SA's, der ATS sowie die RP's. Die Übertragung der Buchungsaufgaben auf den Computer hat die marginalen Transferkosten in die Nähe von Null gedrückt.

Schließlich erleichtern die modernen Datenverarbeitungsmaschinen die Konstruktion immer komplexerer Finanzinstrumente, deren Chancen und Risiken sich wiederum mit Hilfe des Computers besser, also kostengünstiger, beurteilen lassen. Die sinkenden Informationskosten und der generell immer unverkrampftere Umgang mit hochtechnologischen Erzeugnissen dürften auch auf der Nachfrageseite die Akzeptanz neumodischer Finanzpraktiken nicht unerheblich gefördert haben.

Der technologische Fortschritt kann nur ein, wenn auch sehr wichtiger Anlass für Finanzinnovationen sein, denn die relativ geringfügigen Unterschiede im Stand der Technik bei den modernen elektronischen Medien in den

[9] Makroökonomische Modelle werden auch heute noch meist unter der vereinfachenden Annahme eines vorgegebenen konstanten Stands der Technik erstellt. Volkswirtschaftliche Untersuchungen geben deshalb bislang kaum systematische Antworten, die über den Grad eher impressionistischer Eindrücke hinausgehen, auf die Frage des Einflusses technologischen Wandels auf den finanziellen Neuerungsprozeß. Vgl. *Podolski, T. M.:* Financial Innovation and the Money Supply, a.a.O., S. 168.

großen Industrieländern können nicht die große Diskrepanz im Tempo finanzinnovatorischer Aktivitäten erklären.[10] Denkt man an die besonders stark kontrastierenden Vergleichsländer Bundesrepublik und USA, so ist evident, daß weitere Faktoren herangezogen werden müssen.

3.2.2. Erhöhte Wettbewerbsintensität

Weitgehend einig ist man sich auch in der Überzeugung, daß die Verschärfung der Konkurrenzsituation auf den Finanzmärkten durch die Erhöhung der Wettbewerbsintensität das Angebot an Finanzinnovationen positiv beeinflußt. Ein dynamischer Wettbewerb unter den Finanzinstituten erhöht die Opportunitätskosten nicht-innovatorischer Geschäftspolitik von Banken, die in ihren Grundhaltungen traditionell eher konservativ geprägt sind, durch schneller unter Druck geratende Ertragsmargen und sinkende Marktanteile. Die zunehmend kompetitive Struktur der Finanzmärkte stellt einen wichtigen Anreiz zur Kreierung neuer Produkte und Verfahren dar, um sich über absatzfähige Innovationen Vorsprünge im marktwirtschaftlichen Konkurrenzkampf zu sichern und Kunden von den Mitbewerbern abzuziehen.

Im Bankengewerbe scheint die Erzielung von Pioniergewinnen aufgrund des fehlenden Patentschutzes und der leichten Imitierbarkeit allerdings nur kurzfristig für einen Zeitraum von etwa 6 bis 12 Monaten möglich zu sein[11]. Der permanente Innovationsdruck, der auf den Anbietern von Finanzdienstleistungen lastet, wird dadurch weiter gesteigert. Die guten Nachahmungsmöglichkeiten bei Bankprodukten geben daneben eine plausible Erklärung für die generell hohe Ausbreitungsgeschwindigkeit und geringe Diffusionszeit von Finanzinnovationen ab.[12]

Der verstärkte geldwirtschaftliche Wettbewerb ist zu einem Großteil auf technologische Faktoren zurückzuführen, die auch hier eine gewichtige Rolle spielen. Die modernen Informations-, Kommunikations- und Nachrichtenequipments, die heute bei allen ernstzunehmenden Finanzunternehmen zu finden sind, haben deren Geschäftsbereich über die Landesgrenzen hinaus erweitert und die allmähliche gegenseitige Durchdringung der nationalen Geld- und Kapitalmärkte eingeleitet.[13] Aus technischer Sicht gibt es für Banken wenig

---

[10] Eine Aufsatzsammlung mit sehr informativen Länderstudien gibt heraus die *Bank for International Settlements:* Financial Innovation and Monetary Policy, Basle March 1984.

[11] *Schwolgin, Arnim:* ‚Finanzielle Innovationen und Mindestreservepolitik', a.a.O., S. 62.

[12] Die mangelhafte Validität der diesbezüglichen Forschungsarbeiten läßt präzisere Aussagen über die Wettbewerbswirkungen leider nicht zu.

[13] So hatten zum Beispiel am US-Markt für Unternehmenskredite die Auslandsbanken 1973 einen Marktanteil von 12,8 Mrd. Dollar oder 7,6%. Bis zum Jahr 1983 ist der Anteil auf 84,5 Mrd. Dollar bzw. 18,3% gestiegen, wobei die direkten Kredite von

Probleme, wenn sie über eigene Niederlassungen oder Vertretungen im Ausland weltweit operieren und sich untereinander auf den jeweiligen Heimatmärkten Konkurrenz machen. Andererseits zwingt der härtere Konkurrenzkampf in der Geldbranche die Unternehmen zu umfangreichen Investitionen, um die Wettbewerbsfähigkeit zu erhalten. Damit eng verbunden ist der Trend zur Größe im Bankgewerbe, denn nur finanzkräftige Institute mit einer breiten Angebotspalette (Allfinanz) können die Kosten der hochentwickelten Telematik tragen. Da der Prozeß der bankgeschäftlichen Globalisierung der Finanzmärkte noch in vollem Gange ist, wird der sich Wettbewerb in näherer Zukunft weiter intensivieren.[14]

Abgesehen von diesen allgemeinen Globalisierungstendenzen hat sich der Konkurrenzdruck auf den monetären Märkten in den Vereinigten Staaten durch nationale Sondereinflüsse besonders stark erhöht. Verschiedene Nichtbanken (non-banks) haben es in den USA verstanden, mit Hilfe einer geschickten Gesetzesumgehung in die ursprünglich geschlossenen Märkte für Bankdienstleistungen einzudringen und so die Anzahl der Wettbewerber dort beträchtlich zu erhöhen. Im Prinzip ist den ‚non-banks' der Kauf von Banken qua Bundesgesetz ausdrücklich untersagt. Der ‚Bank-Holding-Companies Act' von 1970 definiert eine Bank als eine Institution, die simultan in den Bereichen der ‚commercial loans' und des ‚deposit business' tätig ist. In diese Gesetzeslücke sind die Nichtbanken wie beispielsweise Merill Lynch, Sears Roebuck, American Express, Shearson Lehmann und andere gestoßen. Ihre Banken (die non-bank banks) erfüllen nämlich nur jeweils eine dieser beiden Funktionen und besitzen so keinen offiziellen Bankenstatus; auch das interstate-banking-Verbot findet keine Anwendung.[15]

In den durch die ‚non-bank banks' hervorgerufenen hochkompetitiven Marktbedingungen ist ein wichtiger Grund für den Innovationsvorsprung der amerikanischen Finanzmärkte zu sehen. Beispielsweise ging die breite Einführung marktmäßig verzinster, transaktionsfähiger Einlagen von Initiativen dieser unerwartet aufgetretenden Mitbewerber aus. Das DIDC gestattete der Kreditwirtschaft daraufhin ausdrücklich nur deshalb das Angebot von MMDA's und SNA's, damit die unter das Bundesgesetz fallenden Institute konkurrenzfähig bleiben.

Auslandsbanken noch nicht einmal berücksichtigt sind. Im Staat New York belief sich der Auslandsanteil 1983 sogar auf 40%. Vgl. *Glogowski, Erhard* und *Manfred Münch:* ‚Neue Finanzdienstleistungen', a.a.O., S. 226.

[14] Gemäß einer Studie der Arthur Andersen & Co. GmbH wird auch in der Bundesrepublik die Präsenz ausländischer Banken weiter zunehmen. Vgl. *o. V.:* Weiterer Strukturwandel im Kreditgewerbe, in: Börsenzeitung, Frankfurt am Main, vom 21. Februar 1986; siehe Deutsche Bundesbank/Auszüge aus Presseartikeln, Nr. 15/24. Februar 1986, S. 5 - 6.

[15] Vgl. *Glogowski, Erhard* und *Manfred Münch:* ‚Neue Finanzdienstleistungen', a.a.O., S. 226.

Im Vergleich zu den US-amerikanischen Verhältnissen macht die Innovationstätigkeit im Finanzsektor der Bundesrepublik einen fast gelähmten Eindruck. Das Beispiel der US-Märkte verdeutlicht nachhaltig, wie wichtig die Voraussetzung des möglichen Markteintritts neuer Anbieter ist für einen wirksamen Wettbewerb mit entsprechender Innovationsfreudigkeit. In der Bundesrepublik ist die Zahl neuer Finanzunternehmen, die innovative Produkte vertreiben, dagegen sehr gering geblieben. Dies ist im wesentlichen darauf zurückzuführen, daß das Kreditwesengesetz, speziell mit den Vorschriften der §§ 1, 32 u. 33 KWG, hohe Marktzutrittsschranken aufstellt und das bundesdeutsche Bankensystem gegen unliebsame Konkurrenten weitgehend abschirmt. Da der Markt für Bankgeschäfte im § 1 KWG sehr breit definiert wird, ist es Anbietern von Finanzdienstleistungen nur sehr schwer möglich, sich der branchenregulatorischen Gesetzgebung mit ihren strengen Normen zu entziehen. Innovativen Finanzunternehmen wird dadurch der Marktzugang erschwert und der Wettbewerb im deutschen Bankengewerbe büßt an Dynamik ein.[16]

3.2.3. Das Regulatorische Umfeld

Die Finanzmärkte gehören weltweit in allen marktwirtschaftlich orientierten Wirtschaftsordnungen zu den Märkten, die am stärksten den vielschichtigen staatlichen Regulierungsbemühungen ausgesetzt sind.[17] Die Ergebnisse, die die Geld- und Kapitalmärkte zeitigen, gehen also nur zu einem Teil auf privates Angebots- und Nachfrageverhalten zurück und sind nur zu verstehen, wenn die mannigfaltigen Varianten behördlicher Eingriffe in das Marktgeschehen berücksichtigt werden. Die Vermutung liegt somit nahe, daß auch unser (hypothetischer) Markt für Finanzinnovationen nicht unabhängig von dem umfangreichen Regelwerk gesetzlicher Vorschriften und anderer Normen im Bereich des Geld- und Kreditgewerbes gesehen werden kann.

Es ist evident, daß die "regulatory constraints", die sich nach *Niehans* in "protective regulations" (Eigenkapitalvorschriften, Liquiditätsvorschriften,

---

[16] Insbesondere von ausländischen Beobachtern deutscher Verhältnisse wird diese Ansicht geteilt. Vgl. z.B. *Germany, J. David* und *John E. Morton:* Financial Innovation and Deregulation in Foreign Industrial Countries, in: Federal Reserve Bulletin, October 1985, S. 743 - 753; hier S. 746. Obwohl die Marktstrukturen in der Bundesrepublik nur sehr langsam aufbrechen, versuchen neuerdings einige Versicherungsgesellschaften und Autoproduzenten, in traditionelle Bankmärkte einzutreten und dort eigene Geschäfte zu tätigen. Inzwischen verfügen alle deutschen Automobilhersteller über eine eigene Bank oder Leasinggesellschaft. Siehe dazu die dreiteilige Serie *o. V.:* Kampf ums Sparschwein, in: Wirtschaftswoche, Nr. 13/20. 3. 1987, S. 54 - 71; *o. V.:* Tante Emmas Ende, in: Wirtschaftswoche, Nr. 14/27. 3. 1987, S. 192 - 200 und *o. V.:* Angriff aus der Nische, in: Wirtschaftswoche, Nr. 15/3. 4. 1987, S. 102 - 107.

[17] Vgl. *Bofinger, Peter:* Geldpolitische Regulierungen und Finanzinnovationen, in: Aussenwirtschaft, Heft II/III 1987, S. 252 - 273; hier S. 252.

Einlagenversicherungen) und "policy regulations" (Mindestreservevorschriften, Kapitalverkehrsbeschränkungen, Verzinsungsge- und -verbote, Steuererhebungen)[18] klassifizieren lassen, an der Fixierung der Kostenstrukturen auf dem Markt für finanzielle Neuerungen in maßgeblicher Weise beteiligt sind. Administrative Markteingriffe haben den Zweck, das Verhalten der Akteure durch Vorgaben und Beschränkungen in eine bestimmte, von den Betroffenen selbst nicht gewünschte Richtung zu lenken. Die erzwungene Nichtwahrnehmung ökonomischer Profitmöglichkeiten ist mit der Entstehung von Kosten gleichzusetzen. Ein freiwillige Akzeptanz solcher Einschränkungen ist deshalb nur zu erwarten, wenn diesen Kosten ein ausreichend hoher Nutzen gegenübersteht.

Die Primärziele der Regulierungsinstanzen sind die Stabilität des Bankensystems im Sinne eines funktionierenden Zahlungsverkehrs und einer hinreichenden Kreditversorgung der Wirtschaft sowie die Effizienz der Geldpolitik.[19] Die Regulierungszwecke haben daher den Charakter eines ‚public good', dessen Nutzen selbst bei vollendeter Zielerreichung nur auf gesamtwirtschaftlicher Ebene anfällt. Staatliche Regulierungsmaßnahmen bürden also den Privaten Kosten auf, denen aus ihrer einzelwirtschaftlichen Sicht keine entsprechend hohen privaten Erträge gegenüberstehen.[20]

Die Privaten versuchen folglich, sich dieser Kostenbelastung zu entziehen. Auf legale Weise ist das durch die Entwicklung neuer nicht-regulierter Finanzprodukte oder -verfahren gleichen Typs möglich oder durch die Vergabe der Geschäfte an Institute, die von der betreffenden Regulierungsnorm nicht erfaßt sind. Der Impetus kann dabei sowohl von der Angebots- als auch der Nachfrageseite des Finanzinnovationsmarktes ausgehen. Je höher die Schattenpreise der Regulierungen sind, die beispielsweise durch den technischen

---

[18] Vgl. *Niehans, Jürg:* ‚Financial Innovation', a.a.O., S. 546ff.

[19] An den weitreichenden hoheitlichen Vorgaben und Beschränkungen hat sich eine Debatte über Sinn oder Unsinn der staatlichen Eingriffe entzündet. Die Befürworter verweisen im wesentlichen auf zwei Punkte: Erstens müsse durch Regulierungen dafür Sorge getragen werden, daß die Abhängigkeit des Bankensystems insgesamt von geldpolitischen Richtlinien gesichert bleibt, um die Durchschlagskraft der Notenbankaktionen zu gewährleisten. Zweitens sei zu beachten, daß das Verhalten der Finanzinstitute einen erheblichen Einfluß auf die Leistungsfähigkeit einer Volkswirtschaft ausübt. Aufgrund der ihnen übertragenden gesamtwirtschaftlichen Verantwortung bleibe immer eine besondere öffentliche Aufsicht über die Aktivitäten finanzieller Firmen geboten. So z.B. *Kaufman, Henry:* Interest Rates, the Markets, and the New Financial World, a.a.O., S. 80. Die Kritiker geben zu bedenken, daß die Konsequenzen dieser Maßnahmen häufig ganz andere als die ursprünglich beabsichtigten sind; sie erhöhen beispielsweise die Gewinne privilegierter Anbieter von Bankdienstleistungen, die vor unangenehmen Wettbewerb gesetzlich beschützt werden. Eine Diskussion dieser Fragen findet sich bei *Kane, Edward J.:* Good Intentions and Unintendet Evil: The Case against Selective Credit Allocation, in: Journal of Money, Credit, and Banking, No.1/February 1977, Part 1, S. 55 - 69.

[20] Vgl. *Bofinger, Peter:* Geldpolitische Regulierungen und Finanzinnovationen, a.a.O., S. 253.

Fortschritt, der das innovative Potential erhöht, steigen können, desto stärker werden die kreativen Reaktionen der Marktteilnehmer herausgefordert. Hochregulierte Märkte stellen demzufolge einen wichtigen Anlass für finanzinnovatorische Aktivitäten dar.

Der naheliegende Umkehrschluß, daß Deregulierungen per se den Innovationsprozeß stoppen können, ist verfehlt. Das bezeugen eindeutig die finanzinnovatorisch sehr aktiven Off-shore-Märkte und die Erfahrungen aus den USA, wo sich nach der Rücknahme verschiedener Bestimmungen entgegen den Erwartungen keine Abschwächung, sondern sogar eine markante Beschleunigung des Innovationstempos einstellte. Dieses damals für viele überraschende Ergebnis läßt sich damit erklären, daß das regulatorische Umfeld eben nur ein innovationsauslösender Aspekt unter mehreren ist. Auf genuin freien oder deregulierten Märkten können die Ressourcen, die anderenfalls an die Findung adäquater Antworten auf bestehende oder zu erwartende staatliche Vorschriften gebunden wären, sonstigen (produktiveren) Verwendungszwecken zugeführt werden; die weiteren Kostenstrukturdeterminanten gewinnen an relativer Bedeutung. Von einem gegebenen Marktzustand ausgehend können folgerichtig sowohl verstärkte Regulierungen als auch Deregulierungen paradoxerweise zu vermehrten Finanzinnovationen führen, weil beide Strategien die Kostenstrukturen auf dem Markt für finanzielle Neuerungen revidieren.

In diesem Zusammenhang hat *Kane* in seinen Studien das Konzept der „regulatory dialectic" entwickelt:

> "This concept embodies an interpretive vision of cyclical interaction between political and economic pressures in regulated markets. It treats political processes of regulation and economic processes of regulatee avoidance as opposing forces that, like riders on a seesaw, adapt continually to each other."[21]

Jede regulatorische Maßnahme stellt also einen Anreiz zu deren Vermeidung (circumvention bzw. avoidance) dar. Übersteigen die (privaten) Kosten der Regulierungsnorm die Kosten für eine wirksame Vermeidungsstrategie der Regulierten, kommt es zu einer Ausweichreaktion. Die staatlichen Aufsichtsinstanzen reagieren darauf mit einer Erhöhung des Regulierungsdrucks, indem sie zum Beispiel die gewählte Ausweichtransaktion in die Regulierungsnorm miteinbeziehen.[22] Dieses als ‚reregulation' bezeichnete Verhalten induziert wiederum die Suche nach einer adäquaten Ausweichreaktion unter Berücksichtigung der damit verbundenen Kosten. Solange die Kette an keiner Stelle durchbrochen wird, ergibt sich ein dauerhafter Prozeß von *regulation →*

---

[21] *Kane, Edward J.:* Accelerating Inflation, Technological Innovation, and the Decreasing Effectivness of Banking Regulation, in: The Journal of Finance, No. 2/May 1981, S. 355 - 367; Zitat S. 355.

[22] Diese Reaktion stellt möglicherweise ein häufiges, aber kein zwangsläufiges Verhaltensmuster dar.

avoidance → *reregulation* → *avoidance* usw. Die Behörden können auf zweierlei Weise in den Ablauf eingreifen, indem sie entweder eine partielle Deregulierung vorziehen, die weitere Ausweichbemühungen überflüssig macht, oder durch eine vollständige Regulierung die Kosten erneuter Ausweichreaktionen so hoch setzen, daß diese ökonomisch nicht mehr tragbar sind.

Eine Verfeinerung des Modells erfolgt durch die Einbeziehung der Zeitdauer, die zwischen den einzelnen Schritten des Prozesses der ‚regulativen Dialektik' vergeht. Im allgemeinen arbeiten die Finanzmarktakteure effizienter als staatliche Aufsichtsbehörden. Damit ist die Annahme plausibel, daß die Reaktionszeiten zwischen (re-)regulation und avoidance tendenziell kürzer sind als umgekehrt.[23] Eine weitere Reduzierung der ‚avoidance lags' bewirkt der technische Fortschritt über die Erhöhung der adaptiven Kapazität, da sich die Substitutionsoptionen für bestehende Finanzinstrumente erweitern. Die internationale Deregulierungsbereitschaft der Bankaufsichtsorgane resultiert in weiten Teilen aus diesem strukturellen Vorteil der ‚regulatees' im Wettkampf mit den ‚regulators'.[24] Eine totale Deregulierung ist allerdings solange nicht unvermeidbar, wie keine perfekten und kostenlosen Ausweichstrategien existieren.

Als Ausgangspunkt für ein reales Beispiel einer etappenweise fortschreitenden Innovationsprozedur analog der ‚regulativen Dialektik' bietet sich die allgemeine Verschärfung der Eigenkapitalanforderungen für Banken an, die die Aufsichtsbehörden etlicher Länder auf der Grundlage der Richtlinie des Rates der Europäischen Gemeinschaften vom 13. Juli 1983 verfügten. In der Bundesrepublik wurden die Vorschläge durch die am 1. Januar 1985 in Kraft getretene Novelle des Kreditwesengesetzes praktisch umgesetzt. Die wichtigsten Maßnahmen zur Verbreiterung der haftenden Eigenkapitalbasis von Banken waren die verbindliche Einführung der Quotenkonsolidierung der Bankbilanzen und die Anwendung der Eigenkapitalnormen auf die konsolidierten Aktiva der Kreditinstitutsgruppen.[25] Diesem Regulierungsakt setzten die Banken eine Umgehungsstrategie in Form verstärkter Abschlüsse nicht-bilanzierungspflichtiger Geschäfte entgegen, wobei die Euronote Facilities (NIF's, RUF's u. ä.) besondere Erwähnung verdienen. Die nächste Stufe war voraus-

---

[23] Vgl. *Kane, Edward J.:* Policy Implications of Structural Changes in Financial Markets, in: American Economic Review, Papers and Proceedings, No. 2/May 1983, S. 96 - 100; und *ders.:* Interaction of Financial and Regulatory Innovation, in: American Economic Review, Papers and Proceedings, No. 2/May 1988, S. 328 - 334.

[24] Eine Übersicht über die weltweiten Liberalisierungstendenzen liefert *Füllenkemper, Horst* und *Hannes Rehm:* Internationale Finanzmärkte unter Innovations- und Liberalisierungsdruck, a.a.O., S. 554ff.

[25] Eine detaillierte Darstellung der entscheidenden Einzelregelungen des Dritten Gesetzes zur Änderung des Gesetzes über das Kreditwesen gibt die *Deutsche Bundesbank:* Die Novellierung des Kreditwesengesetzes, in: Monatsberichte der Deutschen Bundesbank, März 1985, S. 37 - 43.

zusehen: Die meisten Bankaufsichtsbehörden planen die Einbeziehung der Euronote Facilities in die Regulierungsnormen oder haben einen derartigen Schritt bereits vollzogen.[26] Das Bundesaufsichtsamt hat im Juli 1986 dementsprechende Regelungen verfügt; die Underwriting-Verpflichtungen müssen seitdem zu 50 % auf den Grundsatz I angerechnet werden.

Ganz offensichtlich hatten die Kreditinstitute die Reaktion der Regulierungsinstanzen in ihrer Geschäftspolitik baldigst eskomptiert. Schon Ende 1985 verlagerten sie ihre Aktivitäten und der Anteil der verbrieften Finanzierungsinstrumente, die wie zum Beispiel die Euro-CP's keine anrechenbaren Absicherungsfazilitäten aufweisen, an den gesamten verbrieften Finanzierungsvereinbarungen stieg steil an (Abb. 3). Die vierte Runde dieser im Stile der ‚regulativen Dialektik' geführten Auseinandersetzung ist damit in vollem Gange, ein Endpunkt ist noch nicht abzusehen.

Der ‚circumventive innovation'-Erklärungsansatz hat in der Literatur eine breite Resonanz gefunden. Im Prinzip läßt sich der nicht eindeutig umrissene Begriff der ‚staatlichen Regulierung' auch auf die "market actions" der Zentralbanken, also beispielsweise Devisenmarktinterventionen und Offenmarktgeschäfte, ausdehnen, die NIEHANS in seiner Klassifizierung von den "protective regulations" und "policy regulations" abhebt.[27]

Sofern man in den "market actions" ebenfalls einen staatlich verordneten Eingriff in das Finanzsystem eines Landes sähe, fiele das gesamte geldpolitische Arsenal der Notenbanken, mit dessen Hilfe sie die Geldmenge zu steuern versuchen, mit unter einen Regulierungstatbestand.[28] Finanzinnovationen könnten demzufolge auch als Versuche des Bankensystems interpretiert werden, restriktive geldpolitische ‚Zwangsmaßnahmen' der Währungsinstanzen zu umgehen.

---

[26] Siehe dazu auch Gliederungspunkt 2.1.2.4. dieser Arbeit.

[27] Vgl. *Niehans, Jürg:* ‚Financial Innovation', a.a.O., S. 545ff.

[28] *Portes* zieht sogar Parallelen zwischen der monetaristischen Denkschule und zentralplanwirtschaftlichen Organisationsprinzipien. Vgl. *o. V.:* Monetarismus und Planwirtschaft, in: Wirtschaftswoche, Nr. 7/12. 2. 1982, S. 64.

Abb. 3: Finanzierungsvereinbarungen an den internationalen Finanzmärkten (Mrd. US-$)

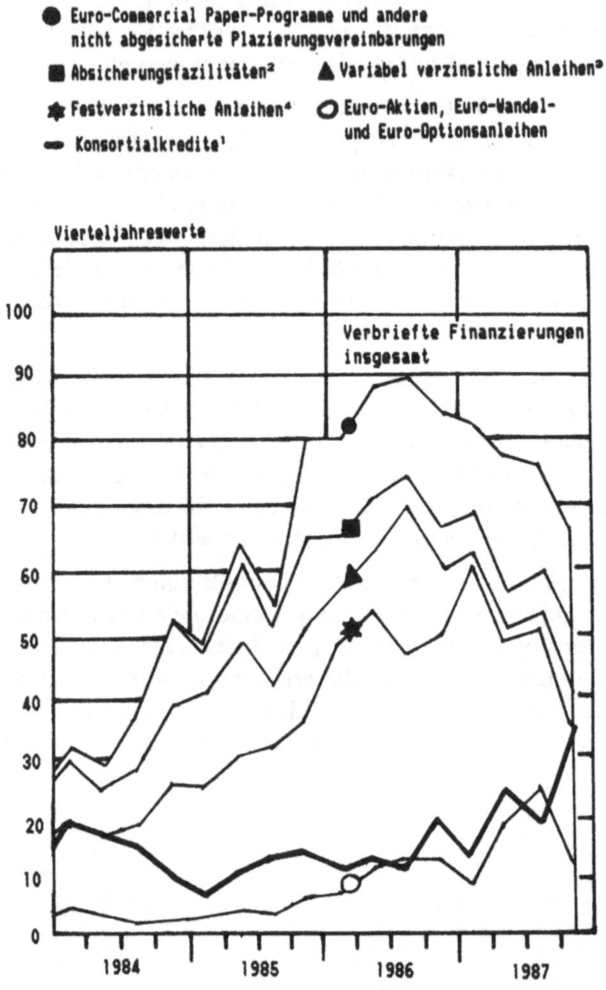

[1] öffentlich bekannt gewordene Kredite mit Laufzeiten von über einem Jahr, meist von Bankenkonsortien neu eingeräumt, aber nicht notwendigerweise bereits in Anspruch genommen; ohne Standby-Kredite zur Finanzierung von Unternehmensübernahmen und ohne Umfinanzierungen. - [2] Vereinbarungen, mit denen die revolvierende Plazierung von Geldmarktpapieren durch internationale Bankenkonsortien abgesichert wird. - [3] Einschließlich mittel- und langfristiger Depositenzertifikate mit variabler Verzinsung. - [4] Einschließlich Null-Kupon-Anleihen, Währungsanleihen und Sonderplazierungen.
Quelle: Deutsche Bundesbank.

Auf der Hauptverantwortlichkeit der Geldpolitik für die Suche nach innovativen Ausweichinstrumenten baut die Argumentation von *Hester* auf, der zwar seine theoretischen Wurzeln nicht explizit darlegt, aber dennoch sehr pointiert schreibt:

> " ... the Federal Reserve should renounce target growth rates for any monetary aggregate. The one clear lesson from recent history is that financial institutions innovate whenever customer relationships are jeopardized by slow monetary growth."[29]

Leicht verkürzt lautet *Hesters'* These, daß Finanzinnovationen hauptsächlich durch hohe Zinssätze induziert werden, die regelmäßig auf restriktive Aktionen der Notenbank mit dem Ziel der Dämpfung des Geldmengen-Wachstums zurückzuführen sind. Als Konsequenz dieses Ansatzes sind strukturverändernde Finanzinnovationen nur auf dem Wege des Verzichts auf die Vorgabe von Geldmengen-Zwischenzielen einzudämmen, und zwar zu Gunsten der Steuerung der Kreditnachfrage. Anderenfalls bestünde für die Zentralbank die Gefahr, den Kontakt zur Wirtschaft zu verlieren. Der Beleg des behaupteten Kausalnexus anhand weniger, ausgewählter Beispiele fällt aber zu dürftig aus, um in dieser Interpretation eine generelle Begründung des monetären Innovationsprozesses zu sehen.[30]

3.2.4. Hohe Zinsen und Inflationsraten

Die Vereinigten Staaten und die Bundesrepublik Deutschland markieren unter dem Gesichtspunkt des Tempos und Ausmaßes der jeweiligen finanzinnovatorischen Aktivitäten nahezu die Gegenpole bei einer internationalen Gegenüberstellung. Während die USA unangefochten an der Spitze liegen, sind in der Bundesrepublik noch keine gravierenden Probleme aufgetreten.[31] Beim Vergleich der wichtigsten Rahmendaten der Finanzsysteme beider Länder fällt auf, daß in der zweiten Hälfte der siebziger Jahre die Zinsen in den USA absolut und relativ stark gestiegen sind.

---

[29] *Hester, Donald D.:* Innovations and Monetary Control, a.a.O., S. 183. Mit dem gleichen Themenkreis beschäftigt sich *Pierce, James L.:* How Regulations Affect Monetary Control, in: Journal of Money, Credit, and Banking, No. 4/November 1982, Part 2, S. 775 - 787.

[30] Ein Exempel aus jüngerer Zeit sind die neuen US-Kreditkarten, deren Kreditlinien durch Hypotheken abgesichert sind. Die Zinsen lagen im Einführungsjahr 1987 weit unter den von Banken geforderten Verbraucherkreditzinsen und waren auch noch steuerlich absetzbar. Vgl. *o. V.:* Konsum per Hypothek, in: Wirtschaftswoche, Nr. 6/ 30. 1. 1987, S. 9.

[31] Vgl. *Dudler, Hermann-Josef* und *H. Herrmann:* Financial Innovation and Monetary Policy: The Case of Germany, in: Bank for International Settlements, Financial Innovation and Monetary Policy, Basle March 1984, S. 91 - 102.

Tab. 4: Zinsen in der Bundesrepublik und den USA (kurzfristige Zinssätze in Prozent)[1]

Jahr[2]	Bundesrepublik	Vereinigte Staaten
1975	4,96	5,79
1976	4,25	4,96
1977	4,37	5,31
1978	3,70	7,37
1979	6,69	10,10
1980	9,54	11,58
1981	12,11	14,03
1982	8,88	10,58
1983	5,78	8,67
1984	5,99	9,46
1985	5,44	7,47
1986	4,60	5,91

[1] Überwiegend für Dreimonats-Schatzwechsel. - [2] Jahresdurchschnittswerte. - Quelle: Sachverständigenrat.

Der Unternehmenssektor forcierte daraufhin die Inanspruchnahme moderner Cash-Management-Systeme, um die aus der ungeplanten Haltung von Kassenmitteln resultierenden Zinsverluste abzubauen. Eine durch CMS verbesserte Liquiditätsplanung optimiert die Abstimmung von Zahlungseingängen und Zahlungsausgängen im Unternehmen und reduziert den Kassenbestand auf ein unumgängliches Minimum. Die hohen Zinsen machten den Einsatz dieser neuen Verfahren auch für kleinere Unternehmen rentabel. Damit eng verbunden ist die erhöhte Nachfrage nach innovativen Finanzprodukten, die eine marktmäßige Verzinsung kurzfristiger Liquiditätsüberschüsse erlauben. Die Banken entsprachen dem Wunsch nach kurzlaufenden rentierlichen Anlagemöglichkeiten mit der Wiederentdeckung der Repurchase Agreements, die nicht unter die Mindestreservegesetzgebung fallen. Bei der Fristsetzung der flexibel gestaltbaren Pensionsgeschäfte dominieren Laufzeiten von nur einem Tag. Einen ähnlichen Service wie die Cash-Management-Systeme offerieren die CMA's und Sweep Accounts amerikanischer Brokerhäuser. Bei den Sweep Accounts werden die überschüssigen Guthaben eines Verrechnungskontos täglich vollautomatisiert abgehoben und zu Marktzinsen ertragbringend angelegt, zum Beispiel in hauseigenen Geldmarktfonds.

Die Anreize für eine Ökonomisierung der Kassenhaltung gingen in den USA jedoch nicht nur von den steigenden Opportunitätskosten infolge der historisch ungewöhnlich hohen Zinsen aus, sondern auch von den drohenden Realwertverlusten niedrig oder gar nicht verzinster Geldbestände aufgrund erheblich wachsender Preissteigerungsraten. Aus Tab. 5 geht hervor, daß die durchschnittlichen Inflationsraten in der Bundesrepublik und den Vereinigten Staaten während der sechziger Jahre noch sehr eng beieinander lagen. Zwischen 1973 und 1980 aber war die Teuerungsrate in den USA durchschnittlich mehr als doppelt so hoch wie in der Bundesrepublik. In den Jahren 1974 sowie von 1979-1981 stießen die amerikanischen Steigerungsraten der Verbraucherpreise sogar in zweistellige Größenordnungen vor.

Tab. 5: Verbraucherpreise in der Bundesrepublik und den USA (Veränderungen gegenüber dem Vorjahr in v. H.)

Jahr	Bundesrepublik	Vereinigte Staaten
1960 bis 1969[1]	+ 2,6	+ 2,4
1973 bis 1980[1]	+ 4,7	+ 9,2
1973	+ 6,9	+ 6,2
1974	+ 7,0	+ 11,0
1975	+ 6,0	+ 9,1
1976	+ 4,3	+ 5,8
1977	+ 3,7	+ 6,5
1978	+ 2,7	+ 7,7
1979	+ 4,1	+ 11,3
1980	+ 5,5	+ 13,5
1981	+ 5,9	+ 10,2
1982	+ 5,3	+ 6,1
1983	+ 3,3	+ 3,2

[1] Durchschnittliche jährliche Veränderung (geometrisches Mittel) in v. H. Quelle: Sachverständigenrat.

Die drastisch gestiegenen Kosten der Transaktionskassenhaltung in den USA waren für die starke Erhöhung der Nachfrage nach finanziellen Neuerungen verantwortlich, die eine marktgerechte Verzinsung hochliquider Mittel gewährleisten und damit den Entgang von Zinsgewinnen verhindern sowie Verluste aus Realwertreduzierungen ausgleichen können. Bildlich gesprochen hat sich die Nachfragelinie auf dem Finanzinnovationsmarkt aufgrund der veränderten Kostenstruktur, die eine Folge der spürbaren Alternativkostenerhöhung für die Haltung gering verzinster Geldbestände war, deutlich nach rechts verschoben.

Die amerikanischen Banken waren in den siebziger Jahren außerordentlich umfangreichen Zinsregulierungen unterworfen, eine Verzinsung scheckfähiger Sichteinlagen war ihnen sogar gänzlich untersagt. Der Markt für die nachgefragten neuen scheckfähigen und verzinsten Finanzinstrumente mußte zunächst zwangsweise weniger regulierten Wettbewerbern überlassen werden, was das Aufkommen der MMMF's stark begünstigt hat. Bei den Money Market Mutual Funds handelt es sich um Kapitalanlagesellschaften, die ihre Mittel in kurzfristigen Geldmarktpapieren anlegen. Die Besonderheit besteht darin, daß die Zeichner per telegrafischer Anweisung über ihre Fondseinlage täglich verfügen und Schecks auf ihre Anteile ziehen können.

Den Banken war durch die ‚Regulation Q' die Einführung der Finanzinnovation ‚Girokonto mit expliziter marktgerechter Verzinsung' gesetzlich verboten. Sie versuchten daher, durch Angebote pekuniärer Ersatzleistungen wie kostenloser Anlageberatungen und Verzicht auf die Erhebung von Kontoführungsgebühren sowie auf dem Wege der Schaffung nichtpekuniärer Anreize, zum Beispiel per Ausgabe von zum verbilligten Einkauf berechtigender Rabattmarken, mit den MMMF's zu konkurrieren:

> "During the last two decades, our "money stores" turned increasingly to barter. Bank windows became full of ads and displays promising tableware, cooking utensils, radios, TV sets, luggage, and even discount coupons redeemable at local department stores. Bank advertisement seldom mentioned anything as old-fashioned as differences in explicit interest."[32]

Die von den regulierten Instituten solcherart gewährten impliziten Zinsvergütungen konnten deren Wettbewerbsnachteil jedoch nur partiell kompensieren. Die Einführung konkurrenzfähiger finanzieller Neuentwicklungen scheiterte auf landesweiter Ebene an den restriktiven Bestimmungen der Regulierungsgesetze. Die Folge war, daß die massiven hoheitlichen Eingriffe spätestens ab der zweiten Hälfte der siebziger Jahre die Geschäftsbanken und Sparkassen zunehmend ins Abseits zu drängen drohten. Diese Entwicklung konterkarierte geradezu die Intentionen der Aufsichtsbehörden, so daß sich der Gesetzgeber schließlich zu einem Umdenken veranlaßt sah. Im weiteren Verlauf wurde der Zugriff des Staates schrittweise gelockert, einige Beschränkungen wurden vollständig abgeschafft.

Die gestiegenen Alternativkosten der Geldhaltung, hervorgerufen durch hohe Zinsen und Inflationsraten, waren der Anlass für bedeutsame amerikanische Finanzinnovationen, deren konkrete Ausgestaltungen von den Regulierungsnormen mitbeeinflußt waren.[33] Als Reaktion auf den großen Erfolg der

---

[32] *Kane, Edward J.:* ‚Accelerating Inflation', a.a.O., S. 359.

[33] Es wäre verfehlt, die angesprochenen Finanzinnovationen, wie dies die meisten Autoren tun, den staatlichen Regulierungsnormen zuzuschreiben, denn diese bestanden in den USA zum Großteil schon seit einigen Dezennien. Die entscheidende, finanzielle Innovationen auslösende Kostenstrukturveränderung auf dem Markt für mone-

Geldmarktfonds gestatteten ab 1974 immer mehr Bundesstaaten den Sparkassen, sogenannte NOW-Konten einzurichten. Der ‚Monetary Control Act' dehnte diese Befugnis 1981 bundesweit auf die Geschäftsbanken aus. Ein anderes wichtiges Beispiel ist der Automatic Transfer Service, den die US-Banken seit Ende 1978 anbieten dürfen. ATS verbindet die Liquidität der Sichteinlagen mit dem (eingeschränkten) Zinsertrag der Sparkonten durch einen automatischen elektronischen Mitteltransfer über ein besonderes Verrechnungskonto. Mit diesen und ähnlichen monetären Neuerungen gelang es dem Bankensystem in den Vereinigten Staaten, den fortschreitenden Einlagenabzug merklich abzubremsen.

3.2.5. Preisfluktuationen

In den vergangenen Jahren haben sich die Preisschwankungen der auf den Finanzmärkten gehandelten Aktiva unübersehbar verstärkt. Neben den allgemeinen inflatorischen Grundtendenzen in vielen großen Volkswirtschaften und den jüngsten Ereignissen an den Aktienbörsen, die Tagesverluste repräsentativer Marktindices von 10 bis zu 30 Prozent brachten, sind aus finanzinnovatorischer Sicht vor allem die ausgeprägten Zins- und Wechselkursvolatilitäten in den siebziger und achtziger Jahren bedeutsam.

Als Beispiel für die Zinsentwicklung nach 1970 sind in Abb. 4 die jahresdurchschnittlichen kurzfristigen Zinssätze in den Vereinigten Staaten abgetragen. Sprünge von 2-3 Prozentpunkten binnen Jahresfrist sind in dem Betrachtungszeitraum keine Seltenheit. In den zehn Jahren von 1972 bis 1981 schwankten die Sätze für Dreimonatsgelder immerhin zwischen 4,15% und 14,03%; die Schwankungsbreite der berücksichtigten Werte umfaßt demzufolge fast 10%.[34] Ähnlich beeindruckend sind die gegenüber früheren Zeiten außergewöhnlich hektischen Bewegungen der Preise auf den Devisenmärkten. Im Jahr 1962 betrug der jahresdurchschnittliche DM/1 US-$-Devisenkurs 3,9978 DM. 1966 lag er bei 3,9982 DM und fiel dann bis 1969 um gerade knapp 7½ Pfennig auf 3,9244 DM. Nach 1970 änderte sich die relativ ruhige Situation an den Devisenmärkten drastisch. Von 3,6463 DM kommend, erreichte der Jahresdurchschnittskurs für den US-Dollar 1980 mit 1,8150 DM seinen Tiefststand. Danach stieg er bis 1985 auf rund 2,94 DM, verlor dann aber innerhalb eines Jahres über 75 Pfennig. Das Bild gewinnt noch an Konturen, wenn man

---

täre Neuerungen geht auf die beschriebene Alternativkostenerhöhung in der Phase steigender Zinsen und Inflationsraten zurück.

[34] Im Vergleich dazu bewegten sich die jahresdurchschnittlichen Zinssätze für Dreimonatsgelder in der Bundesrepublik im vorgelagerten Zeitraum von 1953 bis 1969 nur in der Bandbreite zwischen 3,2% (1959) und 6,6% (1966).

Abb. 4: Entwicklung der kurzfristigen US-Zinsen und des DM/$-Devisenkurses in den Jahren 1970 - 1986[1, 2]

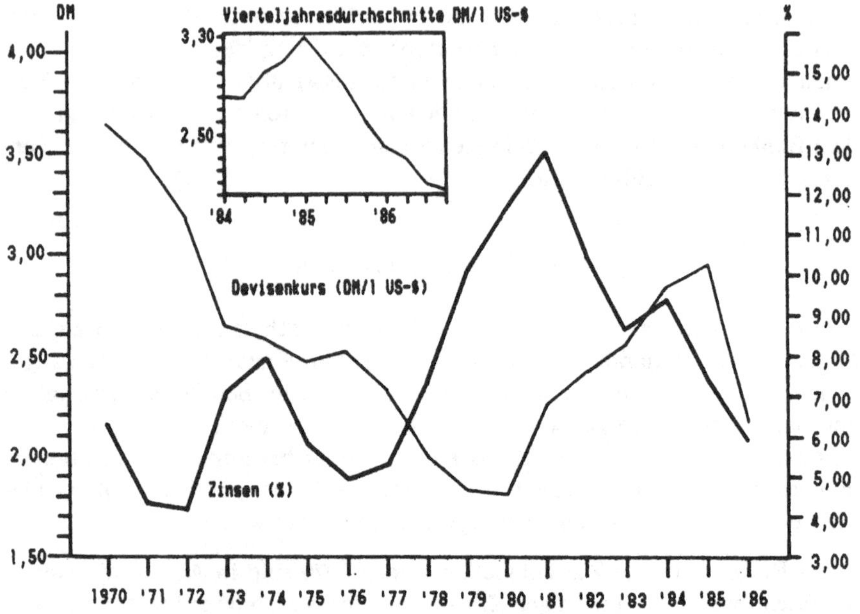

¹ Zinsen als Jahresdurchschnitte überwiegend für Dreimonats-Schatzwechsel, - ² Amtliche Devisenkurse als Jahresdurchschnitte aus den täglichen Notierungen der Kassa-Mittelkurse in DM an der Frankfurter Börse, Zahlenquelle: Sachverständigenrat.

sich die stärker akzentuierenden Vierteljahresdurchschnittswerte anschaut (siehe Kasten, Abb. 4). Nach einer Kurssteigerung um rund 35 Pfennig verlor der Dollar vom ersten Quartal 1984 bis zum vierten Quartal 1986 1,25 DM, also über 38 Prozent seines in DM gerechneten Ausgangswertes.

Solche gravierenden Preisfluktuationen werden wohl zu recht gelegentlich als erratisch bezeichnet, zumal sie keinen erkennbaren Gesetzesmässigkeiten zu unterliegen scheinen. Für die Finanzmarktteilnehmer bedeutet dies, daß sich die Risiken finanzieller Dispositionen beträchtlich erhöht haben oder – anders ausgedrückt – die damit verbundenen potentiellen Kosten deutlich gestiegen sind. Diese Kostenstrukturveränderung bewirkte eine wachsende Nachfrage nach neuen Finanzinstrumenten, die ohne allzu großen Aufwand zuverlässige Absicherungsmöglichkeiten gegen die zunehmenden Preisänderungsrisiken bieten. Preisfluktuationen waren und sind somit ein weiterer

Grund für die Rechtsverschiebung der Nachfrage auf dem Finanzinnovationsmarkt und damit ein wichtiger Anlass für finanzinnovatorische Aktivitäten.

Dem Bedarf nach Risikoabsicherung kann nur entsprochen werden, wenn sich andere Finanzmarktteilnehmer dazu bereit erklären, die Risiken zu übernehmen. Es mußten also Instrumente gefunden werden, die eine gezielte Umverteilung von Finanzmarktrisiken erlauben, um die Risikoallokation stärker an den Wünschen der Betroffenen ausrichten zu können. Die ökonomischen Präferenzen der Akteure kommen dort am effizientesten zum Ausdruck, wo die Risiken finanzieller Transaktionen zu einem handelbaren Gut werden, über deren Verteilung in marktmäßigen Abstimmungsprozessen entschieden werden kann. Der Umverteilungsvorgang in Form des Risikohandels sollte dabei möglichst reibungslos vonstatten gehen und darf nicht mit hohen Transaktionskosten belastet sein.

Eine beispielhafte Produktinnovation, die fast müstergültig an die vorgegebenen Kriterien angelehnt ist, sind die Financial Futures. Financial Futures stellen im Grunde genommen Versicherungskontrakte auf Wertänderungen von Finanzaktiva dar. Der Handel findet an besonderen Terminkontraktmärkten in weitgehend standardisierter Form statt, was die Zusammenführung der Marktteilnehmer erheblich erleichtert, da der Informationsaufwand hinsichtlich der denkbaren Vertragskonditionen stark reduziert ist. Ein anderes Hemmnis für das effiziente Risikomanagement, nämlich das beim Abschluß von Absicherungsgeschäften nur schwer einzukalkulierende Erfüllungs- oder Kreditrisiko, wurde fast vollständig beseitigt, indem sich die Börsen-Clearingstelle als Garant in alle Verträge einschaltet und offene Positionen nur ihr gegenüber bestehen. Die zielgerechte Senkung der mit Currency Futures, Interest Rate Futures und Stock Index Futures einhergehenden Transaktionskosten schuf die Grundlage für die hohe Fungibilität der Terminkontrakte auf funktionsfähigen Sekundärmärkten, so daß eine Trennung von eingegangenen Verpflichtungen zu den aktuellen Marktpreisen jederzeit erfolgen kann.

Die den Financial Futures recht ähnlichen Finanz-Optionen stellen insofern eine beachtenswerte Erweiterung des Dispositionsspielraum für Hedging-Geschäfte dar, als bei dieser Konstruktion die leichte Handhabbarkeit der Futures partiell einer größeren Flexibilität in der Anwendung weicht. Optionen – hier Zins-, Währungs- und Aktienindexoptionen – verbriefen nur das Recht, aber beinhalten keine Verpflichtung, ein bestimmtes Basisobjekt zu einem vorher vereinbarten Preis bis zu oder an einem künftigen Termin zu kaufen oder zu verkaufen. Hinsichtlich deren Ausübung besitzt der Erwerber einer Option ein Wahlrecht; bei einer ungünstigen Kursentwicklung des Basisobjektes kann er seinen Anspruch einfach verfallen lassen.

Der Trend zu neuen Finanzinstrumenten, die eine Neuverteilung der aus unerwarteten Zins- und Wechselkursänderungen resultierenden Marktunsicherheiten erlauben, setzte sich auch an den Euromärkten fort. Herausragende Beispiele sind die Floating Rate Notes, bei denen das Zinsänderungsrisiko auf den Anleiheschuldner abgewälzt wird, und die Doppelwährungsanleihen, die das Währungsänderungsrisiko zum Großteil, aber nicht vollständig, beim Anleger ansiedeln. Auch Forward Rate Agreements, das börsenfreie Analogon der Interest Rate Futures an den Interbank-Märkten, und die verschiedenen Varianten von Swap-Geschäften fallen unter die Kategorie von Finanzinnovationen, deren Entstehen auf das wachsende Bedürfnis nach umfassender Reallokation der mit finanziellen Transaktionen verbunden Preisänderungsrisiken zurückgeht.

3.2.6. Resümee

Die volkswirtschaftliche Theorie hat noch kein allgemeines Erklärungsmodell für das verstärkte Aufkommen finanzieller Neuerungen in den letzten zwanzig Jahren hervorgebracht. Die bisher vorgelegten Konzepte, deren einflußreichste Darstellungen von *Silber, Kane* und *Hester* stammen, beleuchten zwar verschiedene durchaus interessante Einzelaspekte des Innovationsablaufs, ein Ansatz mit wirklich umfassender Gültigkeit ist aber nicht auszumachen. Die Theoriebildung bezüglich der Interpretation des Finanzinnovationsprozesses steckt noch in ihrem Anfangsstadium.

Viele Autoren haben sich deswegen darauf verlegt, die Situationen zu beschreiben, in denen finanzielle Neuerungen kreiert werden, ohne dabei auf eine explizite theoretische Basis zu rekurrieren. Die folgenden fünf Anlässe für Finanzinnovationen haben sich als besonders relevant herauskristallisiert:

- Der permanente technologische Fortschritt,
- die Erhöhung der Wettbewerbsintensität im Finanzsektor,
- die Veränderungen im regulatorischen Umfeld,
- die hohen Zinsen und Inflationsraten und
- die verstärkten Preisfluktuationen.

Alle fünf genannten Anlässe lassen sich aber dennoch auf einen gemeinsamen Nenner bringen: Sie beruhen auf einer ausschlaggebenden Veränderung der finanzwirtschaftlichen Kostenstrukturen. Diese Erkenntnis wurde in dem vorangehenden Abschnitt in ein Modell eingearbeitet, das finanzielle Produkt- und Prozeßinnovationen als Ergebnis des Zusammenwirkens von Angebot und Nachfrage auf einem hypothetischen Markt für finanzielle Neuerungen begreift. Aus diesem Blickwinkel entstehen neue Finanzinstrumente aufgrund von Rechtsverschiebungen der Angebots- und/oder Nachfragekurve auf dem Finanzinnovationsmarkt. Als ursächlich für die unterstellten Kurvenverlagerungen wurden Veränderungen in den exogenen Kostengrößen herausgestellt, die dem Angebot an bzw. der Nachfrage nach neuen Finanzdienstleistungen zugrundeliegen.

Auf der Angebotsseite hat vor allem der rasante technische Fortschritt die Bereitstellungskosten innovativer Finanzinstrumente erheblich gesenkt. So basieren alle Prozeßinnovationen auf der umfassenden Nutzung moderner Telematik mit hochentwickelter Hard- und Software. Als weiterer Antriebsfaktor wurde die steigende Wettbewerbsintensität auf den Finanzmärkten identifiziert, die die Opportunitätskosten statischen Angebotsverhaltens deutlich erhöhte und im Verbund mit den modernen Informations- und Kommunikationsmedien die globale Ausbreitungsgeschwindigkeit finanzieller Neuerungen wesentlich forciert hat. Die Innovationsbereitschaft von Finanzunternehmen wurde dadurch merkbar gesteigert, was sich in einer Rechtsverlagerung der Angebotsfunktion niederschlägt.

Auf das Angebot und die Nachfrage wirken sich Veränderungen in der Kostenbelastung durch das regulatorische Umfeld aus. Staatliche Regulierungseingriffe erlegen den privaten Marktakteuren einzelwirtschaftliche Kosten auf, denen diese durch Ausweichreaktionen zu begegnen versuchen. Beispielsweise hat die jüngste Einführung einer Quellensteuer auf Kapitalerträge in der Bundesrepublik die Nachfrage nach steuerlich nicht erfaßten Finanzinstrumenten erhöht und damit einen innovatorischen Anreiz gegeben. Ebenso revidiert auch die Rücknahme administrativer Beschränkungen die Kostenstrukturen auf dem Markt für neue Finanzdienstleistungen. Die vormals an die Suche nach akkuraten Vermeidungsinnovationen gebundenen Ressourcen können in diesem Fall vermehrt für die Konstruktion anderweitig induzierter Finanznovitäten eingesetzt werden. Damit ergibt sich, daß sowohl Regulierungen als auch Deregulierungen zu vermehrten Finanzinnovationen führen können.

Für Verschiebungen der Nachfragekurve wurden zum einen die hohen Alternativkosten gering oder gar nicht verzinster Geldbestände aufgrund steigender Zinsen und Inflationsraten verantwortlich gemacht. Die Erhöhung der Alternativkosten begründete das weite Bedürfnis nach Ökonomisierungsmöglichkeiten für die Kassenhaltung und steigerte die Nachfrage nach liquiden und trotzdem marktmäßig verzinsten Finanzaktiva. Zum anderen haben die erheblich verstärkten Preisfluktuationen auf den Finanzmärkten die Nachfrage nach monetären Innovationen erhöht. Am Beispiel der unsteten Zins- und Wechselkursentwicklung zeigte sich, daß die Risiken finanzwirtschaftlicher Transaktionen daraufhin deutlich gestiegen sind. Der Sprung der potentiellen Kosten finanzieller Dispositionen bewirkte einen wachsenden Bedarf an neuen Finanzinstrumenten, mit denen eine Absicherung gegen die Preisänderungsrisiken erreicht werden kann.

Die Tab. 6 auf der folgenden Seite nimmt eine Zuordnung der einzelnen Produkt- und Prozeßinnovationen zu deren jeweiligen Entstehungsanlässen vor. Aus der Tabelle geht eindeutig hervor, daß die Markteinführung der meisten Innovationen auf mehreren Anlässen gleichzeitig beruht. Offensichtlich

Tab. 6: Finanzinnovationen und ihre Entstehungsanlässe

Innovation	Anlass[1]				
	a	b	c	d	e
A. Produktinnovationen					
Certificates of Deposit......	○	○	●	●	○
Commercial Papers............	○	○	●	●	○
Automatic Transfer Service...	●	○	●	●	○
NOW's........................	○	○	●	●	○
Money Market Mutual Funds....	○	○	●	●	○
Money Market Deposit Accounts	○	●	●	●	○
Super-NOW Accounts...........	○	●	●	●	○
CMA's, Sweep Accounts........	●	○	○	●	○
Repurchase Agreements........	●	○	●	●	○
Convertible Bonds............	○	○	○	●	●
Zero-Bonds...................	○	○	●	○	●
Stripped Bonds...............	○	●	●	●	●
Financial Futures............	○	○	○	○	●
Finanz-Optionen..............	○	○	○	○	●
Euro-Commercial Papers.......	○	●	●	○	○
Floating Rate Notes..........	○	○	○	○	●
Doppelwährungsanleihen.......	○	○	○	○	●
Euronote Facilities..........	○	●	●	○	○
Forward Rate Agreements......	○	○	○	○	●
Swaps........................	●	○	●	○	●
B. Prozeßinnovationen					
SWIFT........................	●	○	○	○	○
Cash-Management-Systeme......	●	○	○	●	○
Cash-Dispensers..............	●	○	○	○	○
Automated Teller Machines....	●	○	○	○	○
Home Banking.................	●	●	○	○	○
Point-of-Sale-Terminals......	●	●	○	○	○

[1] a = Technologischer Fortschritt, b = Erhöhte Wettbewerbsintensität, c = Regulatorisches Umfeld, d = Hohe Zinsen und Inflationsraten, e = Preisfluktuationen, ● ≡ Innovation wurde aus diesem Anlass durchgeführt; ○ ≡ Innovation ist wenig oder gar nicht auf diesen Anlass zurückzuführen.

ist der Innovationsanreiz in diesen Fällen besonders hoch, denn die Rechtsverschiebung der Kurve(n) im Modell des Marktes für Finanzinnovationen wird in der Regel um so stärker ausfallen, je mehr Faktoren daran beteiligt sind.

3.3. Ursachen von Finanzinnovationen

3.3.1. Die ökonomische Funktion der Finanzmärkte

Die bisherige Analyse der Ursprünge des Innovationsprozesses hat ergeben, daß Finanzinnovationen situationsbezogene Marktreaktionen auf akute Veränderungen relevanter Kostenstrukturen darstellen. Die Einführung spezifischer monetärer Innovationen erfolgt also nicht zufällig, sondern zu bestimmten Anlässen. Demnach schreitet die Innovationstätigkeit seit etwa zwei Jahrzehnten nur deshalb so außergewöhnlich schnell voran, weil besonders viele Anlässe in Form von ausgeprägten Kostenstrukturvariationen zu konstatieren sind.

Innovative Neuentwicklungen im Finanzbereich hat es aber natürlich auch schon vor dem Jahre 1970 gegeben. Ein naheliegendes Beispiel ist die Entstehung des Euromarktes in den fünfziger Jahren, der als eine regulierungsinduzierte Finanzinnovation interpretiert werden kann.[35] Seit der Herausbildung eines finanziellen Sektors in allen leistungsfähigen Volkswirtschaften haben sich die monetären Märkte fortwährend weiterentwickelt und ihr ‚Aussehen' durch neue Produkte und Verfahren permanent verändert. Damit stellt sich unabhängig von den jeweiligen Einführungsanlässen die Frage, in welchen übergreifenden sachlichen Gesamtzusammenhang sich die finanziellen Neuerungen einordnen lassen. Es ist deshalb erforderlich, sich der tieferliegenden längerfristigen Triebkräfte und Ziele des kontinuierlichen monetären Wandels zuzuwenden, um die eigentlichen Ursachen für Finanzinnovationen zu identifizieren.

Die profunde Bedeutung von Finanzinnovationen wird deutlich, sobald man sich die ökonomische Funktion der Finanzmärkte vor Augen führt. Die Finanzmärkte umfassen in einer weiten Begriffsabgrenzung alle Institutionen und Prozeduren, die nötig sind, um Käufer und Verkäufer finanzieller Instrumente zusammenzubringen. Sie verdanken ihre Existenz der Tatsache, daß in modernen arbeitsteiligen Volkswirtschaften regelmäßig die Wirtschaftseinheiten mit positiven Finanzierungssalden (Finanzierungsüberschüsse) denjenigen, die negative Finanzierungssalden (Finanzierungsdefizite) aufweisen, gegenüberstehen.

---

[35] Vgl. *Issing, Otmar:* Der Euro-DM-Markt und die Deutsche Geldpolitik, in: Arnim Gutowski (Hrsg.), Geldpolitische Regelbindung: theoretische Entwicklungen und empirische Befunde, Schriften des Vereins für Socialpolitik, Neue Folge Band 161, Berlin 1987, S. 163 - 191; insbesondere S. 174ff.

In der Realität heutiger Geldwirtschaften sind also die Sparer (Geldkapitalbildung) und die Investoren (Realkapitalbildung) nicht mehr identisch. Sofern einzelne Wirtschaftseinheiten in einem Ausmaß in reales Vermögen investieren möchten, das die eigenen Ersparnisse übersteigt, sind sie zur Finanzierung dieser Investitionen auf die Bereitstellung von Ersparnissen anderer Wirtschaftseinheiten angewiesen.[36] In den westlichen Volkswirtschaften ist typischerweise der Unternehmenssektor ein großer Defizitbereich, während der Sektor der privaten Haushalte Einnahmeüberschüsse erzielt.

Je größer die Divergenz zwischen gewünschter Ersparnis und Investition unter den Wirtschaftseinheiten ist, desto wichtiger ist die Ausbalancierung der abweichenden Finanzierungssalden. Der notwendige Ausgleich zwischen gesparten und investierten Kapitalien erfolgt auf den Finanzmärkten. Deren Aufgabe ist die Allokation knapper Finanzmittel von Überschuß- zu Defiziteinheiten unter bestmöglicher Berücksichtigung der unterschiedlichen Präferenzen der Marktteilnehmer. Die Parteien sollten dabei in einer Weise zueinander finden können, sei es direkt oder indirekt, bei der die Abstimmung der Spar- und Investitionsentscheidungen möglichst wenig Kosten entstehen läßt und der Aufwand gering gehalten wird.[37]

Der optimalen Aufgabenerfüllung der Finanzmärkte stehen realiter verschiedene Hindernisse entgegen, die sich allgemein unter die Begriffe *Marktunvollständigkeiten* und *Marktunvollkommenheiten* fassen lassen. Genau an diesen Hindernissen setzen finanzielle Innovationen an. Die Ursachen von Finanzinnovationen liegen demzufolge in dem grundlegenden Bedürfnis nach der Überwindung von Unvollständigkeiten und Unvollkommenheiten auf den Finanzmärkten. Sie verändern damit systematisch die Strukturen im monetären Sektor moderner Volkswirtschaften.

3.3.2. Marktunvollständigkeiten

Eine fundamentale Ursache für die unaufhörliche Innovationstätigkeit auf den Geld- und Kapitalmärkten liegt in dem Umstand nicht vollständiger Finanzmärkte begründet. Man spricht dann von ‚unvollständigen' Finanzmärkten, wenn die Zahl der zur Verfügung stehenden Finanzaktiva geringer ist als die Zahl der möglichen Marktzustände zu einem späteren Zeitpunkt.[38] Unvollständige Finanzmärkte sind deshalb problematisch, weil auf ihnen selbst mit einer umfassenden Diversifikation des anlagesuchenden Kapitals

---

[36] Daraus folgt, daß in einer altertümlichen Tauschwirtschaft ohne Finanzsektor die Investitionsvorhaben jedes Wirtschaftssubjektes in ihrer Höhe durch das eigene Sparvolumen determiniert sind.

[37] Eine ausführliche Besprechung der Funktion von Finanzmärkten nimmt vor *Van Horne, James C.:* Financial Market Rates and Flows, 2nd edition, Englewood Cliffs 1984; insbesondere Chapter 1.

nicht jede beliebige Risiko-/Renditekombination erzielbar ist. Dies hat zur Folge, daß das vorhandene Finanzinstrumentarium nicht alle denkbaren Eventualfälle abdeckt und über die Zusammenstellung der Portfolios nur eingeschränkt disponiert werden kann. Aus diesem Grund bleiben verschiedene Anleger immer wieder zumindest partiell unbefriedigt, denn sie finden auf den Finanzmärkten nicht alle die ihren Präferenzen entsprechenden Möglichkeiten für die gewünschte Vermögensstrukturierung vor.

Da unbefriedigte Nachfrager von Finanzdienstleistungen für die Erfüllung ihrer Bedürfnisse zu zahlen bereit sind, ergeben sich auf unvollständigen Finanzmärkten dauernd neue Profitchancen, die durch die Kreierung neuer, auf die jeweilige Interessenlage zugeschneiderter, Finanzinstrumente ausgenutzt werden.[39] Sofern sich bei den Neukonstruktionen von Finanzaktiva ‚echte' Innovationen herausbilden, die nicht vollständig mit bereits bestehenden Titeln korreliert sind, so haben diese die Eigenschaft, selbst bei Verschwinden des unmittelbaren Anlasses ihrer Einführung an den Märkten präsent zu bleiben.

Eine Finanzinnovation, deren Auszahlungsstruktur eine wirkliche Neuheit darstellt und nicht aus schon vorhandenen Instrumenten nachgebildet werden kann, erweitert unwiderruflich das Know-how der Finanzmarktakteure. Auf dem einmal erreichten technischen Stand des ‚financial engineering' wird weiter aufgebaut und ein schon erfundenes Finanzinstrument kann bei entsprechenden Marktsituationen jederzeit wieder zum Einsatz kommen und neuerlich an Bedeutung gewinnen. Auf diese Weise erweitern Finanzinnovationen wie Optionen, Zero-Bonds, Doppelwährungsanleihen etc. aufgrund ihrer neuartigen Risiko-/Renditekombinationen systematisch und dauerhaft die Angebotspalette auf den Geld- und Kapitalmärkten und führen so tendenziell zu einer Vervollständigung der Finanzmärkte.[40]

3.3.3. Marktunvollkommenheiten

Neben den Unvollständigkeiten aufgrund einer ungenügenden instrumentellen Ausstattung ist die Existenz von Unvollkommenheiten auf den Finanz-

---

[38] Auf einem vollständigen Finanzmarkt gibt es demzufolge so viele nicht-redundante Finanztitel, wie Marktzustände unterstellt werden. Ein nicht-redundanter Finanztitel kann nur mit großer Mühe oder überhaupt nicht mit bereits existierenden Instrumenten dupliziert werden. Vgl. *Zimmermann, Heinz:* Zur ökonomischen Bedeutung von Finanzinnovationen, a.a.O., S. 164.

[39] Vgl. dazu auch *Van Horne, James C.:* Of Financial Innovations and Excesses, a.a.O., S. 621 f; sowie *ders.:* An Inquiry Into Recent Financial Innovation, a.a.O., S. 454f.

[40] Ein erläuterndes Beispiel, das speziell die Bedeutung der Optionen aufzeigt, findet sich bei *Zimmermann, Heinz:* Zur ökonomischen Bedeutung von Finanzinnovationen, a.a.O., S. 168ff.

märkten der zweite profunde Grund für die permanente Hervorbringung monetärer Innovationen. Die Finanzmärkte werden hier deswegen als ‚unvollkommen' bezeichnet, weil die Kanalisierung des Sparkapitals in dessen profitabelste Verwendung ein Vorgang ist, bei dem in vielfältiger Form Kosten anfallen. Finanzielle Produkt- und Prozeßinnovationen reduzieren die Friktionen der Finanzintermediation und bauen damit schrittweise Marktunvollkommenheiten ab.

Finanzwirtschaftliche Transaktionen verursachen zum einen effektive Kosten (Spesen, Gebühren, eventuell Steuern) und zum anderen Opportunitätskosten, da die aufgewendete Zeit und die Mühen auch anderweitig ertragbringend hätten eingesetzt werden können. Die Verringerung dieser Kosten geschieht auf mehreren Wegen. Augenfällig ist der Kostenabbau beim eigentlichen Mitteltransfer durch Verfahrensinnovationen wie das SWIFT-System. Selbst interkontinentale Geldbewegungen wurden durch die umfassende Elektronisierung so drastisch verbilligt, daß die Kosten bei größeren Wertpapier- und Devisengeschäften kaum mehr ins Gewicht fallen.

Ein weiterer Ansatzpunkt sind die Informationskosten. Die Spar- und Investitionsentscheidungen der Finanzmarktakteure werden auf der Grundlage von Informationen getätigt, deren Sammlung, Auswertung und Übermittlung Kosten verursacht. Finanzinnovationen haben diese Informationskosten auf den Finanzmärkten deutlich gesenkt. Einfache und automatisierbare Entscheidungsprozesse gehen zum Teil schon heute computergestützt und ohne gesonderte Anweisung vonstatten, also bei fast völliger Ausschaltung von zusätzlichen Informationskosten. Beispiele dafür sind der ATS, die CMA's und die Sweep Accounts. Im Unternehmensbereich haben die Cash-Management-Systeme aufgrund ihrer kostendämpfenden Wirkung bei der Finanzmittelsteuerung und Datenbeschaffung eine wachsende Verbreitung gefunden. Das Home Banking wird diese Entwicklung auch auf den Privatsektor ausdehnen, wenn alle wichtigen Finanzmarktdaten auf den heimischen Terminal geholt und mit Hilfe von Analyseprogrammmen bearbeitet werden können, wobei die Weitergabe der abschließenden Anordnungen einfach durch Knopfdruck erfolgt.

Die umfassende Reduzierung der Transaktionskosten auf den Finanzmärkten – Schätzungen gehen davon aus, daß die Kosten vieler Transaktionen um über 90 % gefallen sind[41] – macht natürlich auch bei den direkten Kosten der Kapitalaufnahme nicht halt. Am deutlichsten kommt das Transaktionskostenmotiv vielleicht bei den Interest Rate Swaps zum Ausdruck. Im Rahmen eines Zins-Swap nutzen zwei Parteien ihre komparativen Emissionsvorteile in verschiedenen Märkten durch den Austausch der aus der Kapitalaufnahme jeweilig resultierenden Zinsverpflichtungen, wodurch beide Vertragspartner ihren

[41] Vgl. *Bank for International Settlements:* ‚Recent Innovations', a.a.O., S. 4.

absoluten Zinsaufwand verringern. Aufwendigere Swap-Konstruktionen, die auf unterschiedlichen Währungen basieren, überwinden darüber hinaus zunehmend die Grenzen nationaler Finanzmärkte. Diese und ähnliche finanzwirtschaftliche Arrangements globalisieren die monetären Märkte mit der Folge, daß die Mittelbeschaffung am Platz mit den besten Konditionen durchführbar ist, ohne sich den Eintritt zum Fremdmarkt vorher z.B. über eine intensive Werbekampagne ‚erkaufen' zu müssen.

Dem Abbau hoher Marktzutrittsschranken, die einzelne Geschäfte für potentielle Interessenten zum Teil so verteuern, daß sie realiter undurchführbar werden, haben sich noch andere bekannte Finanzinnovationen gewidmet. Die Money Market Mutual Funds öffneten die Geldmärkte durch die institutionelle Poolung des Sparkapitals auch für Kleinanleger, die allein die geforderten Mindestsummen nicht aufbringen können. Ein weiteres Beispiel sind Financial Futures, die das Termingeschäft unter anderem deswegen revolutionierten, weil sie faktische Zugangsschranken für Neuanleger, deren Bonität am Markt noch nicht ausreichend bekannt ist, zurückdrängten. Diese exemplarische Kette von Produkt- und Verfahrensnovitäten belegt, wie sich unter Kostengesichtspunkten die Bedingungen von Finanzdispositionen durch die anhaltende Innovationstätigkeit verbessert haben.

Abschließend läßt sich also festhalten, daß Finanzinnovationen die Unvollständigkeiten der Geld- und Kapitalmärkte in der oben beschriebenen Weise abbauen und gleichzeitig die Unvollkommenheit der Märkte reduzieren, indem sie systematisch die Kosten der Finanzintermediation senken. Das Ausgangsmotiv für finanzielle Neuerungen ist demzufolge die operative Perfektionierung des monetären Sektors moderner Geldwirtschaften.[42]

Von dieser trendgerichteten Umgestaltung der Finanzmärkte – die in letzten Zeit immer schneller vorangeschritten ist und weiter anhalten wird – gehen eigenständige, auch für die Geldpolitik relevante Wirkungen aus. Die Konsequenzen dieser Erkenntnis sollten in eine Betrachtung der geldpolitischen Implikationen von Finanzinnovationen unbedingt einfließen.

3.4. Fazit

Hinsichtlich der geldpolitischen Konsequenzen von Finanzinnovationen ist die qualitative Bewertung der Ursprünge des Innovationsprozesses aus vor-

[42] Ob die Finanzmärkte, wenn sie sich der theoretischen Perfektion annähern, auch im volkswirtschaftlichen Sinne effizienter werden ist eine Frage, die in letzter Zeit unter dem Eindruck des Börsenkrachs wieder zunehmend diskutiert wird. Siehe dazu *Jüttner, D. Johannes:* Spekulation – immer segensreich?, in: Jahrbücher für Nationalökonomie und Statistik, Band 203, Heft 1/Januar 1987, S. 1 - 11; und *Stöttner, Rainer:* Börsenkrach und Effizienzmarkt-Hypothese: Das Ende einer Illusion?, in: Wirtschaftsdienst, Nr. 12/1987, S. 633 - 636.

nehmlich zwei Gründen von besonderem Interesse. Die beiden folgenden Hypothesen sollen dies verdeutlichen:

- Könnte man davon ausgehen, daß die Innovationstätigkeit auf den Finanzmärkten in absehbarer Zeit einen erkennbaren Endpunkt erreichte, wären Finanzinnovationen nur als ein Übergangsphänomen anzusehen, das nach einer gewissen Umformung des monetären Sektors von selbst wieder verschwindet. Ernstzunehmende geldpolitische Schwierigkeiten ergäben sich dann nur zu den Einführungszeitpunkten neuer Produkte und Prozesse. Die staatlichen Institutionen wären in diesem Fall längerfristig nur insoweit gefordert, als sie sich auf die relativ geringfügigen makroökonomischen Modifikationen einzustellen hätten, die die von Finanzinnovationen betroffen gewesenen Volkswirtschaften aufweisen.[43]
- Wäre es zudem möglich, die Intensität des Innovationsverlaufs durch die Verringerung der exogenen Anlässe für die Einführung neuer Finanzdienste entscheidend zu beeinflussen, ließe sich damit auch der Problemdruck während der ‚Innovationsphase' deutlich reduzieren. Als Ansatzpunkt böte sich beispielsweise eine konsequent zins- und wechselkursstabilisierende Geldpolitik an.

Der Ansicht, daß der Finanzinnovationsprozeß in längerfristiger Sicht durch politische Maßnahmen wesentlich abgebremst oder sogar ausgesetzt werden kann, ist nicht beizupflichten. So ist zum Beispiel der technologische Fortschritt als wichtiger Anstoßfaktor für finanzielle Neuerungen sicherlich kaum politisch kontrollierbar, was auch bei der Deutschen Bundesbank erkannt wird:

> „Es gibt jedoch längerfristig wirkende Kräfte, die selbst in einem stabileren Umfeld die Innovationsbewegung vorantreiben werden. Dazu gehört vor allem der technologische Fortschritt in der Datenverarbeitung und der Nachrichtenübermittlung ... In den großen internationalen Banken sind in den letzten Jahren ‚Produktentwicklungsgruppen' eingerichtet worden, in denen findige Finanzingenieure ständig nach neuen Möglichkeiten suchen. Auch diese Forschertätigkeit wird sicherlich nicht eingestellt werden."[44]

Bezieht man zusätzlich den wachsenden Konkurrenzdruck auf und zwischen den internationalen Finanzmärkten in die Betrachtung mit ein, der wesentlich zu der fortwährenden Konstruktion neuer Finanzinstrumente beiträgt,

---

[43] Gestützt wird eine derartig kurzfristige Betrachtungsweise, die das Auftreten von monetären Neuerungen als einen Vorgang mit Anfang und Ende ansieht, z.B. von *Mayer, Thomas:* Financial Innovation – The Conflict Between Micro and Macro Optimality, a.a.O., S. 30: "So far I have compared an economy that in the distant past had undergone financial innovations with one that had not. But the real problem arises at the time the financial innovations are introduced, ..."

[44] *Gleske, Leonhard:* ‚Finanzinnovationen aus der Sicht der Notenbanken', a.a.O., S. 284 - 285.

erscheinen die politischen Steuerungsmöglichkeiten des Innovationsprozesses noch geringer.

Ebenso verfehlt ist es, Finanzinnovationen nur als eine vorübergehende Episode zu kennzeichnen. Die tieferen Ursachen für die permanente Innovationstätigkeit liegen nicht in den spezifischen gegenwärtigen Geld- und Kapitalmarktkonstellationen, sondern in dem prinzipiellen Trend zu immer perfekteren Finanzmärkten, der unter wechselnden Umweltbedingungen ständig voranschreitet. Anders ausgedrückt ist das Ziel der ständigen monetären Weiterentwicklung der (graduelle) Abbau von Marktunvollkommenheiten und Marktunvollständigkeiten, während die Anlässe für Finanzinnovationen die Richtung vorgeben, die als nächstes eingeschlagen wird.[45]

[45] Einige kurze Anmerkungen zu gedanklichen Ansätzen, die nicht die exogenen Einführungsanlässe hervorheben, sondern Finanzinnovationen als einen immanenten endogenisierten Prozeß ansehen, macht *Sijben, Jac. J.*: Financial Innovations, Monetary Policy and Financial Stability, in: Kredit und Kapital, Heft 1/1988, S. 45 - 66; hier S. 52f.

TEIL II

Geldpolitische Implikationen von Finanzinnovationen

1. Einführung

Nachdem in Teil I die Formen und Ursprünge von Finanzinnovationen erörtert wurden, steht im Mittelpunkt des nun folgenden Abschnitts die Frage, welche prinzipiellen geldpolitischen Probleme der fortschreitende Innovationsprozeß aufwirft. Der Begriff ‚Geldpolitik' als Teil der staatlichen Stabilisierungspolitik steht hier für die Summe der Instrumente, mit denen die Zentralbank über die Regelung der Geld- und Kreditversorgung die Verwirklichung ihrer globalen wirtschaftspolitischen Ziele ansteuert.

Mit dieser Definition ist bereits angedeutet, warum die Geldpolitik zwangsläufig von den Neuerungen auf den Finanzmärkten tangiert wird. Die Notenbanken stehen vor der grundlegenden Schwierigkeit, daß sie auf die makroökonomischen Schlüsselgrößen wie Preisniveau, Volkseinkommen oder Beschäftigungsstand keinen direkten Einfluß nehmen können. Nur die Monopolstellung bei der Ausgabe von Zentralbankgeld verleiht den Währungsbehörden ihre Wirkungsmacht, um wirtschaftspolitisch tätig zu werden. Setzt also zum Beispiel die Deutsche Bundesbank das ihr zur Verfügung stehende Instrumentarium mit dem Ziel ein, inflationären Entwicklungen entgegenzuwirken, so müssen die ausgelösten restriktiven geldpolitischen Impulse erst den ‚Umweg' über die Geld-, Kredit- und Kapitalmärkte nehmen, um schließlich auf den Gütermärkten die beabsichtigte Wirkung zu entfalten. Die geldpolitische Zentralinstanz agiert also immer nur mittelbar und die Effizienz der Geldpolitik hängt wesentlich von der Transformation der Notenbank-Maßnahmen vom finanziellen Sektor in den realen Sektor der betreffenden Volkswirtschaft ab.

Jede planmäßige und zielgerichtete Beeinflussung des Verhaltens des Bankensystems und der Ergebnisse der Finanzmärkte seitens der Zentralnotenbanken erfordert als conditio sine qua non eine gewisse Mindestkenntnis der sog. monetären Grundrelationen. Geldpolitische Aktionen fußen also auf dem Fundament ökonomisch gesicherten Basiswissens über die Abläufe und Bedingungskonstellationen im Finanzbereich. Die mannigfaltigen monetären Produkt- und Prozeßinnovationen verändern aber gerade die Strukturen der Geld- und Kapitalmärkte. Die Frage, ob und zu welchem Zeitpunkt ein neues Instrument geldpolitische Relevanz erlangt, läßt sich ex ante hingegen nur spekulativ beantworten. Finanzinnovationen erhöhen demzufolge schon deshalb die Unsicherheit hinsichtlich der Wirkungsweise geldpolitischer Effekte, weil die monetären Strukturveränderungen rein zeitlich nicht exakt zu prognostizieren sind.

Abgesehen davon ist unter geldpolitischen Gesichtspunkten vor allem interessant, ob Finanzinnovationen mit ihren strukturellen Konsequenzen die finanzwirtschaftlichen Rahmenbedingungen für die Notenbanken eher verbessern oder verschlechtern. Die Komplexität des Innovationsprozesses macht es erforderlich, die Geldpolitik zunächst in ihre einzelnen Problembereiche aufzuteilen. Auf der Basis der bisherigen Erfahrungen mit dem massiven Auftreten finanzieller Neuerungen können dann die Implikationen der sich abzeichnenden Entwicklungen selektiv näher analysiert werden.

Der theoretische Rahmen der nachfolgenden Überlegungen läßt sich in groben Zügen anhand der altbekannten Quantitätsgleichung skizzieren. Gemäß der Quantitäts- oder Verkehrsgleichung entspricht das Produkt aus einer Geldmenge (M) und ihrer Umlaufgeschwindigkeit (V) dem nominalen Einkommen, also dem Produkt aus Realeinkommen (Y) und Preisniveau (P):

Transmission

$$M \cdot V = Y \cdot P$$

Das Zustandekommen der Geldmenge (M) ist der Gegenstand der Geldangebotstheorie, die in einer einfachen Form davon ausgeht, daß sich M aus der Geldbasis (B) multipliziert mit dem Geldschöpfungsmultiplikator (m) ergibt:

$$B \cdot m = M$$

Die Geldbasis beschreibt dabei den Einfluß der Notenbank auf das Geldangebot, während der Geldschöpfungsmultiplikator die Einwirkung der Banken und des Publikums widergibt. Geht man nun erstens davon aus, daß die Zentralbank die (exogene) Geldbasis vorgeben kann, und unterstellt man zweitens, daß der Geldschöpfungsmultiplikator eine konstante bzw. im Zeitablauf stabile und damit prognostizierbare Größe ist, dann ist die Zentralbank durch die Steuerung von B auch in der Lage, das Geldangebot $M^{(s)}$ zu kontrollieren. Geldpolitik ist so gesehen auch immer Geldmengenpolitik.

Die Umlaufgeschwindigkeit, die in der Quantitätsgleichung zunächst nur dazu dient, die Bestandsgröße M in eine Stromgröße zu überführen, ist eng mit der Geldnachfragetheorie verknüpft. Der Zusammenhang zwischen Geldnachfrage und Umlaufgeschwindigkeit wird deutlich, wenn man die Verkehrsgleichung nach V umformt und zudem von der Annahme ausgeht, daß sich der Geldmarkt stets im Gleichgewicht befindet, also das Geldangebot immer der Geldnachfrage entspricht. Daraus folgt dann:

$$V = \frac{Y}{L(\ldots)}$$

$$\text{mit } L = \text{reale Geldnachfrage} = \frac{M^d}{P}$$

Jede Änderung der gesamtwirtschaftlichen Geldnachfrage schlägt sich somit bei gegebenem Realeinkommen in einer Veränderung der Umlaufgeschwindigkeit nieder. Läßt sich nun die Relation zwischen Sozialprodukt und Geldmenge über die Determinanten der Geldnachfrage in antizipierbarer Weise beschreiben, so kann die Zentralbank mit der Steuerung des Geldangebots auch die nachfragewirksame Geldmenge (M · V) und damit die Entwicklung des Nominaleinkommens bestimmen.[1]

Die Theorie des Transmissionsmechanismus untersucht schließlich, über welche Übertragungs- und Wirkungskanäle monetäre Impulse in den realwirtschaftlichen Bereich hineinwirken und dort das Realeinkommen und/oder das Preisniveau beeinflussen. Für die Geldpolitik als ‚angewandte' Geldwirkungslehre geht es insbesondere darum, Anhaltspunkte für

- die Dauer der zeitlichen Wirkungsverzögerungen und
- die Abschwächungen der ursprünglichen Impulsintensität

im Transmissionsprozeß monetärer Maßnahmen zu gewinnen.[2]

2. Kontrolle des Geldangebots

2.1. Ein einfaches Modell

Die Theorie des volkswirtschaftlichen Geldangebots hat eine ganze Reihe unterschiedlicher Ansätze hervorgebracht, die sich im Grad ihrer formalen Komplexität, der vom jeweiligen Erklärungsziel geprägt ist, stark voneinander unterscheiden. Im Rahmen der hier interessierenden Fragestellung geht es nicht darum, ein prognosefähiges Modell zu entwickeln, das den realen Geldangebotsprozeß mehr oder weniger vollständig abbildet. Im Zentrum dieser

---

[1] *Stützel* plädiert dafür, die etwas irreführenden Bezeichnungen für V wie ‚Umlaufgeschwindigkeit' bzw. ‚Umschlagshäufigkeit' oder auch ‚Einkommenskreislaufgeschwindigkeit des Geldes' durch den deutlicheren Ausdruck ‚income/money ratio' zu ersetzen. Vgl. *Stützel, Wolfgang:* Über einige Nachlässigkeiten beim ersten Aufriß der Struktur des Inflationsproblems am Beispiel gängiger Inflationstheorien, in: Artur Woll (Hrsg.), Inflation: Definitionen, Ursachen, Wirkungen und Bekämpfungsmöglichkeiten, München 1979, S. 38 - 67. Auf den S. 51ff. findet sich eine sehr scharfsinnige und erhellende Abhandlung über die Bedeutung und Aussagekraft des ‚V' in der Quantitätsgleichung.

[2] Vgl. zu diesem Bereich *Kath, Dietmar:* Geld und Kredit, in: Vahlens Kompendium der Wirtschaftstheorie und Wirtschaftspolitik, Band 1, München 1980, S. 155 - 190; hier S. 175ff.

Analyse steht das Problem, ob und inwiefern Finanzinnovationen die Kontrollierbarkeit des Geldangebots durch die Zentralbanken beeinträchtigen. Als Grundlage für die folgende Untersuchung bietet sich damit das relativ unkomplizierte Geldbasiskonzept an. Zum einen liegt das Hauptaugenmerk dieses Ansatzes auf der Rolle der Notenbank im Geldschöpfungsprozeß und zum anderen ist das Geldbasiskonzept sehr flexibel zu handhaben.[1]

Ausgehend von einem enggefaßten Zentralbankgeldmengenbegriff läßt sich der Zusammenhang zwischen Geldbasis (B) und angebotener Geldmenge (M) analytisch aus der Division der beiden Definitionsgleichungen ableiten. Die Geldbasis umfaßt dabei die Zentralbankgeldmenge, die vom Publikum und von den Banken gehalten wird. Die Geldmenge – zunächst auf den Typ M_1 bezogen – setzt sich aus dem Zentralbankgeld und den Sichtguthaben in den Händen des Publikums zusammen:

$$B \equiv C + R$$

$$M \equiv C + D$$

B = monetäre Basis
M = Geldmenge (M_1 = Bargeldumlauf plus Sichteinlagen)
C = Bargeldumlauf (Zentralbankgeld bei den Nichtbanken[2])
R = Reserven der Geschäftsbanken (Zentralbankgeld bei den Banken)
D = Sichtdepositen der Nichtbanken bei den Geschäftsbanken

Geldbasis und Geldmenge stehen in folgendem Verhältnis:

$$m = \frac{M}{B}$$

m = Geldschöpfungsmultiplikator

Der Geldschöpfungsmultiplikator stellt vorerst also nichts anderes als die Relation zwischen Geldbasis und Geldmenge dar. Um ihn für die theoretische Analyse nutzbar zu machen, bedarf es einer genaueren Bestimmung seiner Strukturparameter.

Unter Verwendung des Geldschöpfungsmultiplikators gilt für die Geldmenge:

---

[1] Die angesprochene Flexibilität zeigt sich auch daran, daß immerhin zwei der drei wichtigsten Neuansätze zur Geldangebotstheorie, nämlich die von Tinbergen und von Brunner / Meltzer, lediglich eine Weiterentwicklung des Kreditschöpfungsmodells im Rahmen des Geldbasiskonzepts darstellen, dessen Grundstrukturen gewahrt bleiben. Vgl. *Neldner, Manfred:* Die Bestimmungsgründe des volkswirtschaftlichen Geldangebots, Berlin – New York 1976, S. 317. Die verschiedenen Modellkonstruktionen werden an dieser Stelle ausführlich und detailliert beschrieben.

[2] Die Kassenbestände der Kreditinstitute sind normalerweise vernachlässigbar gering. Im übrigen ist die hier definierte Geldbasis nicht mit der Zentralbankgeldmenge in der Abgrenzung der Deutschen Bundesbank zu verwechseln.

$$M = m \cdot B = \frac{C + D}{C + R} \cdot B$$

Geht man nun davon aus, daß das Publikum einen bestimmten Teil der Geldmenge als Bargeld zu halten wünscht und sich die Reservehaltung der Geschäftsbanken nach der Höhe ihrer Verbindlichkeiten bemißt, so ist:

$$b = \frac{C}{M} \text{ und } r = \frac{R}{D}$$

b = Bargeldumlaufquote
r = Reservequote

Die Bestimmungsgleichung für M läßt sich umformen zu:

$$M = \frac{\frac{C + D}{M}}{C/M + R/M} \cdot B$$

und

$$M = \frac{1}{b + r - br} \cdot B$$

Bezieht man die gewünschte Bargeldhaltung des Nichtbanken-Sektors nicht auf die Gesamtgeldmenge, sondern nur auf die Sichteinlagen, so ergibt sich für die Bargeldumlaufquote:

$$b = \frac{a}{a + 1} \text{ mit } a = \frac{C}{D}$$

Wird in der Multiplikatorformel (b) durch (a) ersetzt, so läßt sich diese auch folgendermaßen formulieren:

$$M = \frac{1 + a}{r + a} \cdot B$$

Bei der Ableitung des Multiplikators ist bis zu dieser Stelle von einer sehr engen Geldmengenabgrenzung vom Typ M_1 ausgegangen worden. In der Bundesrepublik fungiert allerdings nicht M_1, sondern das sehr viel breitere Geldmengenaggregat M_3 als monetäres Zwischenziel für die Geldpolitik der Deutschen Bundesbank. M_3 umfaßt neben dem Bargeldumlauf (C) die von inländischen Nichtbanken bei inländischen Kreditinstituten gehaltenen Sichteinlagen (D), Termingelder unter vier Jahren (T) und Spareinlagen mit gesetzlicher Kündigungsfrist (S). Bezogen auf die Geldmengendefinition M_3 läßt sich die Multiplikatorgleichung in eine differenziertere Form bringen, wenn man die Reservequote R/D im Nenner um die gesamten reservepflichtigen Bankeinlagen erweitert und im Zähler die umfassendere Abgrenzung von M berücksichtigt:

$$M = \frac{\dfrac{C + D + T + S}{D}}{\dfrac{R}{D + T + S}(1 + T/D + S/D) + C/D} \cdot B$$

$$= \frac{1 + a + t + s}{r^* (1 + t + s) + a} \cdot B$$

T = reservepflichtige Termineinlagen
S = reservepflichtige Spareinlagen
a = Bargeldhaltungsquote
t = Termindepositenquote (T/D)
s = Spardepositenquote (S/D)
r^* = (durchschnittliche) Reservequote

Obwohl das Geldbasiskonzept nur als eine reduzierte Form eines allgemeinen Geldangebotsmodells zu betrachten ist, wird doch unmittelbar deutlich, daß das Geldschöpfungspotential der Geschäftsbanken positiv mit der bereitgestellten Zentralbankgeldmenge verknüpft ist. Die angebotene Geldmenge (M^s) hängt bei gegebener monetärer Basis von der Höhe des Geldschöpfungsmultiplikators ab, der von den Schlüsselgrößen Bargeldhaltungsquote und durchschnittliche Reservequote determiniert wird. Der Wert des Multiplikators wird um so kleiner, je mehr Basisgeld im Prozeß der multiplen Geldschöpfung vom Publikum (Bargeld) oder den Banken (Reserven) ‚gebunden' wird und für eine weitere Kreditvergabe nicht mehr zur Verfügung steht (und umgekehrt):

$$M_3 = m_3 \cdot B$$

$$\text{mit } \frac{\delta M^s}{\delta B} > 0 \; ; \; \frac{\delta m}{\delta r^*} < 0 \; ; \; \frac{\delta m}{\delta a} < 0$$

Hinsichtlich des Einflusses finanzieller Neuerungen auf die Kontrolle des Geldangebots läßt sich also getrennt untersuchen, ob Finanzinnovationen die Zugriffsmöglichkeiten der Geschäftsbanken auf Basisgeld verbessern und/oder den Geldschöpfungsmultiplikator über eine Freisetzung vormals gebundenen Zentralbankgeldes erhöhen. In einem weitergehenden Schritt wird dann der Frage nachgegangen, ob Finanzinnovationen die Einwirkung der Nachfrageseite auf das Geld- und Kreditangebot verändern; ein Problem, das in der Zinsreagibilität der Geldangebotsfunktion zum Ausdruck kommt.

2.2. Steuerbarkeit der Geldbasis

Die erste Voraussetzung für eine zielgerechte Steuerung des Geldangebots ist, daß die Notenbank die Höhe und das Wachstum der Zentralbankgeldmenge bzw. Geldbasis unter ihrer Kontrolle hat. Zentralbankgeld entsteht bekanntlich immer dann, wenn die Notenbank Forderungen erwirbt, indem sie dem Ausland, den inländischen öffentlichen Haushalten und den inländischen Banken Kredite gewährt oder von ihnen Finanzaktiva ankauft. Die Frage ist also, wie frei und unabhängig die Zentralbank über die Entstehungskomponenten der Geldbasis, die sich auf der Aktivseite der Notenbankbilanz niederschlagen, disponieren kann.

Finanzinnovationen sind bis zum jetzigen Zeitpunkt ausschließlich im Banken- und Publikumssektor angesiedelt und haben daher die Autonomie der Zentralbank in der Gestaltung ihrer Aktivgeschäfte im Grundsatz nicht beeinträchtigt. Aus theoretischer Sicht ist die – zumindest mittelfristige – Kontrollierbarkeit der Geldbasis also weiterhin als gesichert anzusehen.[3] Die Erfahrungen in den USA stützen dieses Ergebnis; störende Einflüsse bei der Geldbasiskontrolle infolge monetärer Neuerungen konnten dort bisher nicht beobachtet werden.[4] Die Abb. 5 läßt auch in der graphischen Anschauung der relativ stetigen Entwicklung der Geldbasis seit 1975 keine etwaigen Strukturbrüche erkennen, die sich auf die Einführung neuer Finanzdienste zurückführen ließen.

Abb. 5: Entwicklung der monetären Basis in den USA nach 1975 (in Mrd. US-Dollar)

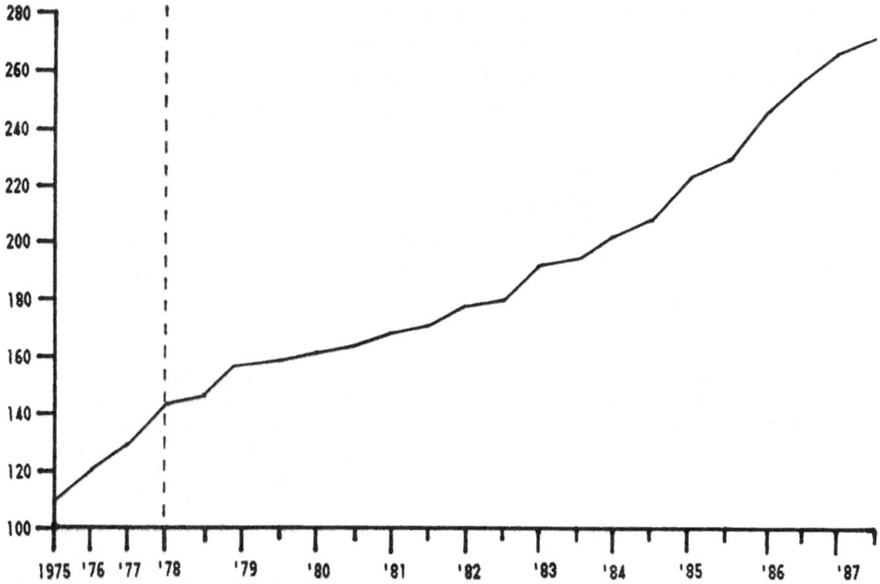

' unbereinigte Daten, Quelle: Board of Governors.

[3] So auch *Niehans, Jürg:* ‚Financial Innovation', a.a.O., S. 550.

Wenngleich Finanzinnovationen die Kontrolle der Zentralbankgeldschöpfung durch die Notenbanken prinzipiell nicht in Frage stellen, so haben die monetären Neuerungen doch einige Problemfelder geschaffen, die die kurzfristige präzise Steuerung der Geldbasis in Zukunft erschweren könnten. Die nachfolgend angedeuteten potentiellen Schwierigkeiten ergeben sich allerdings erst dann, wenn man in Rechnung stellt, daß in der geldpolitischen Praxis das Hauptziel der Geldbasis- bzw. Geldmengensteuerung – sofern es dies überhaupt ist – in der Regel von einer Reihe von Nebenzielen begleitet wird. Zwei wichtige notenbankpolitische Nebenziele werden in der Glättung von Wechselkursschwankungen und in der Sicherung der Stabilität des Finanzsystems gesehen. Finanzinnovationen, die sich negativ auf diese beiden Nebenziele auswirken, bergen somit die Gefahr in sich, indirekt den politischen Druck auf die Notenbanken mit der Intention zu erhöhen, zumindest kurzfristig von der strikten Verfolgung des Hauptzieles abzusehen.

Als eine derjenigen Finanzinnovationen, die die Volatilität der Wechselkurse gefördert haben sollen, gelten die Currency Futures aus dem Bereich der Financial Futures.[5] Der Handel mit Devisen-Terminkontrakten hat den Kreis der Marktteilnehmer aufgrund seiner besonderen Konstruktionsmerkmale erheblich erweitert und auch Nichtbanken den Zugang eröffnet. Falls die Akteure aus dem Nichtbanken-Bereich, wie teilweise vermutet wird, Currency Futures vornehmlich zu spekulativen Zwecken verwenden, dann könnten sich dadurch die Preisschwankungen auf den Futures-Märkten vergrößern.[6] Wenn dem so ist, werden die spekulationsbedingten Preisbewegungen der Terminkontrakte durch Arbitrage-Geschäfte auf die Termin- und Kassamärkte übertragen und wirken damit destabilisierend auf die Wechselkurse.[7] Für die Notenbanken verschärft sich infolgedessen der Konflikt zwischen Geldmengen- und Wechselkurs(glättungs-)ziel, womit die Wahrscheinlichkeit steigt, daß sie sich zu verstärkten diskretionären Devisenmarkt-Interventionen veranlaßt sehen, die sich in einer unplanmäßigen Schöpfung bzw. Vernichtung von Zentralbankgeld niederschlagen.

---

[4] *Balbach* kommt in seiner Untersuchung für die Vereinigten Staaten zu dem Schluß, daß die Fed die hier vorgestellte sog. effektive Geldbasis selbst auf Wochenbasis zuverlässig kontrollieren kann, obwohl dieses Geldbasis-Aggregat nicht unter alleiniger Herrschaft des Federal Reserve Board steht. Die Störfaktoren fallen volumenmäßig bis dato kaum ins Gewicht. Vgl. *Balbach, Anatol B.:* How Controllable is Money Growth?, in: Federal Reserve Bank of St. Louis, Review, April 1981, S. 3 - 12.

[5] Nach dieser Argumentation sind Financial Futures zwar aus Gründen verstärkter Preisfluktuationen entstanden, rückwirkend haben sie diese aber auch gefördert.

[6] Ein Überblick über die Diskussion, unter welchen Bedingungen ein überwiegend spekulatives Verhalten der Marktteilnehmer destabilisierend wirkt und zu informationsineffizienten Preisen bzw. Kursen führt, gibt *Jüttner, D. Johannes:* Spekulation – immer segensreich?, a.a.O.

[7] Diese Ansicht wird z. B. vertreten von *Reszat, Beate:* Devisenterminmärkte - Störfaktor der Währungspolitik?, a.a.O.

Was das zweite hier genannte notenbankpolitische Nebenziel anbetrifft, so ist die Stabilität bzw. Fragilität des Finanzsystems stark von der unbedingten Zahlungsfähigkeit der Geschäftsbanken abhängig. Bankinsolvenzen können leicht zum Vertrauensverlust der Einleger führen und in eine allgemeine Liquiditätskrise münden.[8] Die Zentralbank wäre dann in ihrer Rolle als ‚lender of last resort' gefordert, die Liquiditätsversorgung der Wirtschaft sicherzustellen, ohne zunächst auf die Einhaltung des Geldmengenzieles Rücksicht zu nehmen. In der Praxis versuchen die Notenbanken daher, aufkommende Störungen bei der Zahlungsfähigkeit einzelner Finanzinstitute schon im Keim, eventuell durch die außerplanmäßige Bereitstellung von Basisgeld, zu ersticken. Ob das Finanzsystem und im Kern der Bankensektor heute instabiler ist als vor einigen Jahren, ist eine Frage, die sich gegenwärtig nicht abschließend beantworten läßt. Es sprechen jedoch einige Gesichtspunkte dafür, daß Finanzinnovationen zu einer erhöhten Störanfälligkeit des Systems beitragen.[9]

Ein Kritikpunkt in diesem Zusammenhang ist die wachsende Abhängigkeit des Bankengewerbes von prozeßinnovativen elektronischen Zahlungsverkehrssystemen. Ein Großteil der Transaktionen wird heute über die modernen und sehr leistungsfähigen Daten-Fernübertragungsnetze abgewickelt, deren Kehrseite aber ist, daß eine technische Störung schwerwiegende Konsequenzen nach sich ziehen könnte. Die geldpolitische Relevanz dieser Befürchtung zeigt ein Beispiel aus den USA: Im November 1985 mußte die Federal Reserve die Bank of New York kurzfristig mit 22,6 Mrd. Dollar stützen, um das Institut nach dem partiellen Ausfall eines Computer vor der drohenden Zahlungsunfähigkeit zu bewahren.[10]

Darüber hinaus sind auch verschiedene produktinnovative Entwicklungstendenzen dazu geeignet, das bankgeschäftliche Risiko zu erhöhen. So liegt es in der Natur der Sache, daß die Banken bei der Bewertung neuer Finanzin-

---

[8] Eine englische Tageszeitung kommentierte die Krise von 1825 mit den noch heute gültigen Worten:
"Credit, like the honour of a female, is of too delicate a nature to be treated with laxity – the slightest hint may inflict an injury which no subsequent effort can repair."
Zitiert nach *Podolski, T. M.:* Financial Innovation and the Money Supply, a.a.O., S. 225.

[9] Der direkte Einfluß von Finanzinnovationen auf die Krisenanfälligkeit der monetären Märkte ist kaum meßbar, so daß statistische Kennzahlen – wenngleich einige diesen Zusammenhang nahelegen – mit Vorsicht zu interpretieren sind. Siehe dazu *Wenninger, John:* Financial Innovation in the United States, in: Bank for International Settlements, Financial Innovation and Monetary Policy, Basle March 1984, S. 232 - 271; hier S. 245ff.

[10] Vgl. *Reszat, Beate:* Finanzmärkte im Umbruch: Furcht vor dem großen Krach, in: Wirtschaftsdienst, Nr. 7/Juli 1987, S. 346 - 350; hier S. 349. Der Computer, über den die Wertpapiergeschäfte im Auftrag anderer Banken abgewickelt wurden, hatte zwar die Zahlungen an die Verkäufer korrekt angewiesen, die Konten der Käufer aber nicht entsprechend belastet. Binnen eines Tages belief sich der Überziehungskredit der Bank beim Federal Reserve System auf das Doppelte ihrer Bilanzsumme.

strumente auf relativ wenig Erfahrungswerte zurückgreifen können. Insbesondere bei Produktneuerungen mit recht komplexen Risikostrukturen, wie dies z.B. bei Financial Futures und Finanz-Optionen sowie Swaps der Fall ist, besteht in Zeiten eines sich verschärfenden Verdrängungswettbewerbs mit allgemein sinkenden Ertragsmargen die Gefahr eines systematischen ‚risk underpricing'.[11] Wann die notwendige Preiskorrektur erfolgt, hängt von der Dauer der ‚Lernphase' der engagierten Institute ab. Selbst wenn nur von einer vorübergehend anhaltenden Fehleinschätzung der Risikoposition auszugehen wäre, könnte dies vor allem dann zu Problemen führen, wenn sich die Struktur des Kreditportefeuilles der Geschäftsbanken insgesamt verschlechtert.

Finanzinnovationen wie Commercial Papers und Euronote Facilities scheinen eine solche Entwicklung bereits eingeleitet zu haben. Der Trend zur Verbriefung von Forderungstiteln gibt ersten Schuldner-Adressen mit geringem Kreditrisiko die willkommene Gelegenheit, sich unter Umgehung der Kreditinstitute direkt an den Märkten zu finanzieren. Die zunehmende Verdrängung der Banken aus der Kreditvergabe an erstklassige Schuldner (Disintermediation) führt dazu, daß sich die durchschnittliche Qualität der Bankaktiva tendenziell verringert.[12] Unter ungünstigen Rahmenbedingungen könnten sich demzufolge eher Konstellationen ergeben, in denen ein plötzlicher Liquiditätsbedarf der Wirtschaft auf ‚angeschlagene' und weitgehend reaktionsunfähige Geschäftsbanken trifft.[13] Die Notenbank sähe sich als letzte Liquiditätsquelle dann frühzeitig genötigt, die entsprechenden Mittel bereitzustellen, um eine Ausbreitung der Krise zu verhindern.

Ein weiterer Aspekt, der die Geldbasis-Steuerung auf kurze Sicht problematisieren kann, stellt auf das Kreditangebotsverhalten der Banken ab.

---

[11] Vgl. *Bank for International Settlements:* ‚Recent Innovations', a.a.O., S. 199ff. Mit der problematischen Risikoposition der angesprochenen Instrumente beschäftigen sich intensiv *Barth, Herbert:* Financial Futures: Neue Risiken für die Kreditinstitute?, a.a.O.; und der *Ausschuß für Bankenbestimmungen und -überwachung:* ‚Die Behandlung nicht bilanzwirksamer Risiken', a.a.O.

[12] Vgl. *Kollar, Axel:* Kapitalmärkte im Zeichen von Innovation und Liberalisierung – Konsequenzen für das nationale und internationale Bankgeschäft, in: Georg Bruns und Karl Häuser (Hrsg.), Innovationen auf Finanzmärkten, Schriftenreihe des Instituts für Kapitalmarktforschung an der J. W. Goethe-Universtität Frankfurt am Main, Kolloquien-Beiträge 28, Frankfurt am Main 1986, S. 65 - 86; und *Horvitz, Paul M.:* Technological Innovation: Implications for Regulation of Financial Institutions, in: Colin Lawrence und Robert P. Shay (ed.), Technological Innovation, Regulation, and the Monetary Economy, Cambridge – Massachusetts 1986, S. 111 – 123; hier S. 118. Als Präventivmaßnahmen zur Abwehr potentieller Gefahrenquellen für das Finanzsystem sind auch die Ausweitung der Bankengesetze und die Verschärfung der Bankenaufsicht im Gespräch. Siehe dazu z.B. *Lusser, Markus:* Finanzinnovationen und die Stabilität der Finanzmärkte, in: Aussenwirtschaft, Heft II/III 1987, S. 143 - 147. Es stellt sich allerdings bei diesen Forderungen immer die Frage, inwieweit eine stärkere Regulierung die Innovationstätigkeit neuerlich beflügeln würde.

[13] Vgl. *Gleske, Leonhard:* ‚Finanzinnovationen aus der Sicht der Notenbanken', a.a.O., S. 282.

Finanzinnovationen können darauf Einfluß nehmen, wenn sie die subjektive Liquiditätseinschätzung der einzelnen Geschäftsbanken, auf dem ihr Kreditangebot basiert, über das objektive gesamtwirtschaftliche Maß hinaus erhöhen. Ein Reihe von monetären Produkt- wie Prozeßneuerungen führen zu einer Verbreiterung der nationalen und internationalen Geld- und Kapitalmärkte, deren (vermeintlich) hohe Liquidität aus der individuellen Sicht der Kreditinstitute ein nahezu unbegrenztes Geldbeschaffungspotential zu indizieren scheint. Der seit Beginn der siebziger Jahre zu beobachtende Trend zum sog. ‚liability management' wird also voraussichtlich weiter anhalten. Mit diesem Ausdruck wird ein Wandel in der Geschäftspolitik der Banken beschrieben, die zunehmend auf die angemessene Refinanzierung im vorab getätigter Aktivgeschäfte sicher vertrauen.[14] Damit steigt aber die Gefahr, daß die Kreditinstitute in ihrer Gesamtheit die Geldschöpfung kurzfristig weiter ausdehnen, als bei der gegebenen Menge an Zentralbankgeld unter Berücksichtigung des mit einer Zeitverzögerung zu erfüllenden Reservesolls vertretbar wäre. Die Nachfrage nach Zentralbankgeld übersteigt dann das Angebot. In der Praxis neigen die Notenbanken dazu, in solchen Situationen den Geschäftsbanken das für die Erfüllung ihrer Mindestreserve-Pflicht benötigte zusätzliche Basisgeld zur Verfügung zu stellen.[15] In diesen wie in den anderen beschriebenen Fällen sind nachträgliche restriktive Korrekturmaßnahmen der Zentralbank erforderlich, um die Geldbasis wieder auf den ursprünglich geplanten Zielpfad zurückzuführen.

2.3. Höhe des Geldschöpfungsmultiplikators

2.3.1. Abnehmende Bargeldhaltung

Die verfahrensinnovative Automatisierung des Zahlungsverkehrs läßt erwarten, daß der gesamtwirtschaftliche Bargeldumlauf im Trend künftig wieder deutlicher zurückgeht. Mit der Fortentwicklung der Electronic Funds Transfer Systems (EFTS) ist die Förderung alternativer Zahlungsweisen unter Verwendung von Giralgeld und die Zurückdrängung des Bedarfs an Bargeldhaltung verbunden. Ein erster Schritt in diese Richtung war die breite Einführung von Bargeldautomaten (Cash Dispensers), die die Zugriffsmöglichkeiten des Publikums auf Banknoten verbessert haben. Die Vorsichtskassenhaltung

---

[14] Vgl. *Dudler, Hermann-Josef:* Geldpolitik und ihre theoretischen Grundlagen, Frankfurt am Main 1984, S. 27.

[15] Vgl. *Herz, Bernhard:* Geldpolitik bei finanziellen Innovationen, Frankfurt am Main 1988, S. 104. Das Auseinanderfallen der einzel- und gesamtwirtschaftlichen Bankenliquidität sowie die generelle Alimentierung zahlungsunfähiger Kreditinstitute mit Zentralbankgeld sind die Kernpunkte der sog. ‚Schlepptau-Theorie'. Siehe dazu *Köhler, Claus:* Kreditpolitik gerät in das Schlepptau der Banken: Geldstromanalyse Frühjahr 1974, in: WSI Mitteilungen, Heft 6/Juni 1974, S. 207 - 213.

zur Deckung eines unvorhergesehenen Bargeldbedarfs außerhalb der Banköffnungszeiten, also insbesondere über das Wochenende, dürfte damit weitgehend entbehrlich werden. Der Einfluß der Cash Dispensers auf die gewünschte Bargeldhaltung wird allerdings relativ schwach ausfallen, wenn die Banken dazu übergehen, Barabhebungsvorgänge nach Schalterschluß mit Sondergebühren zu belasten.

Der zweite Angriffspunkt von Finanzinnovationen ist die steigende Attraktivität bargeldloser Zahlungsalternativen. Automated Teller Machines ermöglichen neben Bargeldaus- auch Bargeldeinzahlungen und Giralgeldverfügungen rund um die Uhr; die Inanspruchnahme einfacher Serviceleistungen ist nicht mehr an bestimmte Tage und Tageszeiten gebunden. Die im Aufbau befindlichen Home-Banking-Systeme sollen über die praktisch perfekte Dezentralisierung des Serviceangebots auch die räumlichen Beschränkungen überwinden, so daß die Abwicklung der Bankgeschäfte erheblich an Bequemlichkeit gewinnt. Mit der zunehmenden Verbreitung von POS-Terminals in Verbindung mit einer ausgefeilteren und sichereren Karten-Technologie werden Banknoten und Münzen schließlich auch bei den meisten alltäglichen Transaktionen als Zahlungsmittel im Prinzip überflüssig werden.

Wie schnell die Bedeutung des Bargelds im Zahlungsverkehr schwinden wird, hängt von der Entwicklung der noch hohen Kosten bei den elektronischen Transfersystemen und von der Akzeptanz der Innovationen beim Publikum ab, die u.a. von den länderspezifisch unterschiedlichen Gewohnheiten geprägt wird. Beide Faktoren lassen sich nicht vorherbestimmen.[16] Insgesamt aber wird sich auf längere Sicht auch in der Bundesrepublik der aus den sechziger Jahren stammende Trend fortsetzen, obwohl oder gerade weil die Barzahlung mit 90% einen international vergleichsweise hohen Stellenwert genießt (USA: 12%).

Abb. 6: Bargeldumlauf in der Bundesrepublik in Relation zu den reservepflichtigen Verbindlichkeiten[1] (in v.H.)

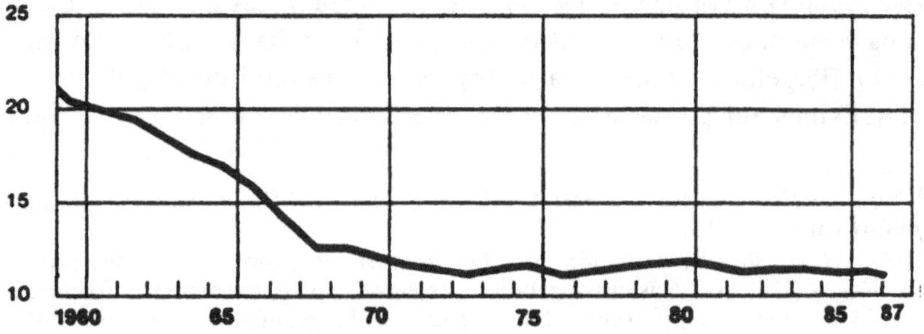

[1] Verbindlichkeiten der Banken gegenüber Gebietsansässigen und Gebietsfremden (ohne Bundespost), Quelle: Deutsche Bundesbank.

Die traditionelle manuelle Zahlungsmethode per physischer Bargeldübergabe ist mit verschiedenen Nachteilen behaftet, die die Rationalisierung des Zahlungsverkehrs vorantreiben. So bindet z. B. der Zwang zur planmäßigen Haltung von Barreserven und die aufwendige Versorgung der Wirtschaft mit Bargeld private und soziale Ressourcen, die durch eine stärkere Automatisierung des Zahlungswesens freigesetzt werden können.[17] Neben rein ökonomischen Insuffizienzen birgt der Umgang mit Bargeld auch ein in den letzten Jahren deutlich ansteigendes Diebstahl- und Beraubungsrisiko insich.[18] Im Hinblick darauf verspricht die Entmaterialisierung des Geldes eine sowohl einfache wie wirksame Prophylaxemöglichkeit zu eröffnen, die mit zunehmenden Kriminalitätsraten umfassender genutzt werden wird.

Die voraussichtlich rückläufige Bargeldhaltung läßt die Nachfrage des Publikums nach Zentralbankgeld sinken und wirkt damit expansiv auf den Geldschöpfungsspielraum der Kreditinstitute. Für die Geldpolitik stellt sich deswegegen u. a. die Frage, ob in absehbarer Zeit der Übergang zu der völlig bargeldlosen Gesellschaft zu erwarten ist. In diesem Fall bestünde für die Zentralbank die Gefahr, die Kontrolle über die monetäre Expansion zu verlieren, sofern sie nicht über ein funktionsfähiges Mindestreserve-Instrument verfügt: Bei einer Bargeldquote von Null wird der Geldschöpfungsmultiplikator ausschließlich von der Reservequote rechnerisch begrenzt.

Gegen die totale Substituierung des Bargelds durch elektronisches ‚Bytegeld' sprechen verschiedene Faktoren, die der Befürchtung vor der absolut autonomen und nicht-kontrollierbaren Geldschöpfung des Bankensektors wahrscheinlich noch auf Jahrzehnte hinaus entgegenstehen. So läßt sich der scheinbare Widerspruch zwischen der seit Jahren fast konstanten Bargeldumlaufquote[19] in der Bundesrepublik (Abb. 6) und der zunehmenden Verbrei-

---

16 Siehe dazu *Schleiminger, Günther:* Unterschiede in den Zahlungsverkehrssystemen wichtiger Industrieländer, in: Die Bank, Nr. 4/1980, S. 175 - 177; sowie *Priewasser, Erich:* Bundesbank schachmatt?, a.a.O. Die Zahlenangaben zu den Zahlungsgewohnheiten entstammen *Jobst, Peter:* Wirrwarr bei Plastik, in: Wirtschaftswoche, Nr. 11/10. 3. 1989, S. 194 - 198; hier S. 198.

17 Siehe auch S. 74f. Neben den dort aufgeführten Motiven sprechen übrigens ebenfalls hygienische Aspekte für eine stärkere Verwendung von ‚plastic money', da insbesondere Papiergeld stark mit Krankheitserregern aller Art verschmutzt ist. Vgl. *Bouveret, Andreas Michael:* ‚Elektronischer Zahlungsverkehr (EFTS)', a.a.O., S. 86.

18 Nach Angaben der bundesdeutschen Kriminalstatistik weist gerade der Straftatsbestand Taschendiebstahl, der speziell auf die illegale Erlangung von Bargeld gerichtet ist, zwischen 1984 und 1987 außerordentliche Wachstumsraten auf. In der Rubrik ‚Taschendiebstahl' wurden 1984 14.620 Fälle erfaßt, während es 1987 schon 26.239 waren (Wachstumsrate: 22% mit zunehmender Tendenz). Insgesamt ist in diesem Bereich von einer hohen Dunkelziffer auszugehen.

19 Es ist zu beachten, daß Veränderungen von Bargeldhaltungsquoten realiter auch von Umschichtungsprozessen berührt werden, die sich nur auf die jeweilige Bezugsgröße auswirken. So blieb der Bargeldumlauf in den USA 1981 in Relation zu den ‚total checkable deposits' praktisch konstant, während die Quote Bargeldumlauf (currency)

tung von Scheck- und Kreditkarten (1986: 38 Mio. Stück)[20] z. B. dadurch entschärfen, daß man für die Bargeldnachfrage analog zur Preistheorie einen positiven Einkommenseffekt konzipiert, der den negativen, innovationsbedingten Substitutionseffekt in seiner Wirkung abdämpft. Unter Informationsgesichtspunkten besitzt die Bargeldzahlung gegenüber kartengesteuerten Zahlungsformen zudem den strukturellen Vorteil, ein klareres Indiz für die Zahlungsfähigkeit und Zahlungswilligkeit des Transaktionspartners zu sein, was besonders bei Klein-Geschäften im Privatbereich von Bedeutung ist.

Giralgeld wird auch dort nur sehr langsam vordringen, wo die Anonymität der Bargeldzahlung eine ausgesprochen hohe Wertschätzung genießt. So ist davon auszugehen, daß die meisten Tätigkeiten in der Schattenwirtschaft weiterhin mit Bargeld beglichen werden, um möglichst wenig monetäre Spuren für die Steuerfahndung oder andere staatliche Nachforschungsorgane zu hinterlassen.[21] Obwohl finanzielle Prozeßinnovationen also eindeutig auf die Verringerung des Gebrauchs von Bargeld gerichtet sind, stehen der Verwirklichung der bargeldlosen Geldordnung doch so gewichtige Hindernisse entgegen, daß Banknoten und Münzen auf absehbare Zeit nicht aus dem Wirtschaftskreislauf verschwinden werden.

2.3.2. Sinkende Reservehaltung

Was die zweite zentrale Determinante des Geldschöpfungsmultiplikators anbelangt, so läßt sich die Reservequote in eine gesetzliche Komponente (r_g) und eine freiwillige Komponente (r_f) unterteilen:

$$r = r_g + r_f$$

Die freiwillige Liquiditätshaltung der Banken wird von Faktoren wie dem Volumen und der (erwarteten) Variabilität der Einlagen, der Refinanzierungsmöglichkeiten und -kosten sowie der Risikofreudigkeit der Bankiers bestimmt. Finanzinnovationen verringern die Notwendigkeit der Haltung von Liquiditätsreserven, indem sie durch die Automatisierung des Zahlungsverkehrs die Prognostizierbarkeit der Zahlungsein- und ausgänge verbessern, das Risiko hoher Bargeldabhebungen über die Verdrängung des Bargelds

zu ‚adjusted checkable deposits' um 4,6% anstieg. Vgl. *Tatom, John A.:* ‚Recent Financial Innovations', a.a.O., S. 28.

20 Siehe *o. V.:* Kampf der Karten, a.a.O., S. 56.

21 Aus diesem Grund ist ein verbreiteter Ansatz zur statistischen Erfassung des Umfangs der Schattenwirtschaft die sog. ‚Bargeldnachfragemethode'. Für die Bundesrepublik gehen solche Schätzungen für die Schattenwirtschaft, die auf steuerbelastungsinduzierten Veränderungen der Bargeldnachfrage des Publikums basieren, für 1980 von etwa 11% des offiziellen Bruttosozialproduktes aus. Siehe dazu *Schneider, Friedrich:* Das Ausmaß der Schattenwirtschaft in den OECD-Staaten, in: Wirtschaftswissenschaftliches Studium (WiSt), Heft 10/Oktober 1986, S. 503 - 508.

abbauen und den nationalen sowie internationalen Interbanken-Zahlungsverkehr rationalisieren (SWIFT). In die gleiche Richtung geht die Perfektionierung und Vertiefung der Geldmärkte, die einerseits die kurzfristige Beschaffung von Liquidität zum Marktpreis in nahezu jeder Höhe garantieren und andererseits hochliquide Anlageformen für jede gewünschte Laufzeit und Summe bereitstellen. Die freiwillige Reservehaltung der Banken wird damit zunehmend obsolet und das Geldschöpfungspotential erhöht sich.[22]

Von wesentlich größerer Bedeutung für die Höhe der Reservequote ist unter den gegebenen Umständen die gesetzliche Verpflichtung der Banken zur Haltung von Mindestreserve-Guthaben bei der Zentralbank. Das eigentliche Problem dabei ist die Nicht-Verzinsung der obligatorischen Mindestreserven mit der Konsequenz, daß aus der Mindestreservepflicht eine Kostenbelastung resultiert, die mit steigenden Reservesätzen und Zinsen zunimmt. Dieser Zinsentgang ist im Prinzip einer Art Steuer auf bestimmte (reservepflichtige) Bankgeschäfte gleichzusetzen, die von den Kreditinstituten bzw. deren Kunden getragen wird.[23] Es ist somit kein Zufall, daß monetäre Innovationen u. a. darauf gerichtet sind, die Mindestreservebelastung zu reduzieren und damit uno actu den Geldschöpfungsmultiplikator zu erhöhen.

Die Mindestreservesätze sind in der Regel nach verschiedenen Einlagenkategorien gestaffelt, in der Bundesrepublik sind z. B. die Pflichtsätze für Sichteinlagen deutlich höher als für Spareinlagen ($r^D > r^S$); ähnliches gilt auch für die USA. Die durchschnittliche Reservequote (r^*) läßt sich folglich durch Mittelumschichtungen zwischen unterschiedlich mindestreservebelasteten Bankeinlagen verringern. Finanzinnovationen haben – bisher vorwiegend in den Vereinigten Staaten – derartige Substitutionsprozesse entscheidend gefördert. Abgesehen von Cash-Management-Systemen, die vor allem den kommerziellen Sichteinlagenbedarf durch eine optimierte Liquiditätssteuerung signifikant gesenkt haben, ist in diesem Zusammenhang der Automatic Transfer Service besonders hervorzuheben. Die ATS-Konten funktionieren zwar faktisch wie konventionelle Girokonten, sind aber durch die Verknüpfung mit einem Sparkonto nur den niedrigeren Mindestreserveanforderungen unterworfen: Die Substituierung von demand deposits durch ATS Accounts setzt bei unveränderten Liquiditätsdiensten Zentralbankgeld frei und erhöht das Geldangebot.

Den gleichen Effekt haben Umschichtungen von Sichteinlagen zu Money Market Deposit Accounts, wobei die personal MMDA's privater Haushalte überhaupt nicht mindestreservepflichtig sind. Im letzteren Falle entstehen also

---

22 Vgl. *Niehans, Jürg:* Innovation in Monetary Policy, in: Journal of Banking and Finance, No. 1/March 1982, S. 9 - 28; hier S. 20. Die Überschußreserven machen in der Bundesrepublik allerdings schon jetzt gewöhnlich weniger als 1 % des Reserve-Solls aus.

23 Vgl. *Maier, Gerhard:* Die Mindestreserve – eine Störgröße der Geldpolitik?, in: Sparkasse, Nr. 7/1982, S. 301 - 304; hier S. 302.

auch bei Übertragungen von Termin- und Spareinlagen auf Geldmarktkonten Überschußreserven mit expansiver Wirkung auf die Kreditvergabe. In der Bundesrepublik ist mit den Floating Rate Notes, deren Kursrisiko aufgrund der regelmäßigen Zinsanpassung sehr gering ist, eine mindestreservefreie Alternative zu reservepflichtigen Termineinlagen und kurzfristigen Inhaberschuldverschreibungen geschaffen worden.

Obwohl Finanzinnovationen, wie die genannten Beispiele zeigen, das Mindestreserve-Soll des Bankensektors generell reduzieren, muß dies in der Praxis nicht unbedingt immer zu einer Erhöhung des statistischen Geldschöpfungsmultiplikators führen. Ein Grund dafür ist, daß die Höhe des gemessenen Geldschöpfungsmultiplikators M_x/B von der Abgrenzung der jeweiligen Geldmenge mitbestimmt wird. In den USA werden Sichteinlagen in M1 erfaßt, während beispielsweise die monetäre Innovation MMDA nur der Geldmenge M2 zugerechnet wird. Betrachtet man den Fall einer Umbuchung von Sichtguthaben auf ein Geldmarktkonto, so sinkt bei konstanter Geldbasis im ersten Schritt m_1 (= M1/B), während m_2 zunächst unverändert bleibt. Da die Reservepflicht bei MMDA's niedriger ist als bei demand deposits, entstehen bei diesem Vorgang Überschußreserven. Sofern die Überschußreserven vollständig im Geldschöpfungsprozeß abgebaut werden, erhöht sich m_1 im zweiten Schritt wieder auf den ursprünglichen Wert und m_2 steigt per saldo.

Etwas komplizierter wird die Analyse, wenn monetäre Produktinnovationen Mittelumschichtungen zu Finanzintermediären außerhalb der Kreditwirtschaft induzieren. Damit sind beispielsweise die in den USA äußerst erfolgreichen Money Market Mutual Funds angesprochen. Erwerben Nichtbanken Anteile an einem Geldmarktfonds, so erhält der Fonds im Gegenzug von den Anteilseignern Sichteinlagen. Die Summe der Sichteinlagen bleibt dabei konstant und die Geldmenge sowie die verschiedenen Geldschöpfungsmultiplikatoren ändern sich zunächst nicht, wenn die Fondsanteile zu keinem der Geldmengenaggregate zählen. Der Fonds erwirbt nun mit den ihm zufließenden Mitteln verzinsliche Aktiva. Bezieht der MMMF diese aus den Händen von Nichtbanken (z.B. Commercial Papers), wechseln die Sichteinlagen nur erneut den Besitzer und Geldmenge sowie Multiplikator bleiben gleich. Kauft der Fonds dagegen Bankenaktiva, so werden im ersten Schritt Sichteinlagen vernichtet und m_1 sinkt. Für den weiteren Verlauf kommt es wieder darauf an, inwieweit bei dieser Operation ungewollte freie Reserven geschaffen werden. Erwirbt der Fonds beispielsweise Certificates of Deposit, deren Reservesätze niedriger liegen als bei Sichteinlagen, wird der Geldschöpfungsmultiplikator anschließend wieder steigen.

Für die USA wird der Sachverhalt dadurch leicht modifiziert, als MMMF-Anteile dort der Geldmenge M2 zugerechnet werden, obwohl Geldmarktfonds nicht der Mindestreserve unterliegen und von sich aus auch keine Sichteinlagen schaffen können. In diesem Falle steigt schon beim Kauf von Fondsanteilen der Multiplikator m_2, da bei unveränderter Geldbasis und gleichbleibendem Sichteinlagenbestand M2 um den Zuwachs der ausstehenden Anteile wächst. Im Extrem könnte m_2 nachfolgend wieder auf den Ausgangswert zurückfallen; realiter ist von einer eindeutig expansiven Nettowirkung auszugehen (dies gilt natürlich auch für die umfassenderen Multiplikatoren).

Ein besonderes Problem bei der Ermittlung der Geldmengenmultiplikatoren stellen die amerikanischen Sweep Accounts und Repurchase Agreements dar, die als enge Sichteinlagen-Substitute dazu dienen, die Mindestreservepflicht auf kurzfristige Bankeinlagen erst gar nicht entstehen zu lassen. Die US-Finanzinstitute bedienen sich dabei folgender Vorgehensweise: Die verschiedenen Geldmengenaggregate und das darauf entfallende Mindestreserve-Soll werden erst am Ende jedes Arbeitstages berechnet. Kurz davor, also am späten Nachmittag, werden die eigentlich reservepflichtigen Sichtguthaben in einem automatisierten, transaktionskostenarmen Verfahren über SA's oder RPA's auf täglicher (overnight RPA's) oder wöchendlicher Basis in andere kurzfristig fällige Bankverbindlichkeiten umgewandelt; also etwa in Wertpapieren angelegt oder auf Girokonten bei karibischen Filialen der US-Banken transferiert.

Mit diesem raffinierten Verfahren wird erreicht, daß die Sichtguthaben aus der offiziellen Geldmengenstatistik einfach verschwinden und folglich dem mindestreservepolitischen Zugriff der Fed entzogen sind.[24] Die wirkliche durchschnittliche Reservequote sinkt und die Banken eröffnen sich auf diesem Weg zusätzliche Kreditexpansionsspielräume. Mit zunehmender Verbreitung des ‚deposit-sweeping' besteht die Gefahr, daß das Geldbasiskonzept der Geldangebotssteuerung insbesondere in Bezug auf enge Aggregate immer stärker an Aussagekraft verliert, da der statistisch gemessene Geldschöpfungsmultiplikator die realen Gegebenheiten nicht mehr korrekt widerspiegelt.

2.4. Zinsreagibilität des Geldangebots

Relativ unstrittig ist die Feststellung, daß Finanzinnovationen die Substitutionsbeziehungen zwischen verschiedenen Bankeinlageformen enger werden lassen, was zur Folge haben könnte, daß isolierte Ertragsratenveränderungen bestimmter Depositentypen umfangreichere Mittelumschichtungen induzieren würden und sich damit stärker auf die einzelnen Geldmengenaggregate, insbesondere die enggefaßten, auswirkten.[25] Die etwas komplexere Fragestellung, wie monetäre Neuerungen die Abhängigkeit der Geldangebotsfunktion

---

[24] Vgl. *Maier, Gerhard:* Das US-Geldmengenrätsel: Eine Herausforderung an Theorie und Politik, in: Kredit und Kapital, Heft 2/1982, S. 293 - 300; hier S. 297.

[25] Mit den Effekten von Zinsänderungen auf die verschiedenen Geldmengenmultiplikatoren beschäftigt sich *Herz, Bernhard:* Geldpolitik bei finanziellen Innovationen, Frankfurt am Main 1988, S. 99ff.

vom allgemeinen Marktzinsniveau beeinflussen, ist dagegen bisher kaum systematisch untersucht worden.[26]

Das Problem, um das es in diesem Zusammenhang geht, ist allerdings einhellig identifiziert: Innovative Finanzmarktinstrumente wie z.B. die NOW- und Super-NOW Accounts sowie die ATS-Konten und MMDA's, um nur einige zu nennen, erlauben in zunehmendem Maße die (marktmäßige) Verzinsung liquider und scheckfähiger Guthaben, die ganz oder wenigstens teilweise für Transaktionszwecke zur Verfügung stehen. So ist in den USA der Anteil der Einlagen mit marktgebundener Verzinsung an der dortigen Geldmenge M2 im Zeitraum zwischen 1976 und 1982 von 1,1% auf 52,4% gestiegen.[27] Konzentriert man sich auf die amerikanische Geldmenge M1, so hat sich der Anteil verzinslicher Sichteinlagen von 2,3% (1978) auf 37% (1986) erhöht, wobei die ‚demand deposits', deren Verzinsungsverbot inzwischen aufgehoben worden ist, nicht mitgerechnet sind.

Um die Zinselastizität des Geldangebots genauer zu analysieren ist es hilfreich, den Kreditmarkt in die Betrachtung mit einzubeziehen. Das sog. *Kreditmarktmodell* erweitert den ‚mechanistischen' Geldschöpfungsansatz um die explizite Erkenntnis, daß sich die multiple Buchgeldschaffung simultan mit der erweiterten Kreditgewährung des Bankensektors vollzieht. Jedem Geldangebot ist demzufolge eine gleichgewichtige Kreditmenge zuzuordnen, deren Höhe sowohl vom Kreditangebot als auch von der Kreditnachfrage abhängt.[28] Abb. 7 zeigt, daß das Geldangebot (M^s) mit steigender Kreditmenge zunimmt, wobei die Kreditnachfrage (K^d) negativ und das Kreditangebot (K^s) positiv vom Marktzins für Bankenkredite (r_k) abhängt. Das Kreditangebot ist

---

26 Dementsprechend weit auseinander gehen die Ansichten zu dieser Frage. Siehe z.B. *Wenninger, John:* Financial Innovation – A Complex Problem Even in a Simple Framework, in: Federal Reserve Bank of New York, Quarterly Review, No. 2/Summer 1984, S. 1 - 8; hier S. 4:

"Hence, with regard to the level of interest rates, the supply of money function interest elasticity would become more, if not completely, inelastic."

Konträr dazu *Akhtar, M. A.:* Financial Innovation and Monetary Policy: A Framework for Analysis, in: Bank for International Settlements, Financial Innovation and Monetary Policy, Basle March 1984, S. 3 - 25; hier S. 15:

"In addition, the money supply may be becoming more responsive to interest rates."

27 Die Angaben entstammen *Akhtar, M. A.:* Financial Innovations and their Implications for Monetary Policy: An International Perspective, BIS Economic Papers, No. 9/ December 1983, S. 12.

28 Die Kreditmarkttheorie des Geldangebots beruht auf den Beiträgen von Brunner / Meltzer, siehe z.B. *Brunner, Karl* und *Allan H. Meltzer:* Liquidity Traps for Money, Bank Credit, and Interest Rates, in: Journal of Political Economy, Vol. 76, January/ February 1968, S. 1 - 37; und *Brunner, Karl:* Zwei alternative Theorien des Geldangebotsprozesses: Geldmarkt- versus Kreditmarkttheorie, in: Karl Brunner, Hans G. Monissen und Manfred J. M. Neumann (Hrsg.), Geldtheorie, Köln 1974, S. 114 - 148. Eine sehr straffe und übersichtliche Darstellung findet sich in *Claassen, Emil-Maria:* Grundlagen der Geldtheorie, 2., neubearbeitete und erweiterte Auflage, Berlin – Heidelberg – New York 1980, S. 216ff.

deshalb eine zunehmende Funktion des Zinssatzes, weil ein steigender Zins ($r_{k1} \rightarrow r_{k2}$) für die Banken höhere Erträge aus der Kreditgewährung bedeutet. Als gewinnmaximierende ‚financial firms'[29] werden die Geschäftsbanken nun bestrebt sein, andere Aktiva – z. B. Liquiditätsanlagen – aufzulösen oder sich Zentralbankgeld aus dem Refinanzierungsmechanismus zu besorgen, um das Kreditangebot auszudehnen. Als Beispiel bietet sich der Fall an, daß sich die Kurve der Kreditnachfrage bei unveränderter Geldpolitik nach rechts verschiebt ($K^d \rightarrow K^{d'}$), z. B. weil die Unternehmer eine höhere Verzinsung des eingesetzten Kapitals erwarten. Der Marktzins steigt daraufhin von r_{k1} auf r_{k2}. Mit der Erhöhung des Zinses steigt die Attraktivität der Kreditgewährung; die Kreditmenge weitet sich aus von K_1 auf K_2. Gleichzeitig erhöhen sich die Sichtguthaben und das Geldangebot steigt von M_1 auf M_2. Nicht nur das Kredit-, sondern auch das Geldangebot ist demzufolge eine positive Funktion des Zinssatzes.

Abb. 7: Finanzinnovationen im Kreditmarktmodell

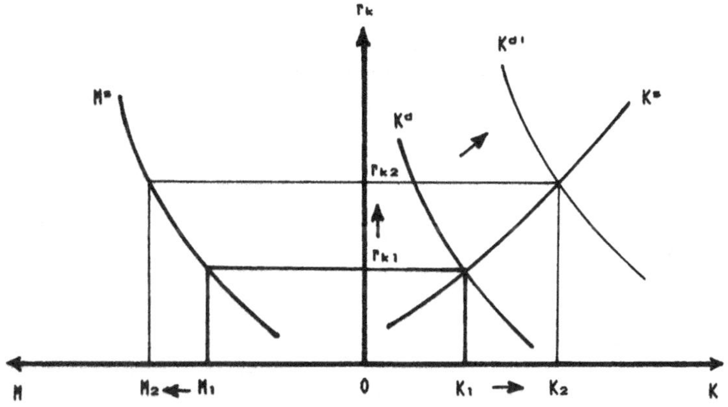

Die Frage, die es zu klären gilt, ist nun, wie sich unter den Rahmenbedingungen dieses Kreditmarktmodells eine (marktgebundene) Verzinsung bisher unverzinslicher Sichtguthaben auf den Geldangebotsprozeß auswirkt. Wenn die Geschäftsbanken gezwungen sind, auf die im Zuge einer Ausweitung der Kreditvergabe entstehenden Sichtguthaben Zinsen zu zahlen, so kommt dies einer Kostenerhöhung gleich, die die Kreditangebotsfunktion K^s nach oben (bzw. innen) verschiebt auf $K^s(r_d)$: Jede zusätzliche Kreditgewährung erhöht

---

[29] Diese gewinnorientierte Betrachtung der Bankenaktivität legt u. a. nahe *Tobin, James:* Geschäftsbanken als Geldschöpfer, in: Karl Brunner, Hans G. Monissen und Manfred J. M. Neumann (Hrsg.), Geldtheorie, Köln 1974, S. 104 - 113.

nun nicht mehr nur den Erlös über den Kreditzinssatz r_k, sondern bewirkt auch eine Kostenerhöhung über den von den Banken auf die Sichteinlagen zu zahlenden Guthabenzins r^d. Die Kostensteigerung bei der Kredit-‚Produktion' und die daraus resultierende Verschiebung der Kreditangebotsfunktion hat eine gleichgerichtete Verlagerung der Geldangebotsfunktion M^s zur Folge, die ebenfalls auf dem höheren Niveau $M^s(r_d)$, also weiter innen, verläuft.

Ein interessantes Resultat ist, daß sich die Funktionen gleichzeitig auch drehen werden. Die Verzinsung der Kassenmittel verengt nämlich die Marge zwischen Kreditzins r_k und Einlagenzins r_d. Eine Variation des Kreditzinses um einen bestimmten Prozentsatz bedeutet aber eine um so höhere prozentuale Änderung der – bei sonst gleichen Kreditgewährungskosten für das Kreditangebot relevanten – Zinsdifferenz $(r_k - r_d)$, je näher r_d an r_k heranrückt.[30] Die Sichtguthabenverzinsung läßt also das Kreditangebot empfindlicher auf Kreditzinsschwankungen reagieren; graphisch ausgedrückt (s. Abb. 8) werden die Kreditangebotsfunktion und damit auch das Geldangebot flacher (zinselastischer).

Abb. 8: Finanzinnovationen im Kreditmarktmodell

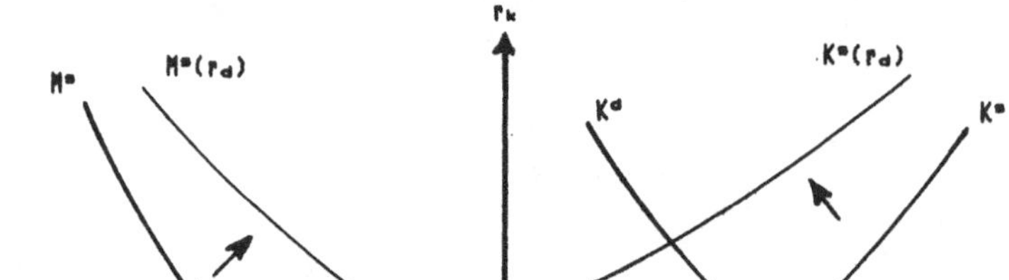

Unabhängig davon, daß sich die Zinselastizität des Geldangebots schon allein dadurch erhöht, daß die Sichtguthaben einer positiven Verzinsung unterliegen, läßt sich ein zweiter – gegenläufiger – Effekt ableiten, der dann

[30] Vgl. hierzu die allerdings auf die Geldnachfrage bezogene Untersuchung von *Birchler, Urs W.* und *René Kästli:* Finanzinnovationen und schweizerische Geldpolitik, in: Aussenwirtschaft, Heft II/III 1987, S. 275 - 303; insbesondere S. 282f.

eintritt, wenn Sichtguthabenzins und Kreditzins mehr oder weniger stark aneinander gebunden sind. In diesem Fall wäre $0 < \delta\, r_d / \delta\, r_k \leqslant 1$. Beim Wert 0 würde sich der Guthabenzins völlig unabhängig vom Kreditzins entwickeln, während beim Wert 1 der Zins auf Sichteinlagen alle Schwankungen des Kreditzinssatzes unmittelbar nachvollziehen würde. Die zweite Annahme einer konstanten Zinsmarge scheint allerdings insofern nicht realistisch zu sein, als die bisherigen Erfahrungen eher dafür sprechen, daß sich der Sichteinlagenzins nur relativ träge bewegt und erst mit einigem zeitlichen Abstand den Marktzinsbewegungen folgt.[31]

Die Auswirkungen einer (partiell) flexiblen Kassenmittelverzinsung können anhand des oben erwähnten Beispieles erläutert werden, bei dem sich die Kreditnachfragefunktion c.p. nach rechts von K^d auf $K^{d'}$ verschiebt (s. Abb. 9).

Abb. 9: Finanzinnovationen im Kreditmarktmodell

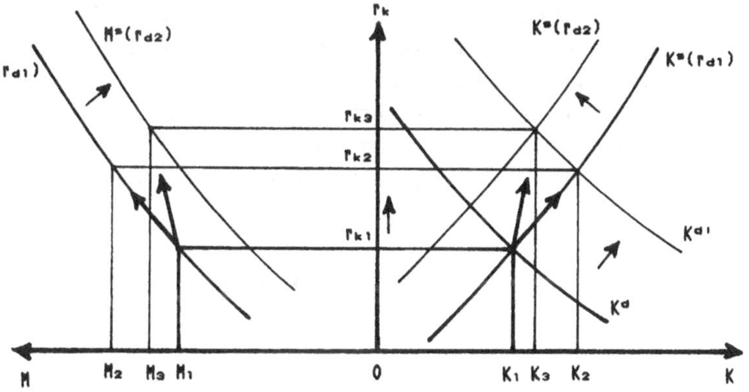

Auf dem Kreditmarkt steigt der Zins ($r_{k1} \rightarrow r_{k2}$) und die Geschäftsbanken weiten aufgrund der verbesserten Ertragssituation das Kredit- und damit das Geldangebot von K_1 nach K_2 bzw. M_1 nach M_2 aus. Wird nun allerdings infolge der Kreditzinserhöhung das Einlagenzinsniveau mit nach oben gezogen, so verschieben sich die Kreditangebotsfunktion [$K^s(r_{d1}) \rightarrow K^s(r_{d2})$] und die Geldangebotsfunktion [$M^s(r_{d1}) \rightarrow M^s(r_{d2})$] nach innen, wodurch die Kredit- und Geldmengenausdehnung abgeschwächt wird. Die neue gleichgewichtige Kreditmenge reduziert sich auf K_3 mit dem dazugehörigen niedrigeren Geldangebot M_3. Insgesamt erhält man also das auf den ersten Blick para-

[31] Mit der überraschend schleppenden Ertragsratenanpassung scheckfähiger Bankguthaben in den USA an die kurzfristigen Geldmarktsätze setzt sich auseinander *Roth, Howard L.:* Has Deregulation Ruined M1 As a Policy Guide?, in: Federal Reserve Bank of Kansas City, Economic Review, June 1987, S. 24 - 37; hier speziell S. 29ff.

dox anmutende Ergebnis, daß das Geldangebot bei einer Verzinsung der Sichtguthaben elastischer auf Kreditzinsänderungen reagiert, während die engere Koppelung von Kredit- und Einlagenzins den Expansionspfad des Geldangebots steiler werden läßt.

Abschließend soll der kombinierte Einfluß der beiden Wirkungskanäle auf die Geldpolitik untersucht werden (s. Abb. 10). Geht man exemplarisch von einer expansiven geldpolitischen Maßnahme wie z. B. der Senkung des Diskontsatzes aus, so verschiebt sich die Kreditangebotskurve aufgrund der niedrigeren Refinanzierungskosten nach unten bzw. außen [K^s (r_{d1}) → $K^{s'}$ (r_{d1})]. Ebenso verlagert sich die Geldangebotsfunktion M^s (r_{d1}) bei zunächst unverändertem Sichteinlagenzins nach außen auf das Niveau $M^{s'}$ (r_{d1}). Die Ausweitung der Kreditmenge (K_1 → K_2) und des Geldangebots (M_1 → M_2) fällt im ersten Schritt allerdings relativ schwach aus, da die Angebotskurven aufgrund der verengten Zinsmarge (r_{k2} – r_{d1}) verhältnismäßig flach (zinselastisch) verlaufen. Erst wenn infolge des rückläufigen Kreditzinses (r_{k1} →r_{k2})[32] auch der Zins auf Kassenmittel fällt, wird dieser Vorgang von einer neuerlichen simultanen Verschiebung der beiden Angebotskurven nach unten begleitet. Die Kreditangebotsfunktion liegt dann bei $K^{s'}$ (r_{d2}) und die Geldangebotsfunktion verlagert sich in Abhängigkeit von der induzierten Sichtguthabenzinssenkung von $M^{s'}$ (r_{d1}) nach $M^{s'}$ (r_{d2}). Nach dem Abschluß dieses Prozesses, dessen Zeitdauer ein gesondertes Problem aufwirft, stellt sich die gleichgewichtige Kreditmenge letztendlich bei K_3 ein und das Geldangebot erhöht sich auf M_3.

Abb. 10: Finanzinnovationen im Kreditmarktmodell

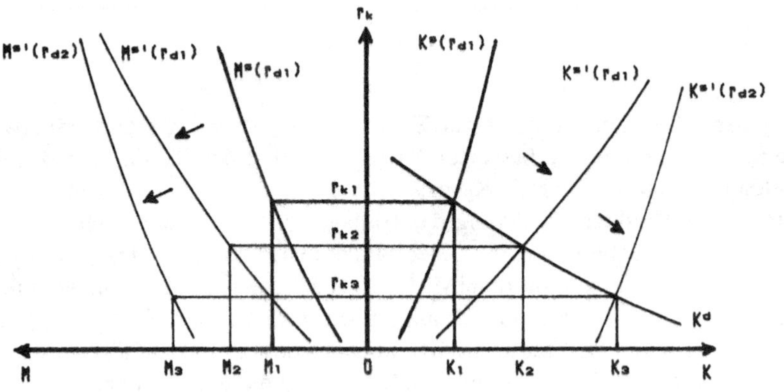

32 Der Rückgang des Kreditzinssatzes hängt bei gegebener Angebotsfunktion von der Zinselastizität der Kreditnachfrage ab.

2.5. Fazit

Die Frage, inwieweit das verstärkte Aufkommen neuer Finanzinstrumente die Notenbankkontrolle über das volkswirtschaftliche Geldangebot gefährdet, läßt sich in drei Teilkomplexe zerlegen, in deren Mittelpunkt zum einen die Geldbasis und zum anderen die potentielle Höhe des Geldschöpfungsmultiplikators sowie dessen Zinsabhängigkeit steht. Hinsichtlich der Steuerbarkeit der Zentralbankgeldmenge hat die Analyse ergeben, daß Finanzinnovationen die Wachstumskontrolle der Geldbasis unter rein steuerungstechnischen Gesichtspunkten zwar nicht wesentlich schwieriger, unter notenbankpolitischen Aspekten aber gewiss nicht leichter gemacht haben. Das geldpolitische Umfeld für eine zielgerechte Versorgung der Wirtschaft mit Zentralbankgeld könnte sich vor allem dann verschlechtern, wenn Finanzinnovationen die Variabilität der Wechselkurse verstärken und die Stabilität des Finanzsystems verringern. So wird beispielsweise hervorgehoben, daß die zunehmende Wettbewerbsintensität im Bankensektor, die von der dauernden Schaffung neuer Finanzinstrumente und allgemeinen Deregulierungstendenzen wechselseitig vorangetrieben wird, nahezu zwangsläufig mit einem Anstieg der Konkursrate verbunden sei.[33] Da die Stabilität des Finanzsystems allgemein als ein vorrangiges Ziel der Zentralbankpolitik angesehen wird, wie z.B. die Fed im Jahre 1984 noch einmal deutlich herausgestellt hat[34], erhöht sich die Gefahr geldpolitischer Zielkonflikte. Erfahrungsgemäß veranlassen bedrohliche Schieflagen einzelner Geldinstitute die Notenbanken regelmäßig dazu, in solchen Situationen – soweit erforderlich – zusätzlich Basisgeld zur Verfügung zu stellen, um eine systembedrohende Ausweitung der Vertrauenskrise frühzeitig zu verhindern. Die nachträgliche Korrektur eines expansiven geldpolitischen Impulses durch eine entsprechend restriktive Maßnahme stößt in der Praxis zumeist auf Widerstände, wodurch sich die Problematik eines anhaltenden Überschießens der Geldbasis über den Zielwert verfestigt.

Was den Einfluß von Finanzinnovationen auf die Höhe des Geldschöpfungsmultiplikators anbetrifft, so bewirkt der Rückgang der Bargeldhaltung und des Reservequotienten, daß das Geldschöpfungspotential der Banken zunimmt. In diesem Zusammenhang entfaltet sich der duale Bedeutungsinhalt der Betrachtung von financial innovations als "new ways to make money"[35]:

---

[33] Vgl. *Ketterer, Karl-Heinz* und *Norbert Kloten:* Finanzinnovationen an den monetären Märkten und Rückwirkungen auf die Geldmengensteuerung, in: Helmut Guthard u.a. (Hrsg.), Aspekte bankwirtschaftlicher Forschung und Praxis, Frankfurt am Main 1985, S. 121 - 131; hier S. 128.

[34] Siehe *Board of Governors of the Federal Reserve System:* The Federal Reserve Position on Restructing of Financial Regulation Responsibilities, in: Federal Reserve Bulletin, July 1984, S. 547 - 557.

[35] Eine Bemerkung der Federal Reserve Bank of Chicago, wiedergegeben von *Ketterer, Karl-Heinz* und *Norbert Kloten:* Finanzielle Innovationen, Geldmengenregeln und

Monetäre Neuerungen dienen nicht nur aus mikroökonomischer Sicht der Befriedigung des Profitinteresses von Finanzanbietern, sondern führen auch makroökonomisch zu einer Ökonomisierung der Geldbasis. Für die meisten großen Industrieländern ist bereits in der Realität zu bebachten, daß die Multiplikatoren für breitere Geldmengenaggregate ansteigen.[36] Auch in der Bundesrepublik zeigt sich schon seit den frühen siebziger Jahren ein Trend, der auf den fortschreitenden Bedeutungsverlust der Mindestreserve hindeutet (s. Abb. 11), da der Bargeldumlauf in diesen Jahren praktisch konstant geblieben ist.

Abb. 11: Bargeldumlauf und Mindestreserve-Soll in % der reservepflichtigen Verbindlichkeiten[1]

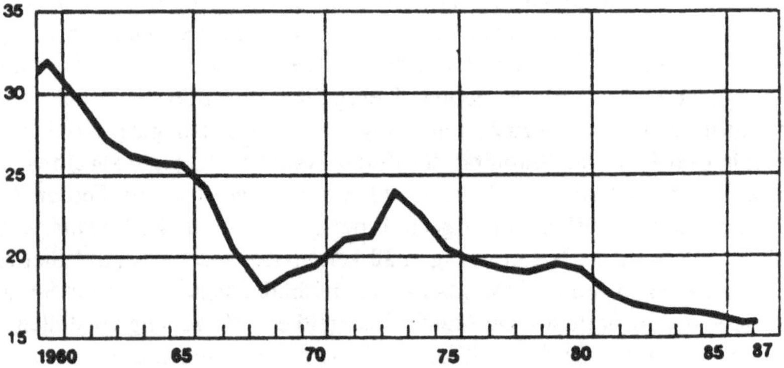

[1] Verbindlichkeiten der Banken gegenüber Gebietsansässigen und Gebietsfremden (ohne Bundespost), Quelle: Deutsche Bundesbank.

Aus dieser Entwicklung erklärt sich die verschiedentlich erhobene Forderung, man solle doch besser ganz auf die Verpflichtung zur Mindestreservehaltung verzichten, da man sie aufgrund der hohen Verschuldung der Kreditinstitute von derzeit etwa 140 Mrd. DM ohnehin nicht brauche, um die Banken ‚in die Zentralbank zu zwingen'. Der Anreiz für unkalkulierbare Ausweichreaktionen würde aber entfallen.[37] Obwohl sich die Bundesbank dieser Argumen-

Struktur des monetären Sektors, in: Hellmuth Milde und Klaus G. Monissen (Hrsg.), Rationale Wirtschaftspolitik in komplexen Gesellschaften, Stuttgart – Berlin – Köln – Mainz 1985, S. 254 - 264, hier S. 256.

[36] Vgl. *Akhtar, M. A.:* ‚Financial Innovations and their Implications for Monetary Policy', a.a.O., S. 31f.

[37] Vgl. *Gleske, Leonhard:* Wandlungen in der Geldpolitik, in: Deutsche Bundesbank/Auszüge aus Presseartikeln, Nr. 42/13. Juni 1986, S. 1 - 8; hier S. 8.

tation zu Recht nicht völlig verschließt – 1985 hat sie mit dem Hinweis auf neuere Entwicklungen an den internationalen und heimischen Finanzmärkten eine deutliche Senkung einzelner Reservesätze beschlossen[38] – wäre es doch ratsam, angesichts der unklaren Zukunft das scharfe Instrument der Mindestreserve selbst bei einem Verzicht auf seine Anwendung vorerst im geldpolitischen ‚Köcher' zu belassen, um es bei Bedarf wieder einsetzen zu können. Dies spricht allerdings nicht dagegen, die Reservesätze zumindest versuchsweise in die Nähe von 0 % herabzusetzen, zumal eine Reihe von Argumenten für die These angeführt werden können, daß ein (zusätzlicher) geldpolitischer Effizienzverlust unter den aktuellen Rahmenbedingungen per saldo unwahrscheinlich ist.[39]

Wenn sich die währungspolitischen Instanzen auf steigende Geldschöpfungsmultiplikatoren einzustellen haben, so bedeutet dies einen wachsenden Einfluß der Banken und der Publikumsdispositionen auf den Geldschöpfungsprozeß. Anders ausgedrückt wird das Verhältnis zwischen Zentralbanksystem und Geschäftsbankensystem lockerer.[40] Die politische Geldmengensteuerungs-Kapazität kann dadurch auf zwei Wegen beeinträchtigt werden. Erstens kann die Variabilität der Geldmengenaggregate zunehmen, wenn das Volumen des Kredit- und Geldangebots stärker an den bankbetriebswirtschaftlichen Faktoren ausgerichtet ist. So wirken sich beispielsweise Veränderungen in der Liquiditätspolitik der Kreditinstitute, die sich in der Reservequote niederschlagen, absolut und prozentual um so stärker auf die Geldmenge aus, je größer der Multiplikator ist.

Zweitens heißt ein höherer Geldschöpfungsmultiplikator, daß der multiplikative Prozeß zwischen Geldbasis- und Geldmengenänderung mehr Zeit in Anspruch nimmt, und zwar auch dann, wenn die Anpassungsgeschwindigkeit des privaten Sektors steigen sollte.[41] Damit wird es für die Zentralbank schwieriger, etwaige Störeinflüsse auf den Geldangebotsprozeß rechtzeitig zu

---

[38] Vgl. *Deutsche Bundesbank:* Geldmengenziel 1986 und Neuregelung der Mindestreservebestimmungen, in: Monatsberichte der Deutschen Bundesbank, Januar 1986, S. 14 - 18.

[39] Siehe zu dieser Diskussion die Beiträge von *Maier, Gerhard:* ‚Die Mindestreserve', a.a.O.; sowie *Issing, Otmar:* Fossil mit Umlenkungseffekt, in: Wirtschaftswoche, Nr. 13/21. 3. 1986, S. 102 - 107; und *Reither, Franco:* Mindestreserve und gesamtwirtschaftliche Steuerung, in: Wirtschaftsdienst, Nr. 10/1985, S. 503 - 509.

[40] Vgl. *Hahl, Willy:* Verhältnis zwischen Geschäftsbankensystem und Zentralbankensystem in verschiedenen Ländern, Schriftenreihe zur wirtschaftswissenschaftlichen Forschung, Band 12, Meisenheim am Glan 1962, S. 27ff. Die These, daß zunehmende Geldschöpfungsmultiplikatoren insofern als vorteilhaft anzusehen sind, als dadurch der ‚geldpolitische Hebel länger wird', läßt sich nur dann aufrecht erhalten, wenn man die Geschäftsbanken gedanklich zu quasi mechanisch funktionierenden Erfüllungsgehilfen der Zentralnotenbank degradierte. Mit dieser Sicht gingen aber die analytischen Schwächen des Geldbasiskonzepts uneingeschränkt in die Interpretation der Ergebnisse ein. So z.B. bei *Herz, Bernhard:* Geldpolitik bei finanziellen Innovationen, Frankfurt am Main 1988 , S. 99.

identifizieren, um eventuell notwendige Korrekturmaßnahmen in der Zentralbankgeldversorgung frühzeitig genug einleiten zu können, da deren Wirkungsdauer ebenfalls verlängert wird.

Die geldpolitischen Konsequenzen der finanzinnovativ veränderten Zinsreagibilität des Geldangebots gehen in die gleiche Richtung, da der Geldangebotsprozeß nicht mehr nur durch den Kreditzins, sondern zusätzlich auch durch den am Markt ausgehandelten Sichteinlagenzins bestimmt wird. Wenn Sichteinlagen auf breiter Front marktmäßig verzinst werden, verringert sich der unmittelbare Einfluß der Zentralbank auf die Höhe des Geldangebots. Der Verlauf der multiplikativen Geldschöpfung, sowohl was das Ausmaß, als auch was die Zeitdauer des Vorgangs angeht, hängt dann wesentlich von Bindung des Guthabenzinses an den Kreditzins ab. Die Prognose, zu welchem Zeitpunkt das Geldangebot in welcher Stärke auf eine gegebene Variation der Geldbasis reagiert, wird durch diese Entwicklung noch problematischer.

Zusammenfassend ist zu unterstreichen, daß monetäre Innovationen insbesondere die kurzfristige, präzise agierende Geldmengenpolitik von der Tendenz her eindeutig erschweren. Ein weiteres Problem ist, daß selbst dann, wenn man sich über die Richtung der zu erwartenden Konsequenzen von Finanzinnovationen hinsichtlich der Geldangebotspolitik im klaren ist, eine korrekte Antizipation der zeitlichen Struktur der Entwicklung nicht möglich sein wird. Dies heißt aber nicht von vorneherein, daß den Zentralbanken in nächster Zeit von dem Versuch der Verfolgung von Geldmenzielen abzuraten ist. Die Frage, ob und mit welchen Mitteln eine befriedigende Kontrollierbarkeit des volkswirtschaftlichen Geldangebots technisch und politisch gewährleistet ist, muß unter veränderlichen Rahmenbedingungen jeweils neu empirisch beantwortet werden.[42]

---

[41] Es ist zu bedenken, daß der geldpolitische Anfangsimpuls für eine bestimmte gewünschte Geldmengenvariation mit steigenden Multiplikatoren entsprechend reduziert werden muß. Vgl. *Cagan, Phillip:* Financial Developments and the Erosion of Monetary Controls, a.a.O., S. 142f.; und *ders.:* Regulation and the Monetary Economy, in: Colin Lawrence und Robert P. Shay (ed.), Technological Innovation, Regulation, and the Monetary Economy, Cambridge – Massachusetts 1986, S. 196 - 200; hier S. 197f.

[42] Die Mehrzahl der Untersuchungen beantwortet diese Frage für die Bundesrepublik und auch für die Vereinigten Staaten zum jetzigen Zeitpunkt (noch) eindeutig positiv. Vgl. z.B. *Neumann, Manfred J. M.* und *Jürgen von Hagen:* Theoretische und empirische Grundlagen von Geldmengenzielen und ihrer Realisierung, in: Armin Gutowski (Hrsg.), Geldpolitische Regelbindung: theoretische Entwicklungen und empirische Befunde, Schriften des Vereins für Socialpolitik, Neue Folge Band 161, Berlin 1987, S. 63 - 111; sowie *Streit, Joachim:* Finanzinnovationen, Deregulierung und Geldmengensteuerung in den USA, a.a.O., S. 91ff.

3. Stabilität der Geldnachfrage

Neben der Steuerbarkeit des Geldangebots ist ein zweites konstitutives Merkmal einer stabilisierungsintendierten Geldmengenpolitik, daß das monetäre Aggregat in einer empirisch konstanten Beziehung zu den gesamtwirtschaftlichen Ausgaben und dem Preisniveau steht. Anders gewendet muß die Umlaufgeschwindigkeit der Geldmenge innerhalb enger Unsicherheitsmargen vorhersagbar sein. Die Umlaufgeschwindigkeit ist – wie bereits angedeutet – ein sogenannter ‚catch all', da sie sämtliche Effekte bündelt, die auf die Höhe des Sozialproduktes und der Geldmenge einwirken. Allerdings ist von entscheidender Bedeutung für deren zuverlässige ex ante-Bestimmung die Stabilität der Geldnachfragefunktion; und zwar im Sinne einer auch kurzfristig hinreichend guten Prognostizierbarkeit. Sofern Finanzinnovationen also die gesamtwirtschaftliche Geldnachfrage deutlich instabiler werden ließen, wäre damit auch der Nutzen einer auf die Stetigkeit der monetären Expansion zielenden Geldangebotspolitik grundsätzlich in Frage gestellt.[1]

3.1. Zum Modell

Ähnlich wie bei der Analyse des Geldangebots existieren zur Erklärung der Geldnachfrage verschiedene theoretische Ansätze. Um den Einfluß von Finanzinnovationen auf die Geldnachfrage zu untersuchen, bedarf es als Diskussionsbasis eines Modells, dessen Aussagegehalt nicht auf bestimmte – z.B. unverzinste – Geldformen beschränkt ist und das schon von der Konstruktion her von einem prinzipiell flexiblen Geldbegriff ausgeht. Das folgende einfache Kassenhaltungsmodell sieht Geld allgemein als Bestand liquider Aktiva an und weist somit über die in den herkömmlichen Abgrenzungen vom Typ M_1, M_2 oder M_3 zusammengefaßten Geldbestandteile hinaus.[2] Neue monetäre Instrumente lassen sich deshalb ohne gelddefinitorische Schwierigkeiten miteinbeziehen.

Die Liquiditätshaltung eines Wirtschaftssubjektes läßt sich als entscheidungslogisches Problem beschreiben, sein Vermögen nach ökonomisch-rationalen Kriterien optimal auf liquide und nicht-liquide Finanzaktiva aufzuteilen. Der Grund für die Kassenhaltung liegt in dem Wunsch nach Überbrückung der zu erwartenden Diskrepanz zwischen den künftigen Geldeingängen und

[1] Siehe dazu *Buscher, Herbert S.* und *Wolfgang Schröder:* Instabilität der Geldhaltung stellt Geldmengenregel in Frage, in: Wirtschaftsdienst, Nr. 6/Juni 1983, S. 309 - 312.

[2] Vgl. *Claassen, Emil-Maria:* Grundlagen der Geldtheorie, a.a.O., S. 127. Auf den folgenden Seiten wird der hier zugrundegelegte wahrscheinlichkeitstheoretische Ansatz zur Vorsichtskassenhaltung ausführlich behandelt. Eine alternative Darstellung findet sich bei *Jarchow, H.-J.:* Theorie und Politik des Geldes: I. Geldtheorie, Göttingen 1974, S. 70 - 80.

Geldausgängen. Die liquiden Mittel dienen also als Puffer gegen mögliche Zahlungsdefizite. Als vereinfachende Annahmen sollen die Einnahmen und Ausgaben während der Planungsperiode im Mittel zusammenfallen und die Wahrscheinlichkeit, daß ein negativer Kassensaldo begrenzter Maximalhöhe auftritt, soll genauso groß sein wie die eines temporären Überschusses. Bei den Nettozahlungsströmen z handelt es sich demzufolge um eine symmetrische Wahrscheinlichkeitsverteilung mit dem Erwartungswert Null und der Standardabweichung σ. Der Streuungskoeffizient σ gibt darüber Auskunft, mit welchem Unsicherheitsgrad die Finanzplanung hinsichtlich Zeitpunkt und Höhe der erwarteten Zahlungsein- und -ausgänge behaftet ist. In dem Fall, daß in einer Periode der Nettowert der ausgehenden Zahlungen (Z) den Bestand an liquiden Mitteln L übertrifft, ist eine Illiquiditätsstrafe s zu bezahlen.[3]

Das Optimierungskalkül besteht darin, die Summe der Kosten der Liquiditätshaltung zu minimieren. Diese Kosten bestehen zum einen in den Opportunitätskosten, die die Haltung liquider Aktiva verursacht, und zum anderen in den Illiquiditätskosten, die bei Zahlungsverzug eintreten:

$$K_L = K_O + K_I$$

Das Dilemma ist, daß ein niedriger Bestand an Kassenmitteln zwar nur geringe Opportunitätskosten verursacht, gleichzeitig aber eine relativ hohe Gefahr der Illiquidität impliziert (et vice versa).

Die Opportunitätskosten eines Bestandes an liquiden Aktiva L ergeben sich aus der Differenz zwischem dem Ertrag der nicht-liquiden Aktiva (i) und der (geringeren) Verzinsung der Kassenmittel mit dem Satz c:

$$K_O = L\,(i - c)$$

Die im Mittel erwarteten fixen Illiquiditätskosten resultieren aus der Eintrittswahrscheinlichkeit p, daß Z > L ist, multipliziert mit dem ‚Strafsatz' s:

$$K_I = p\,(Z > L)\,s\,.$$

Für die Gesamtkostenfunktion der Geldhaltung folgt daraus:

$$K_L = L\,(i - c) + p\,(Z > L)\,s\,. \qquad (3.1)$$

[3] Die Illiquiditätsstrafe kann vielfältige Formen annehmen. Die Beispiele reichen von der Nicht-Wahrnehmung günstiger Güterangebote und dem Verzicht auf ungeplante Ausgaben über die zinskostenträchtige und möglicherweise mühevolle Aufnahme von Krediten bzw. den erzwungenen Verkauf von Vermögensgegenständen bis hin zum Image- oder Bonitätsverlust bei Nichtzahlung. Im Extremfall dauernder Zahlungsunfähigkeit verursacht auch die Abwicklung eines Konkurses oder Vergleichs reale Kosten.

Als Hypothese soll nun davon ausgegangen werden, daß der Finanzplanung der ungünstigste Fall – also die höchstmögliche Wahrscheinlichkeit dafür, daß Kassendefizite die liquiden Mittel übersteigen – zugrunde gelegt wird. Ohne auf die Kenntnis der spezifischen Dichtefunktion der Nettozahlungsströme rekurrieren zu müssen, nimmt p dann laut der Tschebyscheffschen Ungleichung den Wert $\sigma^2/2\,L^2$ an.[4] Eingesetzt in (3.1), erhält man für die Gesamtkosten und damit für die Zielfunktion den Ausdruck[5]

$$K_L = L\,(i - c) + \frac{\sigma^2}{2\,L^2} \cdot s\,. \tag{3.2}$$

Das Optimierungsproblem besteht darin, die Höhe der liquiden Mittel so zu wählen, daß die Summe der Kassenhaltungskosten minimal wird. Dafür ist als Bedingung erster Ordnung notwendig, daß

$$\frac{d\,K_L}{d\,L} = (i - c) - \frac{\sigma_2}{L^3} \cdot s \stackrel{!}{=} 0\,. \tag{3.3}$$

Umgeformt nach L ergibt sich daraus für die optimale Liquiditätshaltung:

$$L_{opt} = (i - c)^{-1/3} \cdot \sigma^{2/3} \cdot s^{1/3}\,. \tag{3.4}$$

Diese Lösung läßt sich ebenfalls graphisch darstellen.[6] Aus Gleichung (3.3) wird unmittelbar ersichtlich, daß das Gesamtkostenminimum der Kassenhaltung genau dort liegt, wo der Bestand an liquiden Aktiva so bemessen ist, daß sich die marginale Ersparnis an Illiquiditätskosten ($s\,\sigma^2/L^3$) und die marginale Zunahme der Opportunitätskosten $(i - c)$ gerade kompensieren. In der Abb. 12 liegt das Optimum demzufolge im Schnittpunkt A:

---

4 In einer allgemeinen Formulierung besagt die Tschebyscheffsche Ungleichung, daß die Wahrscheinlichkeit, daß eine Zufallsvariable vom Mittelwert um mehr als das λ-fache ihrer Standardabweichung entfernt liegt, höchstens gleich $1/\lambda^2$ ist. Da im Falle der Geldnachfrage nicht die gesamten Zahlungsströme, sondern nur die Zahlungs*defizite* von Bedeutung sind, reduziert sich der Wert beim annahmegemäßen Vorliegen einer symmetrischen Funktion genau auf die Hälfte: $1/2\lambda^2$. Da sich λ hier zudem durch L/σ ersetzen läßt, bedeutet dies zusammengefaßt für p:

$$p\,(Z > L) \leqslant \left| \frac{1}{2\,\lambda^2} = \frac{1}{2\left(\dfrac{L}{\sigma}\right)^2} = \frac{\sigma^2}{2\,L^2} \right|.$$

5 Variable Illiquiditätskosten bleiben in dieser Formulierung unberücksichtigt.

6 Auch die hinreichende Bedingung zweiter Ordnung für das Kostenminimum ist erfüllt, da

$$\frac{d^2\,K_L}{d\,L^2} = \frac{3\,\sigma^2 s}{L^4} > 0\,.$$

Abb. 12: Optimaler Bestand an liquiden Aktiva

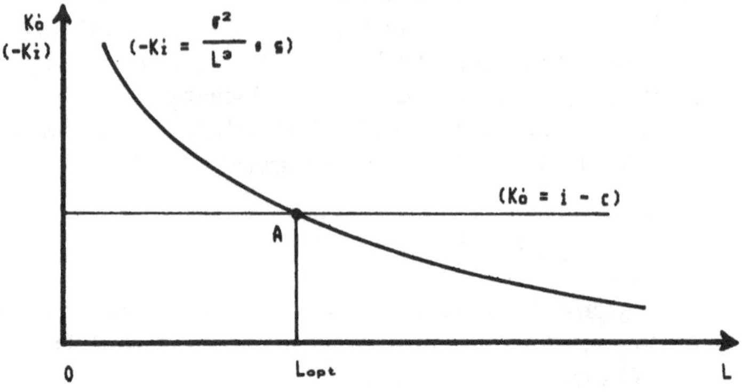

Die eingangs gestellte Frage, ob die Neuentwicklungen im Finanzsektor zu einer Destabilisierung der Geldnachfrage beitragen, läßt sich anhand dieses einfachen Liquiditätshaltungsmodells in Analogie zur Analyse des Geldangebots hinsichtlich zweier Problemkreise konkretisieren: Zum einen ist zu untersuchen, ob monetäre Neuerungen die Höhe der Nachfrage nach Kassenmitteln beeinflussen, also die gesamtwirtschaftliche Geldnachfragefunktion nach links oder rechts verschieben (Niveaueffekte von Finanzinnovationen). Zum anderen ist zu klären, inwiefern darüber hinaus die Steigung der Funktion steiler oder flacher werden wird, wobei im Mittelpunkt des geldpolitischen Interesses die Reaktion der nachgefragten Geldmenge auf Zinsänderungen steht (Elastizitätseffekte von Finanzinnovationen).

3.2. Niveaueffekte

Die Determinanten für die Höhe der Geldnachfrage lassen sich direkt aus der Gleichung (3.4) ablesen: Die (optimale) Liquiditätshaltung ist ceteris paribus positiv abhängig von der Verzinsung der Kassenmittel (c), dem Grad der Unsicherheit (σ) und der Höhe der Illiquiditätskosten (s):

$$\frac{\delta L}{\delta c} > 0 \; ; \; \frac{\delta L}{\delta \sigma} > 0 \; ; \; \frac{\delta L}{\delta s} > 0 \, .$$

Die vermutlichen Niveaueffekte finanzieller Neuerungen sind demzufolge die Konsequenz aus der Innovationsempfindlichkeit dieser Größen. Deutlich erkennbar ist der Trend in den USA, daß zunehmend neue Finanzinstrumente geschaffen werden, die einem breiten Kreis von Marktteilnehmern zugänglich sind und eine (marktbezogene) Verzinsung aufweisen. Gleichzeitig übernehmen diese Instrumente aber ganz oder teilweise Zahlungsmittelfunktionen bzw. sind mit niedrigen Kosten in transaktionsfähige Bestände umzuwandeln

(CD's, RPA's, MMMF's, NOW – und Super-NOW Accounts, ATS etc.). Im breiten US-Aggregat M3 hat sich der Anteil marktgebunden verzinster Instrumente zwischen 1976 und 1982 von 11,3% auf über 60% stetig erhöht.[7] Die Möglichkeit der zinstragenden Anlage liquider Kassenbestände in Finanzaktiva mit ähnlicher oder gleicher ‚Geldqualität' senkt die Opportunitätskosten der Geldhaltung und bewirkt für sich genommen eine Erhöhung der Nachfrage nach Geldmitteln.

Hinsichtlich der Prognosegüte der individuellen Finanzplanung rufen Finanzinnovationen eine zwiespältige Reaktion hervor. Einerseits läuft der andauernde Prozess der zunehmenden Nutzung ausgefeilter, computergestützter Cash-Management-Systeme, der in den USA inzwischen auch mittlere und kleine Unternehmen erfaßt hat[8], sowie die bevorstehende breite Einführung des Home Banking auf eine Verringerung des Unsicherheitsgrads über bevorstehende Zahlungsein- und -ausgänge hinaus. In Verbindung mit der verbesserten Informationslage über die aktuelle Liquiditätsposition und dem sofortigen Abbau etwaiger Überschüsse ist daher von der allgemeinen Rationalisierung der Finanzmittelsteuerung ein Rückgang der Geldnachfrage zu erwarten. Andererseits ist festzustellen, daß die von den Electronic Funds Transfer Systems herrührende Senkung der Transaktionskosten auf den Finanzmärkten zu der deutlichen Erhöhung der Umsatzvolumina beiträgt.[9] Es ist wahrscheinlich, daß mit der Zahl der Geschäftsvorfälle die Variabilität der Zahlungsströme steigt und damit auch das Defizitrisiko wiederum größer wird, so daß der Nettoeffekt für die Geldnachfrage fraglich ist.

Die Strafe, die bei einem Zahlungsmittelengpaß zu bezahlen ist, hängt davon ab, wie schnell bzw. zu welchen Kosten es gelingt, die vorhandenen nicht-liquiden Aktiva in Geld umzutauschen oder auf dem Kreditwege liquide Mittel zu erhalten. Monetäre Innovationen sind eindeutig darauf ausgerichtet, die Informations- und Transformationskosten auf den Finanzmärkten zu senken. Durch die Entwicklung verbriefter Finanzierungsformen bei verkürzten Laufzeiten der Geldmarktpapiere, die auf gut funktionierenden Sekundärmärkten jederzeit veräußerbar sind, sowie infolge der Beschleunigung vollelektronisch abgewickelter Zahlungsströme verstärkt sich die Geldnähe vieler Finanzanlagen. Mit der Verbilligung der Umwandlung alternativer Aktiva in Kassenmittel geht der Geldhaltungsbedarf aufgrund der geringeren potentiel-

[7] In der Bundesrepublik ist dieser Prozeß bislang nur sehr schwach ausgeprägt. Die Vergleichswerte lagen im entsprechenden Zeitraum bei 22,0% bzw. gerade 29,0%. Vgl. *Akhtar, M. A.:* ‚Financial Innovation and their Implications for Monetary Policy', a.a.O., S. 12.

[8] Vgl. *Porter, Richard D.; Thomas D. Simpson* und *Eileen Mauskopf:* Financial Innovation and the Monetary Aggregates, a.a.O., S. 217.

[9] Beispielsweise werden an den amerikanischen Optionsbörsen heute täglich etwa 1 Mio. Kontrakte abgeschlossen. Vgl. *Zimmermann, Heinz:* Zur ökonomischen Bedeutung von Finanzinnovationen, a.a.O., S. 188f.

len Kosten, die im Illiquiditätsfalle durch die unfreiwillige Auflösung einzelner Vermögensbestandteile entstehen, zurück.

Gleichzeitig erleichtern die fortgeschrittenen Globalisierungstendenzen auf den Finanzmärkten die kurzfristige kreditäre Fremdmittelbeschaffung für Unternehmen, die einen temporären negativen Kassensaldo decken müssen. Für das breite Publikum bietet die zunehmende Nutzung von Kreditkarten den Vorteil, den automatischen Zugang zu Überziehungskrediten zu eröffnen. Dies bedeutet, daß die Karteninhaber auch bei einem Mangel an liquiden Aktiva jede Auszahlung in beliebiger Höhe bis zur vollen Ausschöpfung der individuellen Kreditlinie – die sich mit der Anzahl der im Besitz befindlichen Karten unterschiedlicher Emittenten ausdehnen läßt – vornehmen können, noch bevor die Kreditschuld überhaupt entstanden ist. Die daraus resultierende Herabsetzung der Illiquiditätsstrafe reduziert den Anreiz zur Vorsichtskassenhaltung und die gesamtwirtschaftliche Geldnachfrage geht zurück.[10]

Von den bisher diskutierten Niveaueffekten, die sich ausschließlich auf die Menge der nachgefragten liquiden Mittel beziehen, sind die Struktureffekte für die Kassenhaltung, die die jeweilige Zusammensetzung des aus Liquiditätsgründen gehaltenen optimalen Bestandes an Finanzaktiva betreffen, sauber zu unterscheiden.[11] So ist es durchaus denkbar, daß die monetären Produkt- und Prozeßneuerungen die Geldnachfrage in ihrer Höhe zu einem bestimmten Zeitpunkt völlig unbeeinflußt lassen. Dennoch könnte gleichzeitig die konkrete Ausprägung der Geldnachfrage durch die Verengung der Substitutionsdistanzen zwischen der steigenden Zahl von potentiellen Vermögensanlagen, die einen vergleichbaren Geldnutzen aufweisen, starke Veränderungen erfahren. Aus den Meßergebnissen für bestimmte Geldmengenaggregate kann dann nicht mehr ohne weiteres auf die dahinterstehende Entwicklung der Geldnachfrage geschlossen werden.

Da hiermit eher Fragen der praktischen Geldkonzeption angesprochen sind, sollen zwei Beispiele an dieser Stelle genügen. Zum ersten bestehen durch den Einsatz von Computern im kartengestützten Zahlungsverkehr aus theoretischer Sicht keine grundsätzlichen Hindernisse mehr, wenn für Inlands-

---

[10] Vgl. *Morris, Frank E.:* Do the Monetary Aggregates Have a Future as Targets of Federal Reserve Policy?, a.a.O., S. 7. Goodhart argumentiert, daß solche unausgenutzten, automatisch verfügbaren Kreditlinien in die Geldmengendefinition einbezogen werden sollten. Vgl. *Goodhart, Charles:* Structural Changes in the Banking System and the Determination of the Stock of Money, in: Rainer S. Masera und Robert Triffin (Hrsg.), Europe's Money: Problems of European Monetary Co-ordination and Integration, Oxford 1984, S. 111 - 149; hier S. 138f.

[11] Brunner führt die „große Konfusion" hinsichtlich der geldpolitischen Effekte von Finanzinnovationen im wesentlichen auf das Versäumnis zurück, die (unwesentlichen) Probleme bei der Gelddefinition und die Schwierigkeiten bei der Geldmessung zumeist nicht sorgfältig genug auseinanderzuhalten. Vgl. *Brunner, Karl:* Hat der Monetarismus versagt?, a.a.O., S. 38.

Sichtguthaben fremde Währungen als Schuldmaßstab gewählt werden sollen, da die sofortige Umrechnung zum Tageskurs bei Buchungsvorgängen keine technischen Probleme bereiten dürfte.[12] In diesen Fällen würde zwar die Nachfrage nach inländischen Zahlungsmitteln sinken, nicht aber die Nachfrage nach Geld im Sinne von liquiden Aktiva.[13]

Von größerem geldpolitischen Gewicht sind zum zweiten die Struktureffekte, die von der marktnäheren Verzinsung der Kassenmittel ausgehen. Wenn transaktionsfähige Konten einen Zinsertrag abwerfen, erhöht sich nicht nur die Geldnachfrage aufgrund sinkender Opportunitätskosten, sondern es werden auch Umschichtungsprozesse von nicht-verzinslichen zu den (neuen) verzinsten Geldkomponenten ausgelöst. Die Relevanz für den Informationsgehalt eng abgegrenzter Geldmengen zeigte sich besonders deutlich in den Vereinigten Staaten. Die Fed entschloß sich zu Beginn der achtziger Jahre, die alte Geldmenge M1 durch die beiden neuen Aggregate M1-A und M1-B (später wieder M1 genannt) zu ersetzen. M1-A enthielt neben dem Bargeldumlauf ausschließlich unverzinste Sichteinlagen, während M1-B zusätzlich die zinsbringenden ‚other checkable deposits' (OCD's) umfaßte.[14] Zur Jahreswende 1980/81, also zum Zeitpunkt der landesweiten Einführung der NOW Accounts in den USA, begann die Umlaufgeschwindigkeit von M1-A abrupt anzusteigen (jahresdurchschnittliche Wachstumsrate 1981: + 18,1 %).[15] In den nachfolgenden Jahren setzte sich die Aufwärtsbewegung – wenngleich erheblich verhaltener – beständig fort, während sich die Umlaufgeschwindigkeit von M1-B in den Jahren 1980 – '85 im Trend praktisch nicht veränderte. Die

---

[12] Vgl. *Bofinger, Peter:* Währungswettbewerb: Eine systematische Darstellung und kritische Würdigung von Hayeks Plänen zu einer grundlegenden Neugestaltung unserer Währungsordnung, Köln – Berlin – Bonn – München 1985, S. 189f.

[13] In der Bundesrepublik ist die zahlenmäßige Bedeutung liquider Fremdwährungseinlagen von deutschen Nichtbanken beim heimischen Bankensystem immer noch sehr gering (ggw. weniger als 1 % von M_3). Genaue Angaben macht die *Deutsche Bundesbank:* Fremdwährungseinlagen deutscher Nichtbanken, in: Monatsberichte der Deutschen Bundesbank, Januar 1989, S. 22 - 28. Neuere empirische Tests bestätigen, daß die Währungssubstitution bislang national wie international nur ein minimales geldpolitisches Problem darstellt. Vgl. die Untersuchungen von *Neldner, Manfred:* Währungssubstitution in der Bundesrepublik Deutschland, in: Claus Köhler und Rüdiger Pohl (Hrsg.), Aspekte der Geldpolitik in offenen Volkswirtschaften, Berlin 1987, S. 99 - 117; sowie *Batten, Dallas S.* und *R. W. Hafer:* Currency Substitution: A Test of Its Importance, in: The Federal Reserve Bank of St. Louis, Review, Vol. 66, No. 7, August/September 1984, S. 5 - 11.

[14] Vgl. zu den Neuabgrenzungen *Simpson, Thomas D.:* The Redefined Monetary Aggregates, in: Federal Reserve Bulletin, February 1980, S. 97 - 114; und *Board of Governors of the Federal Reserve System:* Recent Revisions in the Money Stock: Benchmark, Seasonal Adjustment, and Calculation of Shift-Adjusted M1-B, in: Federal Reserve Bulletin, July 1981, S. 539 - 542.

[15] Vgl. dazu *Lindsey, David E.:* ‚Recent Monetary Developments', a.a.O., S. 246 ff (speziell Table 1), sowie *Streit, Joachim:* Finanzinnovationen, Deregulierung und Geldmengensteuerung in den USA, a.a.O., S. 113f.

schwindende Aussagekraft von M1-A manifestierte sich bereits gegen Ende 1981, da damals schon knapp 50 % der transaktionsfähigen Einlagen privater Haushalte aus den finanzinnovativen NOW-Konten bestanden.[16]

3.3. Elastizitätseffekte

Um die Zinselastizitätseffekte von Finanzinnovationen bestimmen zu können, ist ebenso wie bei der Ableitung der Niveaueffekte von der Bestimmungsgleichung für die optimale Liquiditätshaltung (3.4) auszugehen. Hinsichtlich der drei innovationsreagiblen Einflußgrößen kann grundsätzlich unterstellt werden, daß nicht nur die Verzinsung der liquiden Aktiva (c), sondern auch der Grad der Ungewißheit (σ) und die Höhe der Illiquiditätsstrafe (s) von der Rendite auf alternative Anlagen (i) abhängen. Die Standardabweichung der künftigen Nettozahlungsströme wird z. B. dann von der Höhe des Zinssatzes beeinflußt, wenn ein steigendes Zinsniveau die Wahrscheinlichkeit erhöht, daß einzelne Marktteilnehmer ihren Zahlungsverpflichtungen nicht mehr nachkommen oder wenn Zinssteigerungen verstärkte Arbitrage- und Spekulationsaktivitäten auslösen, wodurch sich ebenfalls die Unsicherheit über die zu erwartenden Ein- und Auszahlungen vergrößern könnte. Die Kosten, die bei einer ungenügenden Ausstattung mit liquiden Mitteln entstehen, sind insofern vom Zinsniveau abhängig, als der Kreditzins bzw. ‚Strafsatz', zu dem sich ein illiquider Akteur verschulden muß, von der Höhe der Marktzinsen (i) mitbestimmt wird.[17]

Wenn also gemäß diesen Plausibilitätsüberlegungen sowohl c als auch σ und s zinsabhängig sind, erhält man für die Zinselastizität der Geldnachfrage den umfassenden Ausdruck[18]

$$\Gamma_{L,i} = -\frac{1}{3}\,\frac{i}{i-c}\left(1-\frac{\delta c}{\delta i}\right) + \frac{2}{3}\,\Gamma_{\sigma,i} + \frac{1}{3}\,\Gamma_{s,i}\,. \tag{3.5}$$

---

[16] Vgl. *Higgins, Bryon* und *Jon Faust:* ‚NOW's and Super NOW's', a.a.O., S. 9. Siehe dazu auch Abschnitt 2.1.1.4. Eine theoretische Analyse der Reaktion verschiedener Geldmengenaggregate auf Parameteränderungen findet sich bei *Milbourne, Ross:* Financial Innovation and the Demand for Liquid Assets, in: Journal of Money, Credit, and Banking, No. 4/November 1986, S. 506 - 511.

[17] Vgl. zur Interpretation der Zinselastizität *Birchler, Urs W.* und *Ren Kästli:* Finanzinnovationen und schweizerische Geldpolitik, a.a.O., S. 281 ff. Die Herleitung des analytischen Modells (S. 280 f) ist jedoch von einigen Mißverständnissen durchsetzt.

[18] Dieses Resultat läßt sich folgendermaßen ableiten:

$$L_{opt} = (i - c)^{-1/3} \cdot \sigma^{2/3} \cdot s^{1/3}$$

Differenziert nach i ergibt sich nach einfachen Umformungen

$$\frac{dL}{di} = -\frac{1}{3}\left[\frac{1}{i-c}\cdot\left(1-\frac{\delta c}{\delta i}\right)\right]\cdot L + \frac{2}{3}\,\frac{1}{\sigma}\,\frac{\delta\sigma}{\delta i}\cdot L + \frac{1}{3}\,\frac{1}{s}\,\frac{\delta s}{\delta i}\cdot L$$

Da die rechte Seite der Gleichung (3.5) aus drei voneinander unabhängigen Summanden besteht, wirken c, σ und s auf separaten Kanälen auf $\Gamma_{L,i}$ ein. Hinsichtlich σ und s ist zunächst hervorzuheben, daß die Zinselastizität der Liquiditätshaltung von einer Änderung der Höhe der Unsicherheit und der Illiquiditätsstrafe unbeeinflußt bleibt: Für $\Gamma_{L,i}$ wäre allein eine Veränderung der Zinselastizität von und s maßgeblich.[19]

Die Zinselastizität von s könnte beispielsweise dann modifiziert werden, wenn Kredite, die der Überbrückung von Zahlungsmitteldefiziten dienen, in verstärktem Maße zu variablen Zinsen vergeben werden. In dem Fall, daß eine Zinserhöhung für die eher kurze Dauer der Laufzeit eines solchen Kredits weitere Zinssteigerungserwartungen induziert, würden sich die kalkulierten Liquiditätsbeschaffungskosten insgesamt stärker erhöhen, als dies die bereits eingetretene Zinserhöhung signalisiert. Das Planungsrisiko hinsichtlich des erwarteten durchschnittlichen Mittelzu- und -abflusses könnte für einzelne Marktteilnehmer beispielsweise dadurch stärker an den Zins gebunden werden, als Finanzinnovationen für eine zunehmende Zahl von Wirtschaftssubjekten die Möglichkeiten verbessern, auf Zinssteigerungen mit Arbitrage- und Spekulationsversuchen zu reagieren. Relativ geringe Zinsbewegungen würden dann in größerem Ausmaß als zuvor zu Mittelverlagerungen – etwa zwischen verschiedenen Finanzintermediären – führen; denkbar wäre auch eine stärkere Beeinflussung des allgemeinen Zahlungsverhaltens durch den Zins.

Sofern die Hypothese zutrifft, daß innovative Finanzinstrumente die Zinselastizität von σ und s tendenziell verstärken, wäre die Konsequenz für $\Gamma_{L,i}$ von der Richtung her in beiden Fällen identisch: Ein Anstieg von $\Gamma_{\sigma,i}$ und $\Gamma_{s,i}$ erhöht den Wert von $\Gamma_{L,i}$ und führt diese Größe – da sie normalerweise negativ ist – näher gegen 0. Die Zinselastizität der Geldnachfrage würde demzufolge absolut gesehen abnehmen. Der Grund dafür ist, daß der negative Einfluß des Zinses auf die Kassenhaltung (Alternativkosten) durch die Erhöhung der Zinselastizität von σ und s partiell kompensiert wird.[20]

Die Zinselastizität der Liquiditätshaltung ist definiert als

$$\Gamma_{L,i} = \frac{dL}{di} \cdot \frac{i}{L}$$

woraus unmittelbar (3.5) folgt.

[19] Graphisch gesprochen läuft eine Niveauvariation von σ und/oder s, die beispielsweise von sinkenden Transaktionskosten herrühren könnte, auf eine Parallelverschiebung der Geldnachfragefunktion hinaus, wobei sich die Steigung nicht notwendigerweise verändert. Die Ansicht von Cagan, daß verengte Substitutionsverhältnisse zwischen den Finanzaktiva die LM-Kurve abflachen, ist also insoweit nicht korrekt. Siehe *Cagan, Phillip:* ‚Financial Developments', a.a.O., S. 143. Die Gegenposition vertritt *Niehans, Jürg:* ‚Financial Innovation', a.a.O., S. 548f.

[20] Es ist insofern ein bedauerliches Manko, daß die Wirkung von Finanzinnovationen auf $\Gamma_{\sigma,i}$ und $\Gamma_{s,i}$ in der maßgeblichen Literatur praktisch unbeachtet bleibt und nicht

Finanzielle Neuerungen, die z. B. auf dem Wege des ‚deposit sweeping' (CMA's, SA's) die Verzinsung hochliquider Aktiva de facto erhöhen, beeinflussen die Zinselastizität der Geldhaltung wegen des ersten Summanden von (3.5) von zwei Ansatzpunkten her. Zum einen führt die Reduzierung der Marge zwischen dem Geldzins und dem Referenzzinssatz für alternative finanzielle Vermögensanlagen (i − c) zu einer (absoluten) Erhöhung von $\Gamma_{L,i}$. Dies auf den ersten Blick überraschende Ergebnis rührt daher, daß Schwankungen von i die für die Kassenhaltung relevante Renditedifferenz prozentual um so stärker verändern, je geringer der Abstand zwischen i und c ist.[21]

Zum anderen wird die Zinselastizität der Liquiditätsnachfrage aber auch von der Abhängigkeit des Kassenmittelzinses vom Alternativsatz beeinflußt. Je enger diese Bindung ist, desto geringer fällt der absolute Wert von $\Gamma_{L,i}$ aus. In dem gedanklichen Extremfall, daß der Zins auf liquide Aktiva alle Schwankungen des Alternativsatzes unmittelbar nachvollziehen würde ($\delta c / \delta i = 1$), wäre $\Gamma_{L,i} = 0$ und könnte unter Berücksichtigung der anderen Einflußfaktoren sogar positive Größenordnungen annehmen. Die vorliegenden Erfahrungswerte aus den USA bezüglich der hochliquiden, praktisch risikolosen und zinsbringenden OCD's belegen allerdings eindeutig den selbst in diesem vergleichsweise kompetitiven Finanzsystem nur recht behäbig vonstatten gehenden Anpassungsprozeß des Kasssenmittelzinses an die Marktrendite. Für 1986 und den Beginn des Jahres 1987 zeigt sich, daß die Adjustierung der repräsentativen Ertragsrate von Super-NOW Accounts bezogen auf Bewegungen der Federal funds rate mit dem Ablauf von 12 Monaten nur zu 64% vollzogen ist und sich damit gegenüber früheren Perioden sogar verlangsamt hat. Die statistischen Tests liefern keine signifikanten Anzeichen für eine künftige Beschleunigung des Anpassungsverhaltens, obgleich insofern eine gewisse Asymmetrie zu erkennen ist, als Marktzinssenkungen bis in die Nähe einer historisch bedingten Untergrenze schneller auf die Super-NOW rate durchzuschlagen scheinen als Zinserhöhungen.[22] Zusammenfassend läßt sich also fest-

näher ananlysiert wird, da sich darin ein Erklärungsfaktor dafür verbergen könnte, daß die Zinselastizität der Geldnachfrage entgegen der verbreiteten These nicht nur nicht zu, sondern gemäß der Untersuchung von Hafer und Hein in den USA sogar leicht abgenommen hat. Vgl. *Hafer, R. W.* und *Scott E. Hein:* Financial Innovations and the Interest Elasticity of Money Demand: Some Historical Evidence, in: Journal of Money, Credit, and Banking, No. 2/May 1984, S. 247 - 252. Bestätigt wird dieses Ergebnis von *Akthar, M. A.:* ‚Financial Innovations and their Implications for Monetary Policy', a.a.O., S. 38.

[21] Die Vermutung von Vaciago u. a., daß die Geldnachfrager auch elastischer auf Zinsdifferenzänderungen, also auf $\Delta\%$ (i − c), reagieren werden, kann allerdings nicht bestätigt werden, da dieser Einflußfaktor eine konstante Größe in der Bestimmungsgleichung ist. Vgl. z. B. *Vaciago, Giacomo:* Financial Innovation and Monetary Policy: Italy versus the United States, in: Banca Nazionale del Lavoro, Quarterly Review, No. 155/December 1985, S. 309 - 326; hier S. 321. Diese These scheint auf einer Verwechslung von Niveau- und Elastizitätseffekten zu beruhen. Siehe dazu auch Anm. 19.

stellen, daß die Verzinsung von liquiden Aktiva als solche die Zinselastizität der Liquiditätshaltung durch die Verengung des Zinsdifferentials (absolut) erhöht; es ist aber in Rechnung zu stellen, daß dieser Effekt durch die – unerwartet lockere – Koppelung des Kassenmittelzinses an die alternativ erzielbare Rendite gedämpft wird.[23]

3.4. Fazit

Die Auswirkungen der finanziellen Neuentwicklungen auf die Stabilität der Geldnachfrage wurden anhand eines modernen Kassenhaltungsmodells analysiert, dessen Grundgedanke es ist, daß die Finanzplanung der Wirtschaftssubjekte mit einem Risiko behaftet ist. Die Ursache für dieses Risiko liegt in dem Umstand der Asynchronität zwischen Geldeinnahmen und Geldausgaben begründet, denn der Umfang und die zeitliche Verteilung der Zahlungsströme sind nicht mit Sicherheit vorhersehbar und es existieren mehrwertige Erwartungen bezüglich der Ein- und Auszahlungsvorgänge.[24] Der Sinn der Investition in liquide Aktiva (der ‚Geldnutzen') besteht in jenem realitätsnahen Ansatz unter Einschluß unvollständiger Voraussicht in der Überbrückung denkbarer Kassenmitteldefizite, um kostenträchtige Illiquiditätszustände zu vermeiden. Hinsichtlich der Konsequenzen monetärer Innovationen in diesem Geldnachfrage-Modell wurde zwischen den Niveau- und den Elastizitätseffekten unterschieden, die auf der Basis der wahrscheinlichkeitstheoretischen Lösung für den optimalen Bestand an liquiden Mitteln getrennt abgeleitet und separat analysiert werden konnten.

Die Niveaueffekte, die von Finanzinnovationen auf die Geldnachfrage ausgehen, beziehen sich auf Veränderungen des Zinsertrages, den die Geldhaltung abwirft, des Grades der Unsicherheit, dem die Abschätzung der künftigen Zahlungsströme unterliegt und der Höhe der Kosten, die im Illiquiditätsfalle zu begleichen sind. Da eine Reihe der neuen Instrumente darauf gerichtet ist, den Eigenzins liquider Mittel zu erhöhen und die Opportunitätskosten der Geldhaltung zu verringern, resultiert hieraus eine Erhöhung der Geld-

---

22 Vgl. dazu die Untersuchungsergebnisse von *Roth, Howard L.:* Has Deregulation Ruined M1 As a Policy Guide?, a.a.O., insbesondere S. 27ff.

23 Da sich die Ertragsraten von sehr liquiden und weniger liquiden Finanzanlagen entgegen den Prognosen realiter nicht im perfekten Gleichschritt bewegen, führt die Nettowirkung der Kassenmittelverzinsung bis dato gerade nicht zu einer zinsinvarianten Geldnachfrage. TOBIN greift also der Wirklichkeit weit vor, wenn er in diesem Zusammenhang resummiert:
"The main outcome ... is to fulfill the monetarist dream of a vertical LM curve."
Tobin, James: Financial Structure and Monetary Rules, a.a.O., S. 166.

24 Der Begriff der ‚mehrwertigen' Erwartungen sagt aus, daß der Planung verschiedene, unterschiedlich wahrscheinliche Fälle zugrundegelegt werden und die daraus resultierende Nachfrage nach liquiden Aktiva von der jeweiligen Risikobereitschaft abhängt. Vgl. *Claassen, Emil-Maria:* Grundlagen der Geldtheorie, a.a.O., S. 121f.

nachfrage. Ob das Finanzplanungsrisiko aufgrund der finanzinnovativen Entwicklungstendenzen per saldo steigen oder sinken wird, konnte nicht eindeutig beantwortet werden, so daß die Auswirkung auf die Geldnachfrage unsicher ist. Zweifelsfrei scheint dagegen die ‚strafmindernde' Wirkung von Finanzinnovationen bei Zahlungsmittelengpässen zu sein, was den Anreiz zur Kassenhaltung reduziert. Insgesamt gehen von den drei Einflußfaktoren also ein positiver, ein ungeklärter und ein negativer Niveaueffekt auf den optimalen Bestand an liquiden Aktiva aus. Dies hat zur Folge, daß aus theoretischer Sicht kein klares Ergebnis für das Problem vorliegt, in welche Richtung sich die (Netto-)Höhe der Geldnachfrage unter dem Einfluß von Finanzinnovationen bewegen wird.

Die Diskussion der Elastizitätseffekte von Finanzinnovationen hat einige stützende Argumente für die These ergeben, daß sich die Zinsabhängigkeit der Illiquiditätsstrafe und des Planungsrisikos tendenziell verstärken wird. Für die Zinselastizität der Geldnachfrage geht davon insofern ein negativer Effekt aus, als $\Gamma_{L,i}$ absolut gesehen abnehmen wird. Dagegen steht allerdings die tendenzielle Erhöhung der Zinselastizität der Liquiditätshaltung, weil die Verzinsung von Kassenmitteln das Renditedifferential zwischen liquiden und illiquiden Finanzaktiva verengt, wodurch Schwankungen des Alternativsatzes prozentual stärker auf die Zinsmarge durchschlagen. Die Wirkungskraft des letztgenannten Effekts wird aber wiederum abgeschwächt, denn die Ertragsrate liquider Anlagen orientiert sich zwar an der Marktrendite, folgt dieser aber in praxi nur sehr unvollkommen. Insgesamt stehen sich also auch bei der Zinselastizität der Geldnachfrage positive und negative Effekte gegenüber, so daß sich sowohl über die Verschiebung, als auch über die Drehung der Geldnachfragefunktion nicht abschließend urteilen läßt.

Vermittelt schon die theoretische Analyse hinsichtlich der weiteren Entwicklung der Geldnachfrage ein mehrdeutiges Bild der Sachlage, so kommen vom pragmatisch geprägten Standpunkt der Geldpolitik aus betrachtet noch einige Problemfelder hinzu. Solange sich beispielsweise das Spektrum liquider und trotzdem zinsbringender Finanzaktiva beständig erweitert, können davon eigenständige Umschichtungsprozesse induziert werden, die zwar nicht zwangsläufig das Niveau der Geldnachfrage selbst verschieben, aber doch deren konkrete Ausprägung in Form verschiedener Geldmengenaggregate beeinflussen können. Mit Sicherheit ist allerdings davon auszugehen, daß der Bestand unverzinster Geldmittel (relativ) zurückgehen wird und das eng an die Einkommensentwicklung gebundene Transaktionsmotiv der Geldnachfrage zugunsten einer mehr vermögensorientierten Entscheidungsregel an Gewicht verliert.[25] Zusätzlich besteht aufgrund der Vielzahl der abgeleiteten

---

[25] Obwohl sich daraus die Notwendigkeit ergibt, daß die Entwicklung des privaten Vermögensbestandes stärker in der geldpolitischen Konzeption berücksichtigt werden muß, ist a priori nicht zu erkennen, daß sich durch den wachsenden Einfluß des Vermö-

Einflußfaktoren und Stoßrichtungen die Schwierigkeit, in welchem Ausmaß eine bestimmte beobachtete Variation des Geldmengenwachstums Veränderungen des Geldangebots und/oder der Geldnachfrage zuzuschreiben ist und ob es sich dabei im einzelnen um einen Niveau- oder Elastizitätseffekt handelt.[26]

Ein ähnlich gelagerte geldpolitische Unsicherheitsquelle entspringt der Tatsache, daß die Geldnachfrage besonders in der Diffusionsphase derjenigen Instrumente, die vormals nicht gekannte Dispositionsmöglichkeiten eröffnen, von den Finanzinnovationen tangiert wird und die kurzfristige Reaktion nicht unbedingt zuverlässige Rückschlüsse auf die langfristige Verhaltensänderung bei der Liquiditätshaltung zuläßt. So werden exemplarisch die transaktionskostensenkenden Prozeßinnovationen in den Zeiten verstärkt zum Einsatz kommen, in denen der Bedarf an einer rationalisierten Finanzmittelsteuerung als besonders dringlich angesehen wird. Die Optimierung der Cash-Management-Aktivitäten verursacht andererseits Kosten, die zum großen Teil fixen Charakter haben. Es müssen moderne Kommunikations- und Datenverarbeitungsgeräte angeschafft werden, die nötige Infrastruktur muß bereitgestellt werden und vor allem muß der sinnvolle Umgang mit der neuen Finanz- und Computertechnik erlernt werden. Dieser monetäre, zeitliche und geistige Aufwand ist kurzfristig um so profitabler, je mehr Opportunitätskosten sich direkt einsparen lassen, wie es in Phasen vergleichsweise hoher Alternativzinsen der Fall ist. Die Erschließung und Ausschöpfung neugeschaffener technologischer Spielräume läßt die Geldnachfrage bei Zinssteigerungen demzufolge außergewöhnlich stark zurückgehen.[27]

Die naheliegende Schlußfolgerung aufgrund einer solchen Beobachtung, daß die Kassenhaltung dauerhaft zinselastischer geworden ist und nachfolgende Zinssenkungen einen entsprechenden Wiederanstieg der Geldnachfrage induzieren, wird sich als irrtümlich herausstellen. Der einmalig zu investierende Grundaufwand geht nämlich – ist er einmal realisiert – später nicht mehr in die entscheidungsrelevante Kosten-Nutzen-Rechnung über die Intensität der aktiven Liquiditätssteuerung ein (‚sunk costs'). Wenn das gesamte Equipment vorhanden ist und die Anwendung der computergestützten Finanzinstrumente zur Routine geworden ist, werden die Wirtschaftssubjekte auch bei sinkenden Opportunitätskosten nicht zu den alten, suboptimalen

---

gens auf die Geldnachfrage der Volatilitätsgrad der Umlaufgeschwindigkeit in unvorhersehbarer Weise erhöhen muß. Vgl. *Vaciago, Giacomo:* ‚Financial Innovation and Monetary Policy', a.a.O., S. 319.

[26] Ein Beispiel für ein derartiges ‚Identifikationsproblem' beschreibt *Klein, Benjamin:* Competitive Interest Payment on Bank Deposits and the Long-Run Demand for Money, in: American Economic Review, No. 6/December 1974, S. 931 - 949; hier S. 946.

[27] Vgl. *Porter, Richard D.; Thomas D. Simpson* und *Eileen Mauskopf:* Financial Innovation and the Monetary Aggregates, a.a.O., S. 215ff.

Verfahren und Produkten zurückkehren. Die Geldnachfrage unterliegt innovationsbedingten ‚ratchet effects'; das heißt, die Geldnachfrage reagiert kurzfristig wesentlich stärker auf Zinssteigerungen als langfristig auf Zinssenkungen, da der gegebene Stand der (Finanz-)Technik nicht mehr unter ein einmal erreichtes Niveau zurückfallen wird.[28]

Das eigentliche geldpolitische Problem ist nicht, daß Finanzinnovationen die Geldnachfragefunktion drehen oder verschieben, sondern daß nicht genau zu prognostizieren ist, wann welches Finanzinstrument die Haltung liquider Aktiva in welchem Ausmaß beeinflussen wird und die Beobachtungswerte nur schwer dahingehend zu interpretieren sind, ob es sich dabei um eine einmalige Reaktion oder den Beginn eines dauerhaften Prozesses handelt. Inwieweit die Entwicklungen auf den Geld- und Kapitalmärkten die Geldnachfrage bzw. die Umlaufgeschwindigkeit derart instabil werden lassen, daß eine regelgebundene Geldmengenpolitik davon ernsthaft tangiert wird, ist eine Frage, die letztlich empirisch beantwortet werden muß.

Der vorliegende Befund über die jüngere Vergangenheit bezüglich der Kassenhaltungsdispositionen ist gerade für den Modellfall USA leider so umfangreich wie inhomogen. Bereits 1976 kam GOLDFELD in seiner grundlegenden Arbeit zu dem Ergebnis, daß sich die Geldnachfragefunktion vermutlich aufgrund von Finanzinnovationen zwischen 1974 und 1976 so stark nach unten verschoben hat, daß sich der kumulierte Schätzfehler bezüglich M1 (alt) innerhalb von 10 Quartalen auf über 22 Mrd. $ belief, was etwa 10% der realen Geldmenge entsprach.[29] Dieses als ‚missing money' bekannt gewordene Ereignis initiierte eine ganze Kette von Nachfolgeuntersuchungen, über deren Resultate kein vollständiger Konsens besteht. Die ausgeworfenen Resultate über die Geldnachfrage reichen von permanenter Stabilität über ein- und mehrmalige Parallelverschiebung nach unten oder oben sowie Ab- bzw. Zunahme der Zinselastizität bis zu nachgewiesener Instabilität. Offenbar hängen die Ergebnisse der Stabilitätstests u.a. stark von der Spezifikation der Schätzgleichung, dem Untersuchungszeitraum und den gewählten Subperioden, den verwendeten Analysemethoden sowie dem zugrundegelegten Geldmengenaggregat ab.[30]

---

[28] Ein solches asymmetrisches Verhalten der Geldnachfrage konnte in den USA Mitte der siebziger Jahre nach dem Überschreiten des Zinsgipfels beobachtet werden; etwa zwei Jahre, nachdem die ersten Cash-Management-Systeme speziell in Großunternehmen eingeführt wurden. Vgl. dazu die umfangreiche Untersuchung von *Goldfeld, Stephen M.:* The Case of the Missing Money, in: Brookings Papers on Economic Activity, Nr. 3/1976, S. 683 - 730; hier S. 698ff.

[29] Vgl. *Goldfeld, Stephen M.:* The Case of the Missing Money, a.a.O., S. 687.

[30] Umfassende Übersichten über die verschiedenen Veröffentlichungen in Verbindung mit Einzelkritiken der jeweiligen Ansätze finden sich bei *Judd, John P.* und *John L. Scadding:* The Search for a Stable Money Demand Function: A Survey Of the Post-1973 Literature, in: Journal of Economic Literature, Vol. XX/September 1982, S. 993 - 1023; und *Streit, Joachim:* Finanzinnovationen, Deregulierung und Geldmengensteuerung in den USA, a.a.O., S. 114ff.

Trotz aller Diskrepanzen bei den Einzelresultaten scheint sich im Ganzen betrachtet folgendes Bild herauszukristallisieren: Obwohl es ausgesprochen schwierig ist, die Liquiditätshaltung korrekt zu modellieren, weil z. B. Geldangebots- und Geldnachfrageeffekte in Ein-Gleichungs-Modellen nur ungenügend voneinander zu trennen sind und grundsätzliche Zweifel an der Exogenität bestimmter Variablen (Zins, Einkommen) bestehen, ist mit einiger Sicherheit davon auszugehen, daß sich die Geldnachfragefunktion in den USA nach 1970 nicht unwesentlich bewegt hat. Dies läßt sich daran konkret festmachen, daß die Prognosequalität konventionell konzipierter Erklärungsmodelle deutlich abgenommen hat und die Schätzfehler gegenüber früheren Perioden erheblich größer geworden sind (Abb. 13). Im Sinne einer problematischeren ex ante-Bestimmbarkeit ist die Geldnachfrage instabiler geworden, wobei umfassendere Geldmengenaggregate weit weniger davon betroffen sind als enge Abgrenzungen.

Abb. 13: Schätzfehler bei der Prognose der Nachfrage von ‚Shift-Adjusted'-M1B in den USA 1974 - 1981

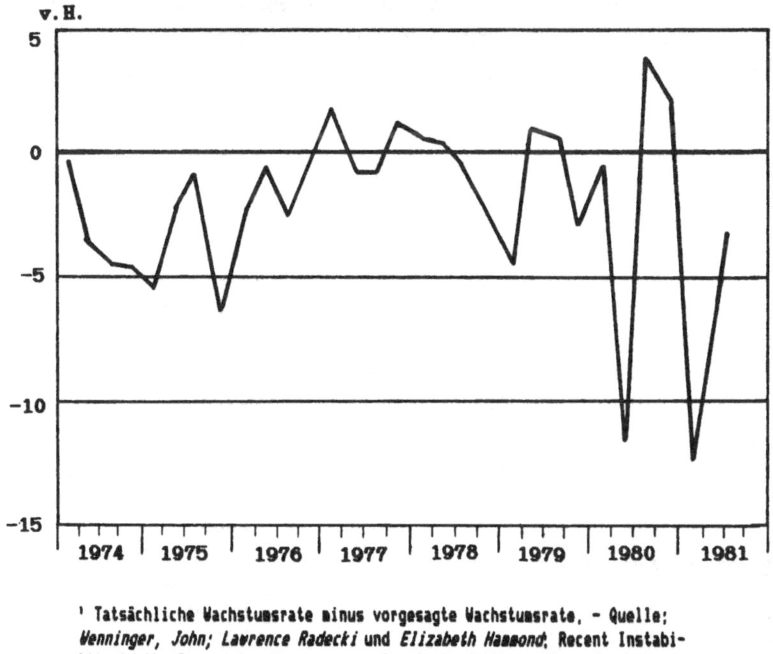

[1] Tatsächliche Wachstumsrate minus vorgesagte Wachstumsrate. - Quelle: *Wenninger, John; Lawrence Radecki* und *Elizabeth Hammond*: Recent Instability in the Demand for Money, a. a. O., S. 8. Ähnlich mäßige Ergebnisse brachte das vom Federal Reserve Board verwendete Modell hervor. Vgl. *Gramley, Lyle E.*: Financial Innovation and Monetary Policy, a. a. O., S. 397.

Hinsichtlich der Schuldhaftigkeit von Finanzinnovationen an dieser unsteten monetären Entwicklung lassen sich nur Indizienbeweise anführen, da sich die dargestellten Niveau- und Elastizitätseffekte kaum direkt testen lassen. Andererseits existiert kein alternatives Erklärungskonzept, das der Innovationshypothese, die sich in bestimmten Perioden als recht robust erweist, formal überlegen wäre. Somit läßt sowohl die theoretische Analyse als auch die empirische Evidenz den Schluß zu, daß Finanzinnovationen dazu geeignet sind, die Prognostizierbarkeit der Geldnachfrage insbesondere in der kurzen Frist zu erschweren.

4. Funktion des Transmissionsmechanismus

Die Theorie der Transmissionsmechanismen versucht zu erklären, über welche Kanäle die von der Zentralbank ausgelösen monetären Impulse in den realwirtschaftlichen Sektor hineinwirken und in welcher Weise sie die Gesamtausgaben bzw. das Bruttosozialprodukt verändern. Die diversen Transmissionsmodelle unterscheiden sich dadurch, daß sie jeweils unterschiedliche Aspekte des komplexen Wirkungsgefüges besonders hervorheben. Dennoch ist das gemeinsame Fundament aller gängigen Ansätze das vermögenstheoretische Konzept der relativen Preise.[1] Diese Denkschule, auf die sich die folgende Analyse der Bedeutung von Finanzinnovationen für den Transmissionsprozeß stützt, stellt nicht mehr das periodisch fließende Einkommen, sondern das Vermögen der Wirtschaftssubjekte in den Mittelpunkt ihrer Betrachtung.

4.1. Der Vermögensansatz

4.1.1. Geldpolitik im Portfoliomodell

Der vermögens- oder portfoliotheoretische Denkansatz geht von einer bestandsorientierten Betrachtungsweise aus und interpretiert ökonomische Prozesse als das Ergebnis der individuellen Dispositionen der Wirtschaftssubjekte über die Höhe und die Zusammensetzung ihres Vermögens. Als Vermögensobjekt gilt jedes Gut, das einen Ertrag oder Nutzen stiftet, wobei für die meisten Aktiva anzunehmen ist, daß ihr Grenzertrag mit zunehmender Menge sinkt. Die rational handelnden privaten Vermögensinhaber streben unter

---

[1] Vgl. *Smeets, Heinz-Dieter:* Finanzinnovationen und Geldpolitik, in: ORDO, Band 38/1987, S. 91 - 112; hier S. 97. Übersichten zu den Modellen finden sich z. B. bei *Pohl, Rüdiger:* Die Transmissionsmechanismen der Geldpolitik, in: Jahrbücher für Nationalökonomie und Statistik, Band 190, Stuttgart 1975/76, S. 1 - 28; und *Duwendag, Dieter u. a.:* Geldtheorie und Geldpolitik: Eine problemorientierte Einführung mit einem Kompendium bankstatistischer Fachbegriffe, 3., überarbeitete und erweiterte Auflage, Köln 1985, S. 176ff.

Berücksichtigung ihrer Budgetbeschränkung einen maximalen Ertrag ihres limitierten Gesamt-Portefeuilles an. Daher basieren die notenbankpolitischen Aktionen zur Steuerung der gesamtwirtschaftlichen Aktivität auf zwei Voraussetzungen: Die Zentralbank kann entweder versuchen, die gegebene optimale Vermögensstruktur aus dem Gleichgewicht zu bringen – der *Portfolioeffekt* – oder sie kann an dem Niveau des Gesamtvermögens ansetzen – der *Realkasseneffekt*.[2]

Der Portfolioeffekt beruht auf einem relativen Preismechanismus, da unterstellt wird, daß die Vermögensdispositionen der Wirtschaftssubjekte von den Preisen der Aktiva und Passiva abhängen. Dies sei an folgendem Beispiel kurz skizzert: Im Ausgangszeitpunkt soll die Vermögensstruktur optimal sein, womit die Identität der erwarteten Grenzerträge aller Portfolio-Komponenten impliziert ist. Einbezogen ist hierbei sowohl das Finanzkapital (einschließlich Kassenhaltung und Forderungen bzw. Verbindlichkeiten aus Krediten) als auch das Realkapital (Produzenten- und Konsumentenvermögen).[3] Geldpolitische Impulse können die Gleichheit der Grenzerträge stören und damit eine umfassende Adjustierung der Portfoliobestände induzieren, denn die Wirtschaftssubjekte verhalten sich bezüglich ihrer Vermögens- und Ausgabenentscheidungen preis- bzw. zinselastisch.

Senkt die Zentralbank zum Zwecke der Konjunkturbelebung als Beispiel die Mindestreservesätze, werden die dadurch entstehenden Überschußreserven die Banken zunächst veranlassen, verstärkt zinstragende Wertpapiere nachzufragen. Der Nachfrageschub führt zu steigenden Kursen und sinkenden Renditen dieser Titel. Das Publikum gibt daraufhin Wertpapiere an die Banken ab und erhält im Gegenzug Depositen. Die Geldmenge (M_1) steigt. Da der Grenzertrag mit der erhöhten Kassenhaltung gesunken ist, werden zunehmend diejenigen Finanzaktiva erworben, deren Preise bzw. Kurse sich noch auf dem relativ geringen Ausgangsniveau bewegen. Die Folge ist, daß auch deren Renditen sinken. Daneben wird das Publikum die Überschußmittel auch zur Tilgung von Bankverbindlichkeiten verwenden, wodurch in Verbindung mit dem erhöhten Kreditangebot des Bankensektors die Kreditzinsen sinken.[4] Sind alle finanziellen Aktiva in den Prozeß der Preissteigerung und Zinssenkung involviert, stößt der geldpolitische Wirkungsmechanismus an die entscheidende Nahtstelle zum Realvermögen, dessen Ertragssatz noch unverändert ist und somit höher liegt als die Ertragsrate des Finanzvermögens.

---

[2] Vgl. z.B. *Ketterer, Karl-Heinz* und *Norbert Kloten:* Theorien der Geldwirkungen, in: Obst/Hintner, Geld-, Bank- und Börsenwesen: Ein Handbuch, 38., völlig neu bearbeitete und erweiterte Auflage, Stuttgart 1988, S. 61 - 84; hier S. 68ff.

[3] Unter längerfristigen Gesichtspunkten läßt sich auch das ‚human capital‘ in die Analyse einbauen, ohne die prinzipiellen Ergebnisse zu verändern.

[4] Dies ist der Ansatzpunkt der Kreditkostenschule, die im Verhältnis des Kreditzinssatzes zur Grenzleistungsfähigkeit des Kapitals die entscheidende Determinante der (zinsreagiblen) Investitionstätigkeit sieht.

Da Finanz- und Sachaktiva zumindest unter Ertragsgesichtspunkten als Substitute bei der Vermögensbildung fungieren, greift der Prozeß der Portfolio-Adjustierung im nächsten Schritt auch auf das Realkapital über, da sein Preis in diesem Stadium relativ niedrig ist.[5] Die Nachfrage wird sich zunächst auf den Erwerb bereits existierender Sachaktiva konzentrieren und sich nach der einsetzenden Preissteigerung den Nutzungsrechten dieser Vermögensobjekte zuwenden. Zu diesem Zeitpunkt weist das neu zu produzierende Sachvermögen vergleichsweise hohe interne Zinssätze auf (in *Tobin's* Terminologie steigt q).[6] Dies beflügelt die Investitionsgüternachfrage der Unternehmen und die Konsumgüternachfrage der Haushalte. Am Ende des Substitutionsmechanismus, den die relativen Preisbewegungen in Gang halten, werden also auch Stromgrößen erfaßt und der expansive geldpolitische Impuls hat infolge des Portfolioeffekts zu der beabsichtigten Erhöhung der Nachfrage nach realen Gütern und Dienstleistungen geführt.[7]

Im Gegensatz zu dem eben beschriebenen Portfolioeffekt, der auf die Vermögenszusammensetzung abstellt, beruht der Realkasseneffekt auf dem Umstand, daß die Nachfrage nach den einzelnen Vermögensobjekten – also auch den Realgütern – positiv mit dem Volumen des Portfolios verknüpft ist. Anderenfalls würde bei Änderungen des Gesamtbestandes die gegebene optimale Struktur des Portfolios aus dem Gleichgewicht geraten. Daraus folgt die These, daß die Zentralbank auch über Veränderungen des Umfangs des privaten Nettovermögens eine gleichgerichtete Variation der Ausgaben erreichen könne. Grundlage für diesen Wirkungsmechanismus ist demzufolge, daß die Zentralbank überhaupt in der Lage ist, durch ihre Politik der Geldmengensteuerung den privaten Vermögensbestand in seinem Niveau zu beeinflussen. Darüber hinaus stellt sich das Problem, ob Finanzinnovationen diese Fähigkeit möglicherweise beeinträchtigen.

---

[5] Die makroökonomische Portfoliotheorie betont demgegenüber, daß das Finanzvermögen und Sachaktiva insofern sehr unvollkommene Substitute darstellen, als ihre spezifischen Risiken kaum (oder sogar negativ) miteinander korrelieren. Ihre Beziehung wird aufgrund der Neigung zur Risikostreuung als eher komplementär geschildert. Die Quintessenz für die Geldpolitik wäre, daß es in neo-keynesianischer Sicht vorstellbar ist, daß ein reiner Portfolioeffekt völlig im privaten Finanzvermögen versickert und die Nachfrage nach Kapitalgütern unberührt bleibt. Eine einführende Übersicht bieten *Kath, Dietmar* und *Norbert Euba:* Die makroökonomische Portfoliotheorie, in: Wirtschaftswissenschaftliches Studium (WiSt), Heft 10/Oktober 1975, S. 458 - 464. Ein breite Analyse der Konsequenzen liefert *Tobin, James:* Grundsätze der Geld- und Staatsschuldenpolitik, Baden-Baden 1978.

[6] Als ‚q' bezeichnet *Tobin* das Verhältnis der Bewertung von Sachkapitalanlagen zu Marktpreisen gegenüber deren Reproduktionskosten. Anders ausgedrückt vergleicht q die erwartete interne Ertragsrate von Investitionen mit dem ‚supply price of capital' (geforderte Mindestrendite auf Realkapital). Vgl. dazu *Tobin, James:* Monetary Policies and the Economy: The Transmission Mechanism, in: Southern Economic Journal, Nr. 3/ January 1978, S. 421 - 431.

[7] Eine detailliertere Darstellung des Prozeßablaufs findet sich z.B. bei *Jarchow, H.-J.:* Theorie und Politik des Geldes: I. Geldtheorie, a.a.O., S. 248ff.

4.1.2. Portfolioeffekt und Finanzinnovationen

Die Beschreibung des Transmissionsmechanismus über den Portfolioeffekt geht kurz gesagt davon aus, daß die Zentralbank mit Hilfe ihrer geldpolitischen Instrumente ein Ungleichgewicht am Geldmarkt erzeugen kann, wodurch spill-over-Effekte ausgelöst werden, die bei intakter Substitutionskette letztlich auch die Nachfrage nach Realkapital erfassen. Die Geldmenge im Bestand der Nichtbanken, speziell in der engen Abgrenzung M_1, spielt bei diesem Wirkungsprozeß insofern eine überragende Rolle, als deren (pekuniäre) Ertragsrate in der Regel per Gesetz oder Konvention exogen fixiert ist. Häufig liegt der Zinssatz für direkt verfügbare Transaktionsmittel bei Null.

Die festgeschriebene Verzinsung des Geldes ist in diesem Transmissionsmodell deshalb von so entscheidender Bedeutung, weil damit ein Vermögensaktivum existiert, dessen Markt nicht unmittelbar über Preis- bzw. Zinsanpassungen geräumt werden kann. Folgt man wiederum dem Beispiel eines expansiven geldpolitischen Impulses, so muß das Überschußangebot am Geldmarkt bei gegebener zinselastischer Geldnachfrage solange zu einer Reduzierung der Renditen anderer, alternativer Finanzaktiva führen, bis sich am Geldmarkt ein neues Gleichgewicht eingestellt hat. Der gesamte Anpassungsprozeß vollzieht sich demzufolge über die Märkte der Nicht-Geld-Aktiva und die Zentralbank verfügt durch die Kontrolle des Angebots von zinslosem oder zinsfixiertem Geld über einen Hebel, mit dem sie die Ertragssätze aller sonstigen finanziellen und realen Portfolioobjekte steuern kann.

Völlig anders liegt der Fall, wenn die Transaktionskasse in zunehmendem Maße marktmäßig verzinst wird, worauf die finanzinnovativen Entwicklungen hindeuten. Zum einen werden insbesondere in den USA fortlaufend neue Instrumente kreiert, die neben einer hohen Liquidität auch eine – bis dato eingeschränkt – marktabhängige Verzinsung aufweisen und zum anderen verlieren die unverzinsten Zentralbankgeldkomponenten Bargeldumlauf und Mindestreserve an Gewicht.[8]

Wenn Geld einen Marktzins erbringt, sorgte bei einer Erhöhung des Geldangebots der Konkurrenzmechanismus dafür, daß vor allem die Eigenrate des Geldes steigt und ein Großteil des notwendigen Anpassungsbedarfs auf dem Geldmarkt selbst abgewickelt wird. Ein Angebotsüberschuß der Banken an Sichteinlagen führt bei funktionierendem Wettbewerb zwangsläufig zu einer Anhebung der Zinsen, die auf Sichteinlagen gezahlt werden.[9] Der transmis-

---

[8] In einigen Ländern wie z. B. Italien, Schweden und Australien werden auf das Mindestreserve-Soll Zinsen gezahlt. In der Bundesrepublik vertritt diesen Vorschlag z. B. *Röller, Wolfgang:* Beitrag zu „Die neue Geldpolitik“, in: Zeitschrift für das gesamte Kreditwesen, Heft 23/1985, S. 1073 - 1078; hier S. 1078.

[9] Obwohl intuitiv unverständlich, ist die Erklärung einfach: Ist die Nachfrage des Publikums nach Sichteinlagen plausiblerweise positiv von den Zinsen (sprich: Erträgen)

sionstheoretisch notwendige Übergriff auf die Ertragsraten anderer Vermögensaktiva erfolgt dann nur in einem weitaus geringerem Maße. Im Extremfall einer ‚moneyless economy', in der die Ertragsraten aller Finanzaktiva inclusive des Geldes flexibel und endogen bestimmt sind, verlöre die Geldpolitik ihren Ansatzpunkt zur Steuerung der Sachkapital-Rendite. Eine Beeinflussung der aggregierten Nachfrage über den Portfolioeffekt wäre dann nicht mehr möglich.[10] Die Durchschlagskraft der Geldpolitik wird also umso stärker leiden, je weiter die monetären Neuerungen den Prozeß der Flexibilisierung des Geldzinses vorantreiben.[11]

Wird der geldpolitische Impuls nicht schon zu Beginn am Geldmarkt völlig absorbiert, stellt sich die Frage, wie Finanzinnovationen den weiteren Verlauf des dargelegten Wirkungsprozesses verändern. Im internationalen Finanzierungsgeschäft ist eine verstärkte Hinwendung zu Gleitzinsvereinbarungen (zinsvariable Kredite, FRN's) und verkürzten Laufzeiten (CP's, Euronote Facilities) zu konstatieren. Noch weitgehend ungeklärt ist, inwiefern dadurch die Zinsreagibilität der Investitionsnachfrage tangiert wird, auf die sich der eingangs erwähnte Kreditkostenmechanismus stützt.[12] Denkbar wäre, daß sich die Unternehmen aufgrund ihres längerfristigen Planungshorizonts nicht mehr vom aktuellen Zinsniveau bei ihren Entscheidungen leiten lassen, sondern den Investitionsprojekten bei variabler Verzinsung den auf längere Sicht zu zahlenden erwarteten Durchschnittszins zugrunde legen. Die Abhängigkeit der Investitionen von der Höhe des gegenwärtigen Marktzinses wäre dann nur noch insoweit gegeben, als das aktuelle Zinsniveau die Erwartungsbildung bezüglich des zukünftigen Durchschnittszinses mitbestimmt.

---

abhängig und das Angebot der Banken an Sichteinlagen negativ mit den Zinsen (sprich: Kosten) verknüpft, muß eine Rechtsverschiebung der Angebotslinie Zinssteigerungen induzieren, da nur so das Marktgleichgewicht wiederhergestellt werden kann.

[10] Modelltheoretisch ausgedrückt stellt ein System mit n Aktiva nicht mehr als $n - 1$ unabhängige Markträumungsbedingungen zur Verfügung. Die Ertragsraten der anderen Aktiva sind nur dann bestimmbar, wenn die Ertragsrate wenigstens eines Aktivums – bisher galt dies für ‚Geld' – exogen fixiert ist. Dieses in diesem Zusammenhang herausragende Charakteristikum des Geldes wird besonders betont von *Tobin, James:* Ein allgemeiner Gleichgewichtsansatz zur Geldtheorie, in: Karl Brunner, Hans G. Monissen und Manfred J. M. Neumann (Hrsg.), Geldtheorie, Köln 1974, S. 219 - 234; hier S. 230f. Im Falle der marktgerechten Verzinsung des Geldes wird eine zusätzliche Gleichung notwendig und aus statischer Sicht wäre dann das Preisniveau unbestimmt. Vgl. *Niehans, Jürg:* Innovation in Monetary Policy, a.a.O., S. 23ff.

[11] Die Deregulierung der Einlagenzinsen könnte somit weitreichende geldtheoretische und -politische Konsequenzen nach sich ziehen. Vgl. *Smithin, John Nicholas:* Financial Innovation and Monetary Theory, in: Three Banks Review, No. 144/December 1984, S. 26 - 38; hier S. 36. Ausführlich setzt sich mit diesem Problem auseinander *Hadjimichalakis, Michael G.:* Monetary Policy and Modern Money Markets: Fixed versus Market-Determined Deposit Rates, Lexington – Massachusetts – Toronto 1982.

[12] Zur volumenmäßigen Bedeutung zinsvariabler Schuldtitel siehe *Viñals, José* und *Angel Berges:* Finanzinnovationen und Kapitalbildung, in: Arnold Heertje (Hrsg.), Technik und Finanzwesen, Oxford 1988, S. 144 - 183; hier S. 159ff.

Auf der anderen Seite ist in Rechnung zu stellen, daß Zinsanpassungen im Falle zinsvariabler Schuldtitel nicht mehr nur neue Engagements betreffen, sondern auch auf den gesamten Altbestand an Krediten durchschlagen. In Zeiten stark steigender Zinsen, so die Befürchtung, wird der Ausgaberahmen des Unternehmenssektors, der gesamtwirtschaftlich regelmäßig die Netto-Schuldner-Position einnimmt, durch die Zinskostenbelastung außergewöhnlich stark beschnitten. Damit könnten überdurchschnittlich starke Investitionskürzungen verbunden sein.[13] Führen die Zinsmehreinnahmen auf der Gläubigerseite, also vorwiegend bei den privaten Haushalten, kurzfristig nicht zu einem entsprechend starken Anstieg der Konsumnachfrage, kann sich per saldo auch eine Erhöhung der Zinsreagibilität der Gesamtnachfrage einstellen.

Insgesamt erscheint es plausibel, daß Revisionen bei der Investitionsplanung in großem Umfang nur noch dann vorgenommen werden, wenn sich die Antizipierung des Durchschnittszinses als nachhaltig fehlerhaft erweist und die Zinsschwankungen über das als normal erachtete Maß hinausgehen. Tritt dieser Fall ein, wird die Reaktion allerdings entsprechend deutlich ausfallen. Für die Geldpolitik hieße das, sie büßt an Wirksamkeit ein, solange sie extreme Zinsausschläge vermeiden will. Über die Bandbreite gewöhnlicher und erwarteter Zinssatzschwankungen hinweg trifft sie auf eine abnehmende Zinsreagibilität der Investitionsnachfrage.[14]

Ein anderes Argument, das für die These der abnehmenden Zinsreagibilität der Investitionsnachfrage im Rahmen des Kreditzinskanals angeführt wird, bezieht sich auf die innovativen Hedgingtechniken, mit denen Zinsänderungsrisiken abgesichert werden können: Das Investitionsvolumen derjenigen Unternehmen, die sich z.B. am Markt für Financial Futures durch den Kauf von Zins-Terminkontrakten einen bestimmten (niedrigen) Zinssatz für ihre künftigen Investitionsprojekte gesichert haben, könne durch geldpolitisch induzierte Zinsvariationen nicht mehr beeinflußt werden. Die Quintessenz wäre, daß das Zinsniveau umso stärker erhöht bzw. abgesenkt werden muß, um eine bestimmte Änderung der geplanten Investitionsnachfrage zu erreichen, je mehr Investoren in der Vergangenheit Zinssicherungsgeschäfte durchgeführt haben.[15]

---

[13] Vgl. z.B. *Klein, Dietmar K. R.:* Bankenstruktur und Geldpolitik: Ergebnisse einer neuen OECD-Studie, in: Zeitschrift für das gesamte Kreditwesen vom 1. Januar 1986; siehe Deutsche Bundesbank/Auszüge aus Presseartikeln, Nr. 1/2. Januar 1986, S. 10 - 13; hier S. 11.

[14] Ein ähnliches Fazit zieht *Ruckriegel, Karlheinz:* Finanzinnovationen und nationale Geldpolitik: Neuerungen im finanziellen Sektor: Darstellung und Analyse ihrer Implikationen für das geldpolitische Konzept der Deutschen Bundesbank, Bayreuth 1989, S. 157f. Anzeichen für eine erhöhte Zinsempfindlichkeit der gesamtwirtschaftlichen Nachfrage glauben dagegen gefunden zu haben *Akhtar, M. A.:* ‚Financial Innovations and their Implications for Monetary Policy', a.a.O., S. 38 ff und *Bigler, Max:* Finanzinnovationen und Geldpolitik: Schlußfolgerungen aus einem erweiterten Finanzmarktmodell, in: Kredit und Kapital, Heft 2/1988, S. 221 - 242; hier speziell S. 232.

Unklar bleibt bei dieser Schlußfolgerung allerdings, warum die Unternehmen überhaupt dazu übergehen sollten, ihre Gewinne oder Verluste aus zurückliegenden Futures-Kontrakten mit dem Zinsaufwand ihrer gegenwärtigen Investionsvorhaben zu verrechnen. Ein Investitionsprojekt ist grundsätzlich dann rentabel, wenn zum Realisierungstermin der interne Zinssatz über dem Marktzinsniveau liegt. Ist die Investitionsrendite dagegen niedriger als der Marktzins, ist eine Mittelaufnahme zur Durchführung dieses Vorhabens nicht lukrativ; und zwar unabhängig davon, ob möglicherweise ein zuvor abgeschlossener Interest Rate Future aufgrund von Zinssteigerungen einen Gewinn abgeworfen hat.[16] Es ist daher einleuchtender, bereits realisierte (positive oder negative) Erträge aus Finanzterminkontrakten in Analogie zum Konzept der ‚sunk costs' als entscheidungsneutral einzustufen. Die Elastizität der Reaktion der einzel- und gesamtwirtschaftlichen Investitionsnachfrage auf Zinsänderungen wird vom Wachstum der Futures Markets nicht berührt.[17]

Der allein über steigende oder sinkende Kreditkosten laufende "simple ‚Keynesian' transmission mechanism"[18] bildet die Grundlage der meisten Betrachtungen zu dem Einfluß finanzieller Neuerungen. Der vermögenstheoretische Ansatz stützt sich demgegenüber auf eine wesentlich breitere Basis der verschiedentsten Portfolioobjekte, die über das vielfältige Zusammenspiel der relativen Preise geldpolitische Impulse in den Realsektor der Volkswirtschaft übermitteln. Wenn nun die technologisch bedingten Prozeßinnovationen (EFTS) über sinkende Informations- und Transformationskosten die Substitutionslücken zwischen den Finanzaktiva immer kleiner werden lassen, so bedeutet dies für den Transmissionsmechanismus, daß schon vergleichsweise geringe Ertragsratenänderungen genügen, um Ungleichgewichte auf den Finanzmärkten abzubauen.[19] Eine gegebene Geldmengenerhöhung würde die Renditerelation zwischen Sach- und Finanzvermögen nur relativ wenig zugun-

---

[15] Vgl. zu diesen Überlegungen z.B. *Hester, Donald D.*: Innovations and Monetary Control, a.a.O., S. 167.

[16] Vgl. *Bofinger, Peter:* Geldpolitik im Zeichen der sogenannten Finanzinnovationen, a.a.O., S. 147f. Ähnlich äußern sich *Simpson, Thomas D.* und *Patrick M. Parkinson:* Some Implications of Financial Innovations in the United States, in: Bank for International Settlements, Financial Innovation and Monetary Policy, Basle March 1984, S. 272 - 301; hier S. 287.

[17] Werden Financial Futures verstärkt zur Zinsabsicherung und Risikobegrenzung bereits getätigter Investitionen eingesetzt, so ließe sich daraus – graphisch gesprochen – eine Verschiebung der Investitionsfunktion konstruieren. Auf die Zinsempfindlichkeit der Investitionsnachfrage – die Neigung der Funktion – hätte dies keinen Einfluß. Eine Verlagerung der IS-Kurve nach rechts unterstellen *Artus, Patrick* und *Christian de Boissieu:* Der Finanzinnovationsprozeß: Ursachen, Erscheinungsformen und Konsequenzen, in: Arnold Heertje (Hrsg.), Innovation, Technik und Finanzwesen, Oxford 1988, S. 92 - 111; hier S. 103.

[18] Siehe *Pohl, Rüdiger:* ‚Die Transmissionsmechanismen', a.a.O., S. 3.

[19] Vgl. *Herz, Bernhard:* Geldpolitik bei finanziellen Innovationen, in: Zeitschrift für das gesamte Kreditwesen, Nr. 3/1985, S. 607 - 610; hier S. 608.

sten des Realkapitals verschieben und der expansive geldpolitische Impuls könnte die Neigung zum Erwerb von Investitions- und Konsumgütern somit nur noch geringfügig stimulieren.[20]

Eine relative Stärkung könnte die Geldpolitik unter Umständen dadurch erfahren, daß infolge der engeren Substitutionsbeziehungen unter den finanziellen Anlageobjekten die Anpassungsvorgänge schneller ablaufen und deswegen die von Geldvolumensänderungen ausgelösten spill-over-Effekte nach kürzerer Zeit zu den Realkapitalmärkten vorstoßen.[21] Es gibt jedoch einige Gesichtspunkte, die gegen diese These sprechen.

Die Vervollständigung der Finanzmärkte im Sinne einer umfassenden Angebotspalette von Ertrags-/Risikokombinationen bedingt, daß die Zahl der zur Verfügung stehenden Finanztitel beständig zunimmt. Gleichzeitig führen die sinkenden Transaktionskosten im Finanzbereich dazu, daß die internationalen Geld- und Kapitalmärkte zusammenwachsen (Cross-Currency Swaps). Marktzutrittsschranken werden für eine immer größere Zahl von Anlegern abgebaut. Parallel dazu verbreiten die computergestützten Kommunikationssysteme ausgesprochen kostengünstig eine solche Vielfalt von Informationen über alle relevanten Finanzdaten, daß deren Auswertung und Umsetzung in konkrete Dispositionen selbst an Spezialisten hohe Anforderungen stellt.

Die optimale (Re-)Strukturierung eines größeren Portfolios erfordert unter diesen Bedingungen einen sehr diffizilen Entscheidungsprozeß. Der dafür erforderliche Zeitaufwand ist sicherlich größer, als es die einfachen Denkmodelle suggerieren, die im Finanzsektor nur zwischen Geld und Bonds unterscheiden. Hinzu tritt, daß geldpolitisch induzierte Vermögensadjustierungen in der Realität nicht isoliert ablaufen, sondern von mannigfaltigen Störeinflüssen überlagert werden. Steigt die Fragilität des Finanzsystems, weil die Wirtschaftssubjekte ungeachtet der Quelle schon bei sehr kleinen Ertragsratenvariationen mit Neudispositionen reagieren, so ist es denkbar, daß das anlagesuchende Kapital fortdauernd zwischen den diversen Finanzprodukten umgeschichtet wird. Auf diesem Weg ist es möglich, unverzüglich und mit vergleichsweise geringer Mühe den erwarteten Ertrag des Portefeuilles zu steigern. Dieses erhöhte Störpotential wirkt sich retardierend auf die Findung eines stabilen Gleichgewichts innerhalb des Finanzvermögens aus und es ist

---

20 Die Fiskalpolitik wird durch engere Substitutionsbeziehungen im Finanzsektor begünstigt, da die Gefahr des ‚crowding out‘ abnimmt. Eine ausführliche Diskussion der fiskalpolitischen Wirkungskraft im Rahmen der Theorie der Vermögensentscheidung findet sich bei *Ketterer, Karl-Heinz:* Monetäre Aspekte der Staatsverschuldung, Veröffentlichungen des Instituts für Empirische Wirtschaftsforschung, Band 21, Berlin 1984.

21 Diese Ansicht vertreten z.B. *Akhtar, M. A.:* ‚Financial Innovation and Monetary Policy‘, a.a.O., S. 40f. und *Francke, Hans-Herrmann:* Finanzinnovationen und geldpolitische Zwischenzielvariable, in: Claus Köhler und Rüdiger Pohl (Hrsg.), Aspekte der Geldpolitik in offenen Volkswirtschaften, Berlin 1987, S. 167 - 187; hier S. 173.

fraglich, wann der Substitutionsmechanismus letztendlich auf die Nachfrage nach Sachkapital übergreift.

Zusammengenommen werden die geldpolitischen Wirkungsverzögerungen unter dem Einfluß von Finanzinnovationen eher zu- als abnehmen. Die Realvermögensbildung ist in Relation zu den vielgestaltigen Optionen der Geldkapitalanlage so zeit- und kostenaufwendig, daß eine Sachinvestition erst dann in Betracht kommt, wenn sich in dem immer komplexer werdenden Finanzsektor über eine längere Dauer hinweg keine neuen Chancen für die Optimierung der Portfoliozusammensetzung mehr eröffnen.

In Anlehnung an das Eingangsbeispiel soll der von einer expansiven geldpolitischen Maßnahme in Gang gesetzte Anpassungsvorgang im Bereich des Finanzvermögens trotz der vorstehenden Einschränkungen zum Abschluß gekommen sein. Es stellt sich nun die Frage, wie stark sich daraufhin der Ertragssatz des Realvermögens relativ zum Geldkapital erhöht haben muß, um die Sachkapitalnachfrage merkbar anzuregen. Die monetären Produkt- und Prozeßinnovationen sind für dieses Problem von Bedeutung, weil sich die Substitutionsbeziehungen zwischen Finanz- und Sachaktiva verschlechtern. Der Grund dafür ist, daß Finanzinnovationen die Strukturen des monetären Sektors nachhaltig verändern, indem sie die Unvollkommenheiten und Unvollständigkeiten auf den Geld- und Kapitalmärkten beständig abbauen.

Finanzielle Vermögensobjekte werden auf Märkten gehandelt, die unter operativen Aspekten immer perfekter funktionieren. Die Erweiterung der instrumentellen Ausstattung sowie die umfassende Senkung der Transaktionskosten und der Wegfall von Zugangsbeschränkungen sind dafür die wichtigsten Kennzeichen. Im Gegensatz dazu sind die Realgütermärkte von diesen Perfektionierungstendenzen nur wenig oder gar nicht betroffen, da sie von den finanzinnovativen Entwicklungen nicht direkt erfaßt werden. Finanzinvestitionen gewinnen deshalb aus der Sicht der Anleger eine zunehmend andere Qualität als Sachinvestitionen. Der Übergang von der einen zur anderen Vermögenskategorie findet nur noch eingeschränkt statt. Finanzielle und reale Portfolioobjekte stehen im Vergleich zu früher in einem unvollkommeneren Substitutionsverhältnis, und es ist zu erwarten, daß die unterschiedliche Charakteristik der beiden Anlageformen künftig noch prägnanter wird. Die geldpolitisch negative Konsequenz dessen ist, daß ein größeres Renditegefälle zwischen Finanz- und Sachaktiva erzeugt werden muß, um die Güternachfrage in einem vorgegebenen Ausmaß zu beeinflussen.

4.1.3. Realkasseneffekt und Finanzinnovationen

Der Realkasseneffekt basiert auf der These, daß die Höhe des privaten Nettovermögens eine wesentliche Determinante der gesamtwirtschaftlichen Nachfrage ist. Übertragen auf das Problem der geldpolitischen Wirkungsmechanismen kann die Zentralbank – völlig separat vom strukturbezogenen Portfolioeffekt – auch dann eine Variation der Ausgabentätigkeit induzieren, wenn sie den Vermögensbestand ausschließlich in seinem Volumen verändert. Die zentrale Frage, die der Realkasseneffekt aufwirft, ist somit, unter welchen Voraussetzungen die Notenbank grundsätzlich eine Zugriffsmöglichkeit auf das Vermögensniveau besitzt.

Der Umfang des Sachvermögens wird durch geldpolitische Maßnahmen direkt nicht tangiert, sondern die Politik der Geldmengensteuerung kann bestenfalls Veränderungen in der Höhe des Finanzvermögens herbeiführen. In einer geschlossenen Volkswirtschaft ist das Nettofinanzvermögen allerdings stets gleich Null, da jeder inländischen Forderung eine gleichhohe inländische Verbindlichkeit gegenübersteht. Der Realkasseneffekt rekurriert nun aber nicht auf das Reinvermögen der gesamten Volkswirtschaft, sondern hier ist nur von Interesse, inwiefern die reale Geldmenge zum Nettofinanzvermögen in Privathand zählt. Unter dem Aspekt der Trennung der Wirtschaft in einen staatlichen und einen nicht-staatlichen (privaten) Sektor ist es im folgenden sinnvoll, das Geldvolumen (Bargeld + Sichteinlagen) in sog. Außengeld (‚outside money') und Innengeld (‚inside money') zu unterteilen.

Außengeld: Unter Außengeld ist derjenige Teil der Geldmenge zu verstehen, der eine Forderung des privaten Sektors und eine Verbindlichkeit des staatlichen Sektors darstellt, also im wesentlichen das Bargeld. Die Zurechnung des Bargeldes, genauer gesagt des Zentralbankgeldes, zum Volksvermögen ergibt nur dann einen Sinn, wenn man asymmetrische Reaktionen des Staates und der Privaten auf ihren jeweiligen Forderungs- bzw. Schuldenstand konzipiert. Beim privaten Sektor wirkt eine Zunahme des Bargeldbestandes über die damit einhergehende Erhöhung der Nettoforderungen ausgabenstimulierend. Der Staat agiert dagegen unabhängig von seiner Schuldnerposition und wird seine Güternachfrage nicht kompensierend einschränken. Er braucht dies im Gegensatz zu anderen Schuldnern nicht zu tun, weil aus den Zentralbankverbindlichkeiten gemeinhin keine Zinslasten entwachsen und die rein buchungstechnischen Schulden auch keine Rückzahlungsverpflichtungen implizieren. Ökonomisch gesehen geht vom Außengeld keine reale Verschuldung des staatlichen Sektors aus, die den positiven Vermögenseffekt beim privaten Sektor gesamtwirtschaftlich dämpfen könnte.

Außengeld stellt demzufolge einen Vermögensposten der Wirtschaft dar und die Zentralbank könnte durch entsprechende Veränderungen des Bargeldbestandes gleichgerichtete Realkasseneffekte induzieren. Finanzinnovationen, die z.B. durch die zunehmende Verbreitung kartengestützter Zahlungssysteme den Bargeldanteil im Portefeuille der Privaten verringern, beeinträchtigen damit den geldpolitischen Vermögensmechanismus. Eine bestimmte prozentuale Zu- oder Abnahme des Bargeldvolumens schlägt weniger stark auf das Niveau des Gesamt-Finanzvermögens und die Nachfrage nach Realkapital durch.

Dieser Umstand ist jedoch für die Wirkungskraft der spezifischen Politik der Deutschen Bundesbank nur von untergeordneter Bedeutung. Von der Entstehungsseite her betrachtet wird Außengeld entweder gegen den Ankauf von internationalen Reserven (Devisenpolitik) oder staatlichen Wertpapieren (Offenmarktpolitik) aus dem Besitz des Publikums geschaffen.[22] Beide Instrumente hat die Bundesbank in den letzten Jahren nur sehr zurückhaltend eingesetzt.[23] Der ‚Außengeld-Realkasseneffekt' ist unter den gegenwärtigen Strukturen der Zentralbankgeldversorgung in der Bundesrepublik per se kein relevanter Politikfaktor.

Innengeld: Unter Innengeld ist der Bestandteil der Geldmenge zu verstehen, der gleichzeitig eine Forderung und eine Verbindlichkeit des privaten Sektors darstellt, also im wesentlichen das Giralgeld. Bei einer Saldierung des privaten Sektors würde das Innengeld herausfallen, so daß es auf den ersten Blick keinen Vermögenscharakter haben dürfte.

Geld weist allerdings einige besondere Merkmale auf, die die Gleichbehandlung mit anderen Portfolioaktiva erschweren. So ist im Falle des Giralgeldes hervorzuheben, daß Sichteinlagen traditionell keinen expliziten Zinsertrag abwerfen. Die Banken, die im Rahmen ihrer Rolle als monetäre Finanzintermediäre Innengeld schöpfen, werden dadurch in eine außergewöhnliche Situation versetzt: Ihre Geschäftstätigkeit besteht darin, die von den letzten Gläubigern zinslos zur Verfügung gestellten Einlagen zinsbringend an die letzten Schuldner kreditweise weiterzuverleihen.

Stellt man jetzt eine Vermögensbilanz des nicht-staatlichen Sektors auf, wird die Stellung der Bank-Gläubiger und Bank-Schuldner durch diesen Vorgang nicht beeinflußt. Die Gläubiger können ihre Einlagen nur dann halten, wenn sie dafür auf andere Anlagemöglichkeiten verzichten; ihr Portfoliovolumen ändert sich nicht. Bei den Schuldnern, die die Mittel erhalten haben, findet zwar eine Bilanzverlängerung statt, ihre Nettovermögensposition ändert sich aber ebenfalls nicht. Anders sieht es bei den Banken aus. Bei ihnen stellt sich ein Einkommenszuwachs ein, da dem Zufluß an Darlehenszinsen kein

[22] Die speziellen Bedingungen, unter denen die Devisenpolitik und die Offenmarktpolitik mit staatlichen Wertpapieren vermögenswirksam sind, diskutiert ausführlich *Claassen, Emil-Maria:* Grundlagen der Geldpolitik, a.a.O., S. 236ff.

[23] Vgl. *Berliner Handels- und Frankfurter Bank:* Strukturwandel in der Zentralbankgeldversorgung, in: Wirtschaftsdienst der Berliner Handels- und Frankfurter Bank vom 15. November 1986; siehe Deutsche Bundesbank/Auszüge aus Presseartikeln, Nr. 79/ 24. November 1986, S. 6 - 7; und *Francke, Hans-Herrmann:* Der Einfluß von Finanzinnovationen auf die Effizienz der Geldangebotskontrolle und des geldpolitischen Instrumentariums, in: Werner Ehrlicher und Diethard B. Simmert (Hrsg.), Wandlungen des geldpolitischen Instrumentariums der Deutschen Bundesbank, Beihefte zu Kredit und Kapital, Heft 10, Berlin 1988, S. 263 - 276; hier S. 272ff.

entsprechender Abfluß an Einlagenzinsen gegenübersteht. Diese Einkommens- bzw. Vermögenserhöhung als kapitalisierter Wert der zusätzlichen Erträge kommt dem privaten Sektor direkt zugute, sofern sich die Geschäftsbanken in Privateigentum befinden.[24] Vom Innengeld gehen also solange ausgabenanregende Realkasseneffekte aus, wie es nicht verzinst wird.[25]

Der Einfluß von Finanzinnovationen auf den ‚Innengeld-Realkasseneffekt‘ liegt damit auf der Hand. Wenn sich der Wettbewerbsdruck im Bankengewerbe verstärkt und gesetzliche Restriktionen wie Mindestreserve- und Zinsvorschriften an Relevanz verlieren, wird Buchgeld zunehmend eine marktgerechte Verzinsung erbringen, die unter Berücksichtigung der Produktionskosten der Giralgeldschöpfung[26] derjenigen anderer Finanzaktiva entspricht. Gleicht der pekuniäre Ertragssatz der Sichtguthaben der Gesamtrendite der anderen im Portfolio befindlichen Aktiva, so werden die Wirtschaftssubjekte in die Lage versetzt, die Kassenhaltung so weit auszudehnen, bis die sog. optimale Geldmenge erreicht ist, bei der definitionsgemäß der nichtpekuniäre Ertragssatz – also der Grenznutzen – der Geldhaltung Null wird.[27] Diese erhöhte Realkassenhaltung läßt sich zwar als Wohlfahrtsgewinn interpretieren[28], der Vermögenscharakter des Innengeldes geht jedoch verloren.

Im theoretischen Extremfall transferieren die Banken ihren gesamten Nettozinsertrag aus dem Kreditvermittlungsgeschäft über die Verzinsung der Sichtguthaben an die Geldbesitzer. Dort ist aber kein Einkommens- oder Vermögenszuwachs zu verzeichnen, weil die Summe aus pekuniärem und nichtpekuniärem Ertragssatz eines jeden Vermögensobjektes im Portfolio-Gleichgewicht nicht voneinander abweichen kann. Steigt der Eigenzins des Geldes, werden die privaten Anleger mehr Geld nachfragen, wodurch der Grenznutzen des Geldes kompensierend sinkt. Der pekuniäre Ertragszuwachs wird durch die nichtpekuniäre Ertragsabnahme gleichsam vernichtet. Per saldo muß der Gesamtertrag der Geldhaltung nach wie vor mit dem Ertragssatz aller anderen Vermögenskomponenten identisch sein.

---

[24] Auch die Zentralbank kann über den Refinanzierungsmechanismus Innengeld schaffen. Die dabei anfallenden Erträge können ebenfalls dem privaten Sektor zugerechnet werden, da sie über Steuersenkungen oder erhöhte staatliche Leistungen an die Allgemeinheit zurückfallen.

[25] Vgl. *Park, Yung Chul:* Der Vermögenseffekt, in: Jürgen Badura und Otmar Issing (Hrsg.), Geldtheorie, Stuttgart – New York 1979, S. 134 - 141; und *Claassen, Emil-Maria:* Grundlagen der Geldtheorie, a.a.O., S. 240ff.

[26] Die bei den Banken anfallenden Produktions- bzw. Bereitstellungskosten des Giralgeldes bestehen zum Beispiel in den Bonitätsprüfungen, Buchhaltungskosten und dem Aufwand im Zahlungsverkehr sowie der Reservehaltung.

[27] Vgl. dazu *Friedman, Milton:* Die optimale Geldmenge, in: Die optimale Geldmenge und andere Essays, München 1970, S. 9 - 76.

[28] Vgl. *Johnson, Harry G.:* Innengeld, Außengeld, Einkommen, Vermögen und Wohlfahrt in der Geldtheorie, in: Beiträge zur Geldtheorie und Währungspolitik, Berlin 1976, S. 110 - 132; hier S. 118f.

Insgesamt ist das Innengeld um so weniger zum Reinvermögen des privaten Sektors zu zählen, je stärker sich der Giralgeld-Zinssatz der allgemeinen Marktrendite annähert. In gleichem Ausmaß sinkt die Fähigkeit der Zentralbank, über Veränderungen im Volumen des Finanzvermögens die Nachfrage nach Realkapital zu beeinflussen. Als Folge nimmt die Bedeutung des die Geldpolitik stützenden Realkasseneffektes ab.

4.2. Ein Portfoliostruktureffekt

Finanzinnovationen stellen nicht nur die Impulsübermittlung geldpolitischer Steuerungsmaßnahmen in Frage, sondern von den monetären Neuerungen können auch eigenständige Wirkungen auf die Wirtschaftsaktivität ausgehen. Gemeinhin sprechen die raren theoretischen Analysen dieser Problematik den modernen Finanzinstrumenten eine vorwiegend expansive Wirkung zu, da sich z. B. durch effizientere Kapitalmärkte die Möglichkeiten zur Finanzierung gewinnträchtiger Investitionen verbessern. Im Rahmen des gängigen IS/LM-Modells würde sich die Kurve des güterwirtschaftlichen Gleichgewichts nach außen verschieben und Produktion und Einkommen steigen tendenziell. Ein deutlich restriktiver Effekt des finanzinnovativen Entwicklungsprozesses, der sich direkt aus dem vermögenstheoretischen Ansatz ableiten läßt, wird in der Literatur dagegen fast völlig übersehen und kaum gewürdigt. Die praktische Relevanz manifestiert sich in der Suche nach Erklärungshypothesen für die bisher ungelöste Frage, warum die Investitionen in den meisten Industrieländern bis weit in die achtziger Jahre hinein nicht merklich über das erwartete Maß hinaus angestiegen sind. Trotz der günstigeren Realkapitalbildungsbedingungen, die allein aufgrund finanzieller Innovationen vorgelegen haben müßten, blieben die Investitionen häufig sogar enttäuschend weit unter dem erwünschten Niveau liegen.[29] Der nachfolgend beschriebene Portfoliostruktureffekt könnte dabei eine Rolle gespielt haben.

Aus der Sicht des Anlegers konkurrieren bei der Gestaltung seiner Portfoliostruktur Realkapitalien mit Finanzaktiva. Sachinvestitionen werden nur getätigt, wenn sie lohnender erscheinen als alternative Anlagemöglichkeiten. Die anhaltenden monetären Produkt- und Prozeßinnovationen sind geeignet, die Anlageentscheidung verstärkt zugunsten des Geldvermögens zu verschieben.[30] Ein Grund dafür ist der Attraktivitätsverlust von Sachanlagen aufgrund der Einbuße ihres im Vergleich zu Finanzanlagen besonderen Vermögens-

---

[29] Die schwer erklärbare europaweite Investitionsschwäche beklagen *Viñals, José* und *Angel Berges:* Finanzinnovationen und Kapitalbildung, a.a.O., S. 181. Auch in der Bundesrepublik fallen die Investitionen trotz "spektakulär verbesserter Rahmenbedingungen" aus dem Gesamtbild heraus. Vgl. *Engels, Wolfram:* Müde Investoren, in: Wirtschaftswoche, Nr. 43/16. 10. 1987, S. 192.

[30] Vgl. *Maier, Gerhard:* ‚Das US-Geldmengenrätsel', a.a.O., S. 298.

dienstcharakters. Die Vervollständigung der Finanzmärkte impliziert, daß finanzielle Instrumente zunehmend auch die spezifischen Risiko-/Renditekombinationen des Realkapitals mit abdecken können. So ist es beispielsweise nicht mehr zwingend notwendig, Sachaktiva in das Portfolio aufzunehmen, um das den Finanzaktiva innewohnende Risiko der inflationsbedingten Kaufkraftverringerung zu mildern. In den USA hat sich inzwischen sogar ein Terminhandel für den Preisindex der privaten Lebenshaltung etabliert.[31] In der Sprache der makroökonomischen Portfoliotheorie schwächt sich damit die komplementäre Beziehung der beiden Vermögensarten ab, da finanzielle Aktiva selbst immer besser in der Lage sind, die Aufgabe der physischen Anlagen zu übernehmen. Somit kann auch bei besonderer Wertlegung auf die Risikokomponente der Portfoliostruktur eine Vermögenserhöhung ohne komplettierende Aufstockung des Sachkapitalbestandes vonstatten gehen. Die Mischung des Portfolios zum Zwecke der Risikoreduzierung wird weitgehend obsolet.

Sachanlagen sind in der Regel dadurch gekennzeichnet, daß es sich bei ihnen um Vermögensobjekte handelt, die eine längere Bindungsfrist erfordern. Das vorhandene Realkapital ist zudem aufgrund der hohen Informations- und Veränderungskosten dem besonderem Risiko ausgesetzt, bei einer sich beschleunigenden Rate des technischen Fortschritts relativ schnell entwertet zu werden. Die rasch voranschreitende Computerisierung der Produktionsverfahren verstärkt exemplarisch für die Investoren die Prognoseunsicherheit hinsichtlich der zu erwartenden Angebotsbedingungen und kann somit tendenziell das Durchschnittsniveau der marktbedingten Arbeitslosigkeit erhöhen.[32]

Finanzinnovation können zu einer für die Realkapitalbildung nachteiligen Verkürzung des Investititonshorizonts beitragen, indem auf den Geld- und Kapitalmärkten beständig neue Anlageinstrumente geschaffen werden, die trotz vergleichsweise kurzer Bindungsdauer der eingesetzten Mittel eine marktbestimmte Rendite abwerfen. Hinzu tritt, daß sich auch die Liquidität finanzieller Vermögensaktiva absolut und relativ zum Sachkapital erhöht. Mit dem Begriff der ‚Liquidität' wird die Zahlungsmittelnähe von Portfolioobjekten beschrieben, d. h. ein liquides (marktgängiges) Aktivum läßt sich schnell, reibungslos und ohne hohe Kosten in Geld umwandeln.

---

[31] Vgl. *Reither, Franco* und *Ulrike Dennig:* Finanzinnovationen: Hintergründe und Konsequenzen, in: Wirtschaftsdienst, Nr. 1/1986, S. 45 - 52; hier S. 46.

[32] Die nachteiligen Auswirkungen des technischen Fortschritts auf den Arbeitsmarkt, die sich daraus ergeben, daß sowohl die Informationsgewinnung über die Marktbedingungen als auch die Neuallokation der Ressourcen nicht kostenlos ist, beschreibt *Brunner, Karl:* Eine Neuformulierung der Quantitätstheorie des Geldes: Die Theorie der relativen Preise, des Geldes, des Outputs und der Beschäftigung, in: Kredit und Kapital, Heft 1/1970, S. 1 - 30; hier speziell S. 22ff.

Die Zahlungsmittelnähe eines Aktivums läßt sich danach beurteilen, welche Informations- und Transformationskosten bei dessen Realisierung anfallen.[33] Die Höhe der Informationskosten bzw. der Mobilisierungsgrad eines Vermögensobjektes hängt davon ab, unter welcher Marktform es gehandelt wird. Handelt es sich um einen vollkommenen Markt mit vollständiger Konkurrenz, so existiert nur ein einziger Preis, der zudem von der individuellen Angebotsmenge unabhängig ist. Die Informationskosten, die entstehen, um bei einem erwünschten oder erzwungenen Verkauf des Aktivums den maximal erzielbaren Preis zu erlangen, gehen in diesem Idealfall gegen Null. Die monetären Prozeßinnovationen, insbesondere die modernen Formen der Telekommunikation, senken die Kosten der Informationsbeschaffung erheblich und die Transparenz der Finanzmärkte nähert sich dem theoretischen Optimum. Innerhalb von Sekunden können heute Preisvergleiche über Kontinente hinweg vorgenommen werden.

Die Marktgängigkeit der Finanzprodukte wird auch dadurch gesteigert, daß sie in verbriefter Form ausgegeben werden und börsenmäßig organisierte Sekundärmärkte entstehen. Zeitliche Beschränkungen des Handels mit Finanzaktiva werden abgebaut, indem zum einen die Börsenöffnungszeiten verlängert werden und zum zweiten ein weltweites Netz von Börsenplätzen entsteht, das durch die chronologische Verschiebung der einzelnen Öffnungstermine den Handel ‚rund um die Uhr' ermöglicht.[34] Verstärkt wird dieser Effekt durch Vereinbarungen wie dem „mutual offset system", das die Devisenterminbörsen von Singapur und Chicago so eng zusammenschließt, das offene Positionen an der einen Börse später ohne Probleme an der anderen glattgestellt werden können. Die beiden Regionalmärkte verschmilzen praktisch zu einem großen Gesamtmarkt.[35] Die gegenseitige Durchdringung räumlich und/oder zeitlich separierter Teilmärkte verschärft zudem die Konkurrenzsituation im Finanzbereich, womit das zweite Mobilisierbarkeitskriterium angesprochen ist. Der Wettbewerbscharakter der Finanzmärkte erhöht sich zusätzlich mit der Zahl der Marktteilnehmer und dem Abbau von Zutrittsbeschränkungen wie Mindestanlagebeträgen und anderen regulatorischen Eingriffen.

Die Transformationskosten als Bestimmungskomponente der Realisierbarkeit von Vermögensobjekten umfassen die effektiven Kosten in Form von

---

[33] Vgl. zum Liquiditätsbegriff *Claassen, Emil-Maria:* Grundlagen der Geldtheorie, a.a.O., S. 45ff.

[34] Beispielsweise werden bereits Eurobonds ohne tageszeitliche Behinderungen auf der Achse New York – Tokio – Singapur – London – Zürich und Frankfurt gehandelt. Vgl. *Röller, Wolfgang:* Beitrag zu „Die neue Geldpolitik", a.a.O., S. 1075.

[35] Vgl. *Reszat, Beate:* ‚Devisenterminmärkte', a.a.O., S. 138. An dieser Stelle findet sich auch eine Übersicht, die die nahtlos ineinandergreifenden Öffnungszeiten der wichtigen Devisenbörsen und den kontinuierlichen Handel mit Fremdwährungen verdeutlicht. In den USA verbindet das vollelektronische System NASDAQ die verschiedenen Aktienbörsen miteinander.

Spesen, Maklergebühren und Steuern, die beim Verkauf des Aktivums zu begleichen sind. Dazu kommen die Opportunitätskosten wie die aufzuwendende Zeit und andere Unbequemlichkeiten, die die Umwandlung in Geld mit sich bringt. Auf den Finanzmärkten sorgen insbesondere die Verfahrensinnovationen für eine systematische Reduzierung der Transformationskosten, indem z. B. der Mitteltransfer vollelektronisch abgewickelt wird (SWIFT) und Kauf- bzw. Verkaufsorders per Tastendruck von normalen PC's aus erfolgen (Home Banking). Die effektiven Kosten werden zudem auch durch die steigende Zahl konkurrierender Finanzdienstleistungs-Anbieter wirkungsvoll gedrückt.

Wie stark der ständig wachsende Liquiditätsvorsprung finanzieller Aktiva in Verbindung mit der Vervollständigung der Finanzmärkte die Präferenzen der privaten Anleger zu Lasten der Bildung von Realkapital verändern, läßt sich im einzelnen nur schwer anhand von Zahlen beweisen. Es sprechen jedoch einige Anhaltspunkte dafür, daß dieser restriktive Portfoliostruktureffekt wesentlich mehr Beachtung verdient, als ihm bisher zuteil wurde. Hervorzuheben ist das im Schnitt deutlich stärkere Umsatzwachstum der internationalen Finanzmärkte insbesondere seit 1980 im Vergleich zum Realsektor; diese Tendenz zeigt sich weltweit in allen bedeutenden Industrieländern.[36] Einige wenige Kennziffern sollen dies bestätigen: Während beispielsweise der Euro-Geldmarkt im Zeitraum zwischen 1976 und 1982 um 245,4 % gewachsen ist, hat sich das nominale Bruttosozialprodukt im Bereich der OECD nur um 70,6 % erhöht.[37] Besonders hohe Wachstumszahlen weisen die Finanzmärkte in den USA auf. So hat sich auf dem US-Kreditmarkt der Wert der ausstehenden Verschuldung bei fast kontinuierlich steigenden Expansionsraten bis 1984 (+ 14 %) auf ein Verhältnis von 2 : 1 zum nominalen US-GNP eingestellt. 1974 lag diese Relation noch bei 1,7 : 1.[38]

Diese dynamische Entwicklung der Finanzmärkte findet in Einklang mit dem schon länger statistisch gesicherten Wachstumsüberhang des Geldvermögens in den hoch entwickelten Volkswirtschaften statt. Das Beispiel Bundesrepublik Deutschland zeigt, daß sich das Bruttogeldvermögen der privaten Haushalte zwischen 1960 und 1982 jahresdurchschnittlich um 12,14 % erhöht hat; beim Nettogeldvermögen waren es 11,99 %.[39] Bezogen auf das Volksver-

---

[36] Mit der anhaltenden Dynamik der Geld- und Kapitalmärkte befaßt sich *Heri, Erwin W.:* Expansion der Finanzmärkte: Ursachen, Konsequenzen, Perspektiven, in: *Kyklos,* Vol. 42, Fasc. 1/1989, S. 17 - 37.

[37] Vgl. dazu *Akhtar, M. A.:* ‚Financial Innovations and their Implications for Monetary Policy', a.a.O., S. 15ff.; speziell Table 6 auf S. 17.

[38] Vgl. *Kaufman, Henry:* Interest Rates, the Markets, and the New Financial World, S. 15f. Die angegebenen Daten liegen aufgrund der ungenügenden statistischen Verfügbarkeit noch unterhalb der wahren Werte.

[39] Vgl. *Zinn, Karl Georg:* Geldvermögen, Zinseinkommensquote und Inflation, in: Jahrbücher für Nationalökonomik und Statistik, Band 201/4, Stuttgart 1986, S. 350 - 367; hier S. 352.

mögen in jeweiligen Preisen (ohne Grundstücke) machte das Geldvermögen der inländischen nicht-finanziellen Sektoren 1970 46% aus, 1985 waren es schon 56%. Insgesamt hat sich der ‚finanzielle Überbau' der Volkswirtschaft also deutlich stärker ausgeweitet als die ‚reale Basis' (Tab. 7).

Tab. 7: Geldvermögen der inländischen nicht-finanziellen Sektoren in der Bundesrepublik in Relation zum Volksvermögen

	1950	1960	1970	1975	1980	1985[p)]
1. Geldvermögen (in Mrd. DM)	59	310	889	1536	2350	3360
2. Volksvermögen ohne Grundstücke (Mrd. DM)	223	724	1948	3110	4731	5975
3. Anteil von 1. an 2. (in Prozent)	26	43	46	49	50	56

p) Vorläufig. Quelle: *Schlesinger, Helmut*: Kapitalmarkt, Kapitalbildung und Kapitalallokation, in: Kapitalmarkt und Finanzierung, Schriften des Vereins für Socialpolitik, Neue Folge Band 165, Berlin 1987, S. 17 - 48; hier S. 40.

Interessant ist, daß sich der ‚Trend zu Finanzinvestitionen' auch in den Unternehmensbilanzen niederschlägt. Eine Untersuchung für die Vereinigten Staaten hat ergeben, daß sich im nicht-finanziellen Unternehmenssektor die Relation zwischen Finanzanlagen und Sachanlagen im Portfolio von 45,9% (1960) auf 55,2% (1983) erhöht hat. Noch weit stärker ist in diesem Zeitraum der Anteil des Finanzeinkommens (ohne Zinserträge) an den Gesamt-Profiten der ‚Nonfinancial Corporations' gestiegen, und zwar von 9,6% im Jahre 1963 auf über 43% in 1981.[40] Ähnliche Entwicklungen zeichnen sich bereits in Japan und der Bundesrepublik ab.[41]

Der oben abgleitete längerfristig wirkende Portfoliostruktureffekt gewinnt offensichtlich insofern an Plausibilität, als Finanzinnovationen durch ihren

[40] Vgl. dazu *Niggle, Cristopher J.*: Financial Innovation and the Distinction Between Financial and Industrial Capital, in: Journal of Economic Issues, No. 2/June 1986, S. 375 - 382. Die Zinsen wurden aus den finanziellen Erträgen herausgerechnet, um den Einfluß des aufwärtsgerichteten Zinstrends auszuschalten.

[41] Die großen japanischen Konzerne Matsushita, Mitsubishi und Sony haben 1986 mehr Geld durch Finanzoperationen als durch den Verkauf ihrer Produkte eingenommen. Vgl. *o. V.*: Japan: Wohin mit dem ganzen Geld?, in: Das Wirtschaftsstudium (WISU), Nr. 7/Juli 1987, S. 338. Vergleichbare Beispiele für die Bundesrepublik finden sich bei *Gburek, Manfred:* Männer, Märkte, Macht, in: Wirtschaftswoche, Nr. 29/ 14. 7. 1989, S. 40 - 52; und *Friedel, Gerd:* Die Hochstapler, in: Der Stern, Heft 42/8. Oktober 1987, S. 234 - 237.

begünstigenden Einfluß auf die Geldvermögensbildung keineswegs einen revolutionären Umbruch erzeugen, sondern nur einen langanhaltenden und möglicherweise säkularen Trend[42] in seiner Relevanz verstärken. Die monetären Produkt- und Prozeßneuerungen stellen aus diesem Blickwinkel ein beachtenswertes restriktives Potential dar, denn die retardierende Wirkung auf die private Realkapitalbildung muß das reale Wachstum tendenziell abbremsen. Anders ausgedrückt besteht die Gefahr, daß in wachsendem Maße bedrucktes Papier an die Stelle neuer Produktionsmittel tritt.[43] Sollte sich herausstellen, daß die Nettowirkung der finanzinnovativen Prozesse negativ ist, hätte dies für die Träger wirtschaftspolitischer Verantwortung zur Konsequenz, daß sich im Zeitablauf die (sonstigen) Rahmenbedingungen für private Sachinvestitionen beständig verbessern müßten, um den restriktiven Portfoliostruktureffekt zumindest zu kompensieren.

4.3. Fazit

Die Geldpolitik steht vor dem grundsätzlichen Problem, keinen direkten Zugriff auf die Endzielgrößen wie Preisniveau und Beschäftigung zu besitzen, sondern die Währungsinstanz kann zunächst nur die Bedingungen auf den Finanzmärkten beeinflussen. Im Zentrum der Möglichkeiten der Notenbank stehen dabei ihre Maßnahmen, mit denen sie an der Struktur oder dem Niveau des privaten Vermögensbestandes ansetzen kann.

Der Substitutionsmechanismus des Portfolioeffektes wird von den monetären Neuerungen gleich an mehreren Stellen tangiert. So wird beispielsweise die Wirkungskette gleich zu Beginn beeinträchtigt oder sogar unterbrochen, wenn sich der Trend zu einer marktgerechten und flexiblen Verzinsung des Geldes weiter fortsetzt. Im Extremfall würden geldmengenpolitisch erzeugte Ungleichgewichte am Geldmarkt durch sofortige Bewegungen des Geldzinses perfekt abgebaut. Folglich entfiele der transmissionsmechanistisch notwendige Übergriff auf die Ertragsraten der anderen Portfolioaktiva und die Geldpolitik verlöre jeglichen Einfluß auf die Sachkapital-Rendite und die Güternachfrage. Eine ähnliche Wirkung hat die Verkürzung der Substitutionsdistanzen zwischen den Finanzaktiva, da schon geringe Ertragsratenanpassungen die monetären Märkte wieder ins Gleichgewicht zu bringen vermögen und demzufolge ein stärkerer geldpolitischer Impuls vonnöten ist, um den relativen Preis des Sachvermögens um einen bestimmten Betrag zu variieren.

---

[42] Vgl. *Schlesinger, Helmut:* Kapitalmarkt, Kapitalbildung und Kapitalallokation, a.a.O., S. 22f.

[43] In gewisser Weise drängt sich damit der Vergleich zum crowding out-Effekt der kreditfinanzierten Staatsverschuldung auf. Vgl. dazu *Neumann, Manfred J. M.:* Inflation und Staatsverschuldung, in: Staatsverschuldung kontrovers, Diethard B. Simmert und Kurt-Dieter Wagner (Hrsg.), Köln 1981, S. 89 - 102; insbesondere S. 90.

Was den konventionellen Kreditzinskanal anbetrifft, so ist auch von dieser Seite her mit einer Schwächung der Wirksamkeit der Geldpolitik zu rechnen. Das Problem ist, daß das aktuelle Zinsniveau aufgrund der zunehmenden Vereinbarung von Gleitzinskonditionen und verkürzten Laufzeiten bei der Kapitalaufnahme für die Investitionsentscheidungen der Unternehmen von geringerer Relevanz sein dürfte. Dagegen rückt das nur schwer zu beeinflussende, längerfristig erwartete Durchschnittszinsiveau stärker in den Mittelpunkt des Interesses. Die Zinsreagibilität der Investitionsnachfrage wird voraussichtlich abnehmen, solange die Höhe der Zinsen nicht die als normal erachtetete Schwankungsbandbreite verläßt. Verworfen werden mußte dagegen das Argument, daß die neuen risikoabsichernden Hedgingtechniken die Unabhängigkeit der Investitionsnachfrage von der herrschenden Zinsrate noch verstärken sollen.

Im Rahmen der Theorie der relativen Preise wird der Transmissionsmechanismus als ein breit angelegter Wirkungsprozeß beschrieben, der auf der umfassenden Adjustierung aller Portfoliokomponenten beruht. Im Optimum müssen alle Vermögensaktiva – also auch die Sachkapitalbestände – identische Grenzerträge aufweisen. Finanzinnovationen komplizieren diesen komplexen Anpassungsprozeß, da zum einen die Zahl der Finanzinstrumente beständig steigt. Zum anderen liefern die modernen Kommunikationssysteme laufend neue Informationen, die im Sinne ihrer Konsequenzen auf die allgemeine Erwartungsbildung der Marktteilnehmer richtig interpretiert werden müssen. Nimmt man die vergeichsweise niedrigen Transaktionskosten hinzu, so ist es wenig verwunderlich, daß das anlagesuchende Kapital immer schneller zwischen den zunehmend volatilen Finanzmärkten hin und her wandert.[44] Wann unter diesen Bedingungen ein geldpolitischer Impuls überhaupt die trägen Realgütermärkte erreicht, ist fraglich; es ist davon auszugehen, daß die geldpolitischen Wirkungsverzögerungen zunehmen werden. Zudem ist zu erwarten, daß das notwendige Renditegefälle zwischen den Geld- und Realvermögensbeständen im Vergleich zu früher sehr kräftig ausfallen muß, um die Ausgabentätigkeit merklich zu beeinflussen, da die Substitutionselastizität zwischen Sach- und Finanzaktiva abnehmen wird.

Der an der Höhe des privaten Vermögensbestandes ansetzende geldpolitische Realkasseneffekt verliert an Bedeutung, wenn der Bargeldgebrauch infolge des Vordringens computergestützter Zahlungssysteme zurückgedrängt wird. Hinzu tritt der Verlust des Vermögenscharakters des Giralgeldes, wenn Sichteinlagen eine an der Marktrendite orientierte Verzinsung erbringen. Finanzinnovationen beeinträchtigen somit die Fähigkeit der Zentralbank, durch ihre Geldmengenpolitik gleichgerichtete Niveauverschiebungen in der

---

[44] So wird bereits von einem Informationsüberschuß gesprochen, der die Unsicherheit im Finanzsektor eher erhöht als reduziert. Vgl. Heri, Erwin E.: ‚Expansion der Finanzmärkte', a.a.O., S. 32f.

nachfragebestimmenden Reinvermögensposition des privaten Sektors hervorzurufen.

Insgesamt vermitteln die Ergebnisse der Analyse hinsichtlich des Einflusses von Finanzinnovationen auf die Funktionsfähigkeit der Transmissionsmechanismen ein sehr einheitliches Bild: Die Wirkungskraft der Geldpolitik wird mit großer Sicherheit durch die monetären Neuerungen geschwächt, denn sowohl der Kreditkostenmechanismus, als auch der Substitutionsmechanismus der relativen Preise sowie der Vermögensmengenmechanismus (Realkasseneffekt) werden beeinträchtigt. Die hochinnovativen Finanzmärkte reduzieren somit das Steuerungspotential der Zentralbank und scheinen die realwirtschaftlichen Abläufe zunehmend von der geldpolitischen Einflußsphäre abzukoppeln.[45]

Für diese Ansicht läßt sich außerdem die nur noch untergeordnete Bedeutung des sog. *Kreditverfügbarkeitsmechanismus* anführen. Dieser nimmt insofern eine Sonderstellung innerhalb der Transmissionsmechanismen ein, als er nicht von Preisanpassungsprozessen, sondern von Mengenanpassungsprozessen ausgeht. Der Grundgedanke ist, daß es am Kreditmarkt zu dauerhaften Ungleichgewichtszuständen kommen kann, in denen die Kreditnachfrage beim gegebenen Zins über dem Kreditangebot liegt. Der Kreditzins ist nicht ausreichend flexibel, um sich auf den Gleichgewichtswert einzupegeln und so den Nachfrageüberhang zu beseitigen. Folglich muß die Kreditmenge rationiert werden. Je größer die Beschränkung der Kreditverfügbarkeit ist (zunehmende Rationierung), desto stärker wird die Ausgabenaktivität direkt gedämpft et vice versa.

Für die eingeschränkte Beweglichkeit des Kreditzinses werden vor allem folgende Gründe genannt:

- administrative Eingriffe in den Kreditmarkt (gesetzliche Zinsobergrenzen, Kreditplafondierungen);
- oligopolistische Anbieterstrukturen auf dem Kreditmarkt;
- spezifische Risiken der Kreditvergabe (z. B. hohe Kosten der Informationsbeschaffung über Kreditnehmer und Kreditverwendung).

Die Durchsetzung derartiger Rationierungseffekte wird durch Finanzinnovationen eindeutig erschwert. Ausdruck dessen sind die allgemeinen Deregulierungstendenzen bei Bankgeschäften (Abbau von Zinsvorschriften) und die Wettbewerbsverschärfung unter Finanzanbietern. Zudem steigen die Umgehungschancen aufgrund der Erschließung alternativer Finanzquellen und dem besseren Zugang zu ausländischen Kapitalmärkten. Daher läßt sich der vor-

[45] Eine andere zu klärende Frage ist, ob die Fiskalpolitik dadurch wirklich an relativem Gewicht gewinnt oder nicht vielleicht ebenfalls durch Finanzinnovationen geschwächt wird.

mals sehr direkt wirkende Kreditverfügbarkeitsmechanismus immer weniger als ein geldpolitisches Instrument zur gezielten Herbeiführung von Kreditengpässen (‚credit crunches') einsetzen.[46] Allgemein ist von dieser Entwicklung zumindest eine Verlängerung der geldpolitischen lags zu erwarten.

Obwohl diese Konsequenzen der finanzinnovativen Implikationen wenig wünschenswert erscheinen, müssen sie doch nicht in jeder Hinsicht negativ beurteilt werden. Die Interpretation der Ergebnisse hängt auch davon ab, wie man den Nutzen der geldpolitischen Maßnahmen und Eingriffe in früheren Zeiten einschätzt: Ein positiver Aspekt ist, daß sich eine schlechte, destabilisierend betriebene Geldpolitik weniger nachteilig in der Wirtschaftstätigkeit niederschlagen wird als in der Vergangenheit.

Der für die Darstellung der geldpolitischen Wirkungsprozesse herangezogene vermögenstheoretische Denkansatz brachte zusätzlich ein Problem von eher grundsätzlicher Natur zum Vorschein, daß in der Literatur bislang fast völlig übergangen worden ist: Wenn die monetären Produkt- und Prozeßinnovationen darauf angelegt sind, die Finanzmärkte zu komplettieren und diese gleichzeitig in operativer Hinsicht zu perfektionieren, dann sind die finanziellen Neuerungen auch dazu geeignet, die schon heute erkennbare Disparallelität zwischen der gesamtwirtschaftlichen Geld- und Sachvermögensbildung zu fördern (Portfoliostruktureffekt).

Die steigende Attraktivität der monetären Aktiva birgt die Gefahr in sich, daß sich der Anteil des Finanzvermögens am Gesamt-Portfolio weiter erhöht, und zwar zu Lasten der Nachfrage nach produktivem Realkapital. Soll das Niveau der privaten Sachinvestitionen längerfristig gehalten werden, müßten sich die Bedingungen im Gütersektor diesem (säkularen) Trend im Finanzbereich anpassen und es ist abzusehen, daß die Vorgänge auf den Geld- und Kapitalmärkten künftig immer weniger von realwirtschaftlichen oder sog. fundamentalen Tatbeständen geprägt sein werden. Ein augenfälliges Beispiel dafür sind gegenwärtig die Devisenbörsen, an denen nur 5 - 15% der Transaktionen mit internationalen Gütergeschäften in Verbindung stehen und die Umsätze inzwischen so gewaltig sind – etwa 500 Mrd. $ täglich –, daß sich die ausgehandelten Preise auf diesen Märkten auf Dauer einer geldpolitischen Einflußnahme entziehen.[47]

---

46 Vgl. zum Kreditverfügbarkeitsmechanismus *Wojnilower, Albert M.:* The Central Role of Credit Crunches in Recent Financial History, in: Brookings Papers on Economic Activity, No. 2/1980, S. 277 - 326.

47 Vgl. zu den recht stark divergierenden Schätzungen für den internationalen Devisenhandel z.B. *Zügel, Walter:* Entwicklungstendenzen am Finanz-Dienstleistungsmarkt, in: Wolfram Engels (Hrsg.), Wettbewerb am Markt für Finanzdienstleistungen, Frankfurt am Main 1987, S. 11 - 33; hier S. 11; und *Wermuth, Dieter* und *Walter Ochynski:* Strategien an den Devisenmärkten, a.a.O., S. 59.

5. Schlußfolgerungen für die Geldpolitik

5.1. Theoretische Ergebnisse

Bevor im folgenden einige wesentliche konzeptionelle Konsequenzen für die geldpolitische Praxis diskutiert werden, die sich aus dem Innovationsschub an den Finanzmärkten ergeben, sollen als Grundlage an dieser Stelle die wichtigsten theoretischen Ergebnisse der vorstehenden Analyse noch einmal kurz in einer Übersicht rekapituliert werden. Der Aufbau der Untersuchung des geldpolitischen Einflusses von Finanzinnovationen orientierte sich daran, daß die Effizienz der stabilisierenden Geldmengenpolitik einfach formuliert von der Bewältigung dreier Problemkreise abhängt: Die Notenbank muß das Geldangebot unter ihrer Kontrolle haben, sie bedarf einer hinreichend präzisen Vorstellungen über die Entwicklung der Geldnachfrage und sie muß über einen funktionsfähigen Transmissionsmechanismus verfügen.

Die finanzinnovativen Einflüsse auf die Kontrollierbarkeit des Geldangebots durch die Zentralbank wurden im Rahmen des einfachen Geldbasiskonzepts dargestellt. Zur Diskussion standen somit zum einen die Steuerbarkeit der Geldbasis (B) und zum anderen die potentielle Höhe des Geldschöpfungsmultiplikators (m), die ihrerseits von der durchschnittlichen Reservequote (r^*) und der Bargeldhaltungsquote (a) abhing. Um die Wirkung von Zinsänderungen auf das Geldangebot demonstrieren zu können, war es notwendig, den mechanistisch argumentierende Geldschöpfungsansatz in das sog. Kreditmarktmodell zu überführen. Der zentrale Untersuchungsgegenstand war hier die zunehmende Verbreitung von verzinslichen Sichtguthaben, da sich der zu zahlende Guthabenzins aus der Sicht der Geschäftsbanken als ein zusätzlicher Kostenfaktor bei der Kreditgewährung interpretieren läßt.

Für die Analyse der Auswirkungen finanzieller Neuentwicklungen auf die Stabilität der Geldnachfrage erwies sich das moderne Modell zur Erklärung der Kassenhaltung unter Unsicherheit als besonders gut geeignet, das den optimalen Bestand an liquiden Aktiva unter Verwendung wahrscheinlichkeitstheoretischer Methoden ableitet. Das Niveau der Geldnachfrage hängt in diesem Vorsichtskassenhaltungs-Ansatz positiv von der Verzinsung der Kassenmittel (c), dem Risikograd der Finanzplanung (σ) und der Höhe der Illiquiditätskosten (s) ab. Hinsichtlich der Effekte auf die Zinselastizität der Geldnachfrage ($\Gamma_{L,i}$) mußte geklärt werden, inwieweit Finanzinnovationen die Zinsabhängigkeit der Ungewißheit ($\Gamma_{\sigma,i}$) und des Strafsatzes bei Illiquidität ($\Gamma_{s,i}$) verändern. Die erhöhte Verzinsung der Liquiditätsbestände wirkt auf zwei Kanälen auf $\Gamma_{L,i}$; und zwar zum einen über die Verengung der Differenz zwischen dem Geldzins und der alternativ erzielbaren Rendite $(i - c)$ und zum anderen über die Koppelung der Ertragsssätze $(\delta c / \delta i)$.

Was die Funktionsfähigkeit der Wirkungsmechanismen stabilitätspolitischer Maßnahmen anbetrifft, so wurde davon ausgegangen, daß sich die Zentralbank bei der Steuerung der gesamtwirtschaftlichen Aktivität vorrangig auf Portfolioeffekte und nachrangig auf Realkasseneffekte stützt. Der vermögenstheoretische Ansatz stellt heraus, das die Geldpolitik im wesentlichen nur an zwei Punkten ansetzen kann, wenn sie die Höhe der Nachfrage nach Realkapital beeinflussen will: Sie muß entweder die optimale Vermögensstruktur aus dem Ertragsratengleichgewicht bringen und auf diesem Weg einen umfassenden Adjustierungsprozeß induzieren (Substitutionsmechanismus) oder der Umfang des privaten Nettovermögens muß verändert werden (Vermögensmengenmechanismus).

Demzufolge war es notwendig, den Fragen nachzugehen, ob Finanzinnovationen den Zugriff der Zentralbank auf die Ertragsraten der Nicht-Geld-Finanzaktiva im Portfolio behindern und wie schnell bzw. wie stark ein geldpolitisch erzeugter Anpassungsprozeß im weiteren Verlauf der Substitutionskette auch auf das Realvermögen übergreift. Daneben mußte geklärt werden, ob die reale Geldmenge unter dem Eindruck von finanziellen Neuerungen noch uneingeschränkt zum Nettofinanzvermögen des privaten Sektors zu zählen ist, da davon die Fähigkeit der Zentralbank bestimmt wird, über Geldmengenvariationen entsprechende Realkasseneffekte mit Stoßrichtung auf die gesamtwirtschaftliche Nachfrage auszulösen.

Die Tab. 8 (S. 171) legt in konzentrierter Form dar, daß sich die Geldpolitik infolge des fortdauernden Innovationsprozesses an den Finanzmärkten auf längere Sicht eindeutig auf eine Schwächung ihrer Position einzurichten hat: Der Einfluß der Zentralbank auf das Geldangebot wird zurückgedrängt, die Entwicklung der Geldnachfrage weist zunehmende Instabilitäten auf und die Wirkungsmechanismen der Geldpolitik büßen an Effektivität ein. Auf grundsätzlicher Ebene verbleiben der Geldpolitik nur zwei Möglichkeiten, auf diesen Tatbestand zu reagieren: Erstens sollten die von der Zentralbank ausgehenden Innovationsanreize so weit wie möglich beschränkt werden, um den geldpolitischen Effizienzverlust nicht unnötig zu fördern. Zweitens ist in Rechnung zu stellen, daß der Trend zur Perfektionierung der Geld- und Kapitalmärkte von der Zentralbank bestenfalls zu bremsen oder zu lenken, aber keinesfalls vollständig aufzuhalten ist. Die flexible Einführung monetärer Produkt- und Verfahrensneuerungen an den Märkten muß demzufolge Eingang in die konzeptionelle Gestaltung der Geldpolitik finden. Hiermit ist insbesondere die monetäre Indikator- und Zwischenzielauswahl angesprochen, die durch Finanzinnovationen vor neue Probleme gestellt wird.

Darüber hinaus ist es unumgänglich, die Grundfragen der geldpolitischen Strategie zu überdenken, um möglichst frühzeitig den veränderten geldpolitischen Rahmenbedingungen in angemessener Weise Rechnung tragen zu können. Je länger die Zentralbank an einer nicht oder nicht mehr sachgerechten Stabilisierungsstrategie festhält, desto mehr Schwierigkeiten werden bei einem ungenügend vorbereiteten Strategiewechsel zu einem verspäteteten Zeitpunkt anfallen.

Tab. 8: Die geldpolitischen Auswirkungen von Finanzinnovationen

Geldangebot	
Geldbasis:	- Volatilität der Wechselkurse ↑ - Stabilität des Finanzsystems ↓ ⇒ Zielgerechte Steuerung der Geldbasis technisch möglich, aber politisch schwerer durchzusetzen.
Multiplikator:	- Bargeldhaltungsquote ↓ u. Reservequote ↓ ⇒ Geldschöpfungspotential wird erweitert.
Zinsreagibilität:	- Verbreitung verzinster Sichteinlagen ↑ - Verengung der Marge zwischen Kredit- und Einlagenzins (Verschiebung + Drehung der Funktion) ⇒ Reaktion des Geldangebots auf geldpolitische Maßnahmen hängt wesentlich von der Bindung des Guthabenzinses an den Kreditzins ab.
Fazit: Der Einfluß der Marktkräfte (Banken- u. Publikumsdispositionen, Zinsen) auf das Geldangebot steigt zu Lasten der Kontrollierbarkeit durch die Notenbank.	
Geldnachfrage	
Niveaueffekte:	- Verzinsung hochliquider Finanzaktiva (c) ↑ - Finanzplanungsrisiko (r) ? - Illiquiditätsstrafe (s) ↓ ⇒ kein eindeutiges Ergebnis für die Netto-Wirkung auf die Höhe der Geldnachfrage. Zusatzproblem: Die Struktur der Kassenhaltung wandelt sich.
Elastizitätseffekte:	- Zinselastizität von r und s ↑ - Bindung von c an den Alternativsatz (i) ↑ - Zinsmarge (i - c) ↓ ⇒ kein eindeutiges Ergebnis für die Netto-Wirkung auf die Zinselastizität der Liquiditätshaltung.
Fazit: Prognostizierbarkeit der Geldnachfrage sowohl kurz- als auch langfristig erschwert; Schätzfehler konventioneller Modelle werden größer.	
Transmissionsmechanismus	
Portfolioeffekt:	- marktabhängige Verzinsung des Geldes ↑ - Zinsreagibilität der Investitionsnachfrage ↓ - Substitutionselastizität zwischen Finanzaktiva ↑ - Komplexität des Finanzsektors ↑ - Substitutionsbeziehung zw. Finanz- u. Sachaktiva ↓ ⇒ Substitutionsmechanismus wird geschwächt.
Realkasseneffekt:	- Bargeldanteil ↓ - marktgerechte Verzinsung des Buchgeldes ↑ ⇒ Vermögenscharakter des Geldes schwindet.
Fazit: Der geldpolitische Zugriff auf die Realkapital-Nachfrage wird gelockert; Kreditrationierungseffekte verlieren ebenfalls an Bedeutung.	

- *Symbole*: ↑ = nimmt (wegen Finanzinnovationen) zu; ↓ = nimmt ab; ? = Wirkung fraglich.

5.2. Praktische Konsequenzen

5.2.1. Ansätze zur Innovationseindämmung

Die Geldpolitik ist bei der innovativen Fortentwicklung der Finanzmärkte keineswegs vollständig in die Rolle eines passiven Zuschauers gedrängt, sondern kann von sich aus zu einem Klima beitragen, daß vergleichsweise wenig Anlässe für finanzinnovatorische Aktivitäten bietet. Im Teil I wurde dargelegt, daß sich die Nachfrage nach neuen Finanzprodukten nicht unwesentlich auf die Kosten zurückführen läßt, die von steigenden Inflationsraten sowie von hohen und stark schwankenden Zinsen ausgehen. Eine Politik, die an der Vermeidung von Finanzinnovationen interessiert ist, muß demzufolge daran ansetzen, möglichst stabile gesamtwirtschaftliche Rahmenbedingungen bereitzustellen.

Gerade unter dem Eindruck des gestiegenen innovatorischen Potentials der monetären Märkte gewinnt eine Geldpolitik an Bedeutung, die konsequent auf die Begrenzung des Preisniveauanstiegs ausgerichtet ist.[1] Im Verbund mit dem Abbau hoher Budgetdefizite wäre damit gleichzeitig die wichtigste Voraussetzung für eine stetige Zinsentwicklung auf niedrigem Niveau geschaffen.[2] Um so besser eine strikt stabilitätsorientierte Geldpolitik ihren Auftrag erfüllt, desto größer ist der geldpolitische Beitrag zu der eigenen Effizienzerhaltung. Der Teil der neuen monetären Instrumente, der vorwiegend dem Bedürfnis nach Senkung der Geldhaltungskosten und Absicherung des Zinsrisikos entspringt, wird auf diesem Wege weitgehend obsolet.[3]

Bei der Verfolgung des Stabilitätsziels ist allerdings unbedingt zu berücksichtigen, daß die Geldpolitik unter dem Eindruck von Finanzinnovationen möglichst marktkonform zu funktionieren hat. Von dirigistischen Eingriffen in das Marktgeschehen (Zinsvorschriften, Kapitalverkehrskontrollen u. ä.), die umfangreiche Ausweichreaktionen herausfordern müssen, ist weitestgehend abzusehen. Das Konzept der ,regulativen Dialektik' hat verdeutlicht, daß in den vielfältigen staatlichen Regulierungsnormen im monetären Sektor einer der wichtigsten Anlässe für finanzinnovatorische Aktivitäten zu sehen ist, da die privaten Marktteilnehmer natürlich versuchen, sich auf diesem Wege der aus den verordneten Einschränkungen resultierenden Kostenbelastung zu entziehen (,loophole mining').[4]

---

[1] Finanzinnovationen lassen sich u. a. als ein Prozeß zur Reprivatisierung der Inflationssteuer auffassen. Vgl. *Reither, Franco* und *Ulrike Dennig:* Finanzinnovationen: Hintergründe und Konsequenzen, a.a.O., S. 52.

[2] Vgl. *Grünärml, Frohmund:* Finanzielle Innovationen, staatliche Regulierung und Geldpolitik, in: Hamburger Jahrbücher für Wirtschafts- und Gesellschaftspolitik, 31. Jahr/1986, S. 251 - 266; hier S. 260.

[3] Vgl. dazu Unterpunkt 3.2.4. und 3.2.5.

[4] Vgl. dazu Unterpunkt 3.2.3.

Die klare Lehre daraus kann nur lauten, daß sich finanzielle Neuerungen nicht durch ein bloßes Anziehen der ‚Regulierungs-Schraube' bekämpfen lassen, sondern ein derartiges Vorgehen sogar kontraproduktiv wirken muß.[5] Einige Vorschläge von monetaristischer Seite, ganze Gruppen von Transaktionen schlichtweg zu verbieten[6] – möglicherweise gekoppelt mit einer 100%igen Mindestreservepflicht auf bestimmte Bankeinlagen (Chicago-Regel) – weisen demnach genau in die falsche Richtung. Gerade bei dem besonders marktinkonformen Instrument der Mindestreserveerhebung sind eher Überlegungen angebracht, wie sich die Anstoßwirkung für Umgehungsmaßnahmen der Betroffenen verringern ließe.[7]

Ein erster, einfach zu realisierender Schritt wäre, die ökonomisch unzureichend begründete Staffelung der Reservesätze nach unterschiedlichen Einlagenkategorien aufzugeben und eine uniforme Mindestreserveregelung mit einem (niedrigen) einheitlichen Reservesatz einzuführen. Der Vorteil, den man sich von dieser Maßnahme verspricht, ist der Wegfall schwer zu prognostizierender Umschichtungsprozesse wenigstens zwischen den unter die Reservepflicht fallenden Bankverbindlichkeiten und die Verringerung der von diesen Transaktionen ausgehenden Instabilität des Geldschöpfungsmultiplikators.[8]

Mit dem Konzept der uniformen Mindestreserve wird aber nicht verhindert, daß die Marktteilnehmer auf unregulierte Finanzinstrumente umsteigen, die von der Eingriffsnorm nicht mit erfaßt sind. Für die Beseitigung dieses Schwachpunktes wäre es zusätzlich notwendig, den Schattenpreis der Regulierung so weit abzusenken, bis die den Regulierten zur Verfügung stehenden Ausweich- oder Vermeidungstransaktionen nicht mehr rentabel sind. Im Falle der Mindestreserve resultiert der private Kostencharakter vor allem aus der Unverzinslichkeit der entsprechenden Guthaben bei der Zentralbank. Unter dem Aspekt der steigenden Kreativität der Finanzmärkte gewinnt damit die alte Forderung an Aktualität, die Pflichtreserven einer marktangelehnten Verzinsung zu unterwerfen.

Wenn die Mindestreserve-Einlagen einen Zinsertrag abwerfen, reduziert sich der Anreiz für kostenträchtige Umgehungsmaßnahmen auf die Differenz

---

[5] Vorausgesetzt, daß die private Entscheidungsmacht nicht völlig aufgehoben ist, was einer Verstaatlichung gleichkäme.

[6] Vgl. *Friedman, Milton:* Monetary Policy: Theory and Practise, in: Journal of Money, Credit and Banking, No. 1/February 1982, S. 98 - 118; hier S. 117.

[7] Die Forderung, die im internationalen Vergleich relativ hohe deutsche gesetzliche Pflicht zur Reservehaltung ganz zu streichen, scheint derzeit in der Bundesrepublik nicht durchsetzungsfähig zu sein. Vgl. zu dieser Diskussion z. B. *Reither, Franco:* Mindestreserven und gesamtwirtschaftliche Steuerung, a.a.O.; und *Bofinger, Peter:* Geldpolitische Regulierungen und Finanzinnovationen, a.a.O., S. 266ff.

[8] Vgl. dazu *Schwolgin, Armin:* ‚Finanzielle Innovationen und Mindestreservepolitik', a.a.O., S. 312ff.

zwischen Reservezins und Marktzins. Je enger dieses Zinsdifferential ist, desto weniger Ausweichstrategien sind gewinnbringend zu vermarkten und die mindestreserveinduzierten Abwanderungsprozesse werden entscheidend abgeschwächt oder sogar gestoppt. Für die Verzinsung der Mindestreserve spricht aus theoretischer Sicht ein weiterer positiver Nebeneffekt, weil damit die umstrittene Abführung von Notenbankgewinnen an die Staatskasse eingedämmt würde, die gerade in der Bundesrepublik in den letzten Jahren stabilitätspolitisch bedenkliche Größenordnungen angenommen hat. Für die Praxis liegt allerdings der Verdacht nahe, daß diese gewinnschmälernde Wirkung der Mindestreserve-Verzinsung zu einem gewichtigen Argument gegen deren Einführung umgedeutet wird, da sich der Staat mit Sicherheit nur ungern einer derart bequemen Finanzierungsquelle entledigt.[9]

5.2.2. Problematische Indikator- und Zwischenzielwahl

5.2.2.1. Grundlagen

Die Notwendigkeit der Verwendung von monetären Indikator- und Zwischenzielgrößen entspringt der Tatsache, daß die Geldpolitik ihre Endziele – z. B. eine bestimmte Veränderungsrate des Preisniveaus – nicht direkt beeinflussen kann und keine strenge numerische Verknüpfung zwischen den geldpolitischen Aktionsparametern und den angestrebten Endzielen besteht. Da die Kenntnisse über die Struktur des gesamtwirtschaftlichen Systems nur lükkenhaft sind, agiert die Geldpolitik unter Unsicherheit; und zwar sowohl in Bezug auf die Dauer, als auch auf die Stärke der Impulsübermittlung. Den Endzielen sog. Zwischenziele und Indikatoren vorzuschalten soll daher dazu beitragen, die Informationslage zu verbessern.

Die Zwischenzielgröße (target variable) dient dazu, durch ihre größere Nähe zu den geldpolitischen Instrumenten eine laufende Effienzkontrolle zu ermöglichen. Daneben soll sie durch die Verkürzung des Rückkoppelungsprozesses zu einer besseren Dosierung der Impulsstärke beitragen. Die Anforderungen, die die Zwischenzielgröße erfüllen muß, sind demzufolge,

- daß sie von der Notenbank möglichst gut und unverzögert beobachtbar und steuerbar ist, und
- daß sie als gewichtiger Einflußfaktor eine enge Verknüpfung zu den Endzielen aufweist.

Der monetäre Indikator hat die Aufgabe, die Richtung und die Intensität der geldpolitischen Impulse möglichst präzise und schnell anzuzeigen. Die Bedingungen für die Indikatorgröße sind:

---

[9] Vgl. *Maier, Gerhard:* ‚Die Mindestreserve', a.a.O., S. 304.

- Sie muß durch die Währungsbehörde weitgehend autonom manipulierbar sein;
- die verbliebenen Störfaktoren müssen identifiziert und neutralisiert werden können, und
- es muß eine eindeutige und enge Beziehung zu den Zwischenzielvariablen bestehen.[10]

Da sich die Aufgaben und Konditionen des Zwischenziels mit denen des Indikators teilweise überschneiden, wird in der Praxis häufig, aber nicht zwangsläufig, ein einheitlicher Orientierungsmaßstab benutzt, der beide Funktionen gleichzeitig erfüllt. In der Bundesrepublik war dies nach 1975 mit der Zentralbankgeldmenge der Fall, die 1988 durch die Geldmenge M_3 ersetzt wurde.[11]

Eine der wichtigsten geldpolitischen Konsequenzen von Finanzinnovationen ist, daß sie neue und schwerwiegende Probleme bei der Auswahl der relevanten Indikator- und Zwischenzielvariablen aufwerfen, da die Strukturen des finanziellen Sektors nachhaltigen Veränderungen unterworfen sind und die monetären Grundrelationen aus der Sicht der Zentralbank ‚ins Schwimmen geraten'. Die Unsicherheit über die korrekte Interpretation der Bewegungen einzelner monetärer Aggregate steigt und die Zweifel an der Aussagekraft der in der Vergangenheit ermittelten empirischen Beziehungen dieser Größen sowohl zu den geldpolitischen Instrumenten als auch den jeweiligen Endzielen nehmen zu. Welche Variable unter diesen Umständen am besten als Indikator oder Zwischenziel geeignet ist, ist eine Frage, die zunehmend kontrovers diskutiert wird. Die folgenden Beispiele potentieller Orientierungsgrößen sollen die aufgezeigten Schwierigkeiten verdeutlichen.

5.2.2.2. Geldmengenaggregate

Unabdingbare Voraussetzung für die Verwendung einer Geldmenge als Zielgröße ist, daß sich das volkswirtschaftlich relevante Geldvolumen sinnvoll bestimmen und identifizieren läßt. Im Licht der mikroökonomischen Theorie des Geldes liegt der Vorteil der Verwendung von Geld in der Einsparung von Ressourcen beim Gütertausch.[12] Das hervorstechende Merkmal der Geldak-

---

[10] Zu den theoretischen Grundlagen siehe *Brunner, Karl* und *Allan H. Meltzer:* Die Bedeutung monetärer Indikatoren, in: Jürgen Badura u. Otmar Issing (Hrsg.), Geldpolitik, Stuttgart – New York 1980, S. 73 - 91; und *Neumann, Manfred J. M.:* Zwischenziele und Indikatoren der Geldpolitik, in: Karl Brunner, Hans G. Monissen u. Manfred J. M. Neumann (Hrsg.), Geldtheorie, Köln 1974, S. 360 - 377.

[11] Als Begründung für diesen Schritt gab die Bundesbank an, daß die Bargeldkomponente in der Zentralbankgeldmenge mit über 50% im Vergleich zu 11% bei M_3 ein verfälschend hohes Gewicht besitzt. Vgl. *Deutsche Bundesbank:* Monatsberichte der Deutschen Bundesbank, Februar 1988, S. 9.

tiva ist, daß sie ceteris paribus mit besonders niedrigen Transaktionskosten behaftet sind. Anknüpfend an die Zahlungsmittelfunktion des Geldes ergibt sich als Abgrenzungskriterium der Umkehrschluß, daß alle diejenigen Aktiva ‚Geld' sind, die mit großer Regelmäßigkeit zur Begleichung von Transaktionen verwendet werden, also als allgemein akzeptiertes Tauschmittel fungieren.[13] Diese Gelddefinition hilft den Notenbanken in der Realität nicht mehr viel weiter, da die Transaktionskosten auf den Finanzmärkten allgemein im Sinken begriffen sind und die herkömmlichen Geldkomponenten ständig neue Konkurrenz von innovativen Medien bekommen, die die Geldfunktionen ähnlich gut oder sogar besser ausüben können.[14] Es wird dann zwangsläufig immer schwieriger, einen analytisch und statistisch befriedigenden Trennungsstrich zwischen den Geld-Finanzaktiva und den Nicht-Geld-Finanzaktiva zu ziehen.

Wird in dieser Situation ein zu enges Geldmengenaggregat als Orientierungsgröße verwendet, das naturgemäß besonders anfällig gegen Umschichtungsmaßnahmen ist, so läuft die Notenbank Gefahr, sich infolge des ständigen Aufkommens neuer geldnaher Finanzinstrumente in kurzen Abständen zu Neu-Definitionen des Geldvolumens gezwungen zu sehen. Das Problem dabei ist, daß sich wiederholte Revidierungen des Geldmengen-Konzepts nachteilig auf die Glaubwürdigkeit der Zentralbank-Politik in der Öffentlichkeit auswirken und es zudem einige Zeit dauert, bis sich zuverlässig beurteilen läßt, ob sich das neue Aggregat wirklich dauerhaft stabiler verhält als das alte. In besonders krasser Form hat die amerikanische Fed ihre Ratlosigkeit dokumentiert, als sie zwischen 1978 und 1983 allein das Meßverfahren für M1(alt) fünfmal korrigieren mußte:

- 1978: Einführung von M* (M1(alt) + Spareinlagen + NOW-Konten).
- 1980: Aufspaltung in M1A [ähnlich M1(alt)] und eine weite M1B.
- 1981: Berechnung eines umschichtungsbereinigten M1B-Volumens (shift-adjusted M1B).
- 1982: Überführung von M1B in M1(neu); Ende der Erfassung von M1A.
- 1983: Einbeziehung der Super-NOW Accounts in M1(neu).[15]

---

[12] Vgl. zu den theoretischen Grundzügen der Geldverwendung *Niehans, Jürg:* Money and Barter in General Equilibrium with Transactions Costs, in: American Economic Review, Nr. 5/December 1971, S. 773 - 783; und *Brunner, Karl* und *Allan H. Meltzer:* The Uses of Money: Money in the Theory of an Exchange Economy, in: American Economic Review, Nr. 5/December 1971, S. 784 - 805.

[13] Vgl. *Brunner, Karl:* Hat der Monetarismus versagt?, a.a.O., S. 38.

[14] Siehe dazu *Niehans, Jürg:* Die Geldnachfrage in einer 'dynamischen' Optimierungstheorie des Zahlungssystems, in: Schweizerische Zeitschrift für Volkswirtschaft und Statistik, Nr. 2/Juni 1970, S. 129 - 148; speziell S. 145 f für eine Wirtschaft mit zwei liquiden Vermögensanlagen.

[15] Vgl. *Streit, Joachim:* Finanzinnovationen, Deregulierung und Geldmengensteuerung in den USA, a.a.O., S. 65; sowie *Duprey, James N.:* How the Fed Defines and

Trotz dieser flexiblen Anpassungen der Geldmengen-Berechnung sah sich die Fed 1986 nicht in der Lage, eine target range für M1 in 1987 zu formulieren.[16]

Weitgefaßte Geldvolumina haben gegenüber engen Gelddefinitionen den Vorteil, daß sich die Umschichtungen zwischen den einbezogenen Komponenten neutralisieren, womit die Wahrscheinlichkeit einer stetigeren Entwicklung steigt. Das zentrale Argument, welches folgerichtig in den USA z.B. für die Steuerung von M3 oder der Größe L (total liquid Assets) vorgebracht wird, ist die voraussichtlich stabilere Beziehung zum Sozialprodukt im Vergleich zu M1.[17] Dementgegen stehen erhebliche Zweifel, ob sich derart umfassende Aggregate durch die Zentralbank noch hinreichend gut und unverzögert beobachten und steuern lassen.

Die großzügig definierten Geldmengenbegriffe, die derzeit als target variable zur Diskussion stehen, sollen u.a. alle liquiden Vielzweckkonten bei Banken und Sparkassen sowie die Quasi-Transaktionskonten bei Geldmarktfonds, Wertpapierhäusern und diversen Finanz-Supermärkten umfassen. Aus der Sicht der Notenbank müssen sich jedoch bei einer solchen Vielfalt diverser Geldbestandteile die unterschiedlichen Motive der Geldhaltung – Transaktions-, Vorsichts-, Spekulations- und Spar- bzw. Investitionsmotiv – in einer schwer durchschaubaren Weise überlagern.

So besteht beispielsweise das Problem, daß Aggregate mit einem hohen Anteil zinsbringender Instrumente den Kurs der Geldpolitik möglicherweise völlig falsch indizieren. Wenn Zinserhöhungen die Nachfrage nach zinstragenden liquiden Finanzaktiva per saldo ansteigen lassen, könnte eine restriktive Geldpolitik aufgrund der induzierten Zinssteigerung zu einer Ausweitung von M3 oder L führen und umgekehrt.[18]

Die neu konzipierten *Divisia Indizes* versuchen, die eingeschränkte Aussagekraft konventioneller Geldmengenaggregate zu verbessern, indem sie die jeweiligen Komponenten mit Gewichtungsfaktoren versehen, die den Grad

---

Measures Money, in: Federal Reserve Bank of Minneapolis, Quarterly Review, Spring-Summer 1982, S. 10 - 19.

[16] Vgl. *Roth, Howard L.:* Has Deregulation Ruined M1 As a Policy Guide?, a.a.O., S. 24. Die kanadische Zentralbank hat sich bereits 1981 dazu entschlossen, die Vorankündigung von Geldmengenzielen völlig aufzugeben.

[17] Vgl. *Morris, Frank E.:* Monetarism without Money, in: New England Economic Review, March-April 1983, S. 5 - 9.

[18] Vgl. die Bedenken bezüglich £M_3 in Großbritannien von *Niehans, Jürg:* Innovation in Monetary Policy, a.a.O., S. 11:

"£M_3 acts like a distorting mirror in which an inflating body might look as if it were shrinking and vice versa."

Ähnliche Probleme werfen weitgefaßte und schlecht steuerbare Kreditmengenaggregate auf. Daneben ist anzumerken, daß der klassische Bankkredit zunehmend Konkurrenz von alternativen Finanzierungsformen bekommt und allein die notwendige Datenbeschaffung bei Kreditaggregaten mit starken Verzögerungen behaftet ist.

der Geldnähe (moneyness) der einzelnen Aktiva zum Ausdruck bringen sollen.[19] Als Maßeinheit für die Liquidität eines Aktivums dienen die realen ,user costs', die sich aus der Zinsdifferenz zu einem Basis-Anlageobjekt ohne Liquiditätsdienste ergeben. Bisher ist aber weder theoretisch noch empirisch der eindeutige Nachweis gelungen, daß die Divisia Indizes den Informationsgehalt der Aggregate, die durch die einfache Summierung der entsprechenden Geldbestände gewonnen werden, wesentlich verbessern.[20] Sicher ist, daß die Geldindizes komplizierter zu ermitteln und schwerer zu interpretieren sind.

5.2.2.3. Zinsen

Eine Reihe von Ökonomen distanziert sich in den letzten Jahren zusehends von der Politik der Geldmengen-Steuerung und empfiehlt stattdessen eine Geldpolitik, die stärker an der Verfolgung von Wechselkurs-, speziell aber von Zinszielen ausgerichtet ist. Bei der Befürwortung der Zinsfixierung stützen sich die Vertreter in der Regel zum einen auf die erwähnten Probleme, die die Abgrenzung des relevanten Geldvolumens aufwirft, und rekurrieren zum anderen auf die Kriterien, die *Poole* für die Lösung des Zwischenzielproblems erarbeitet hat.[21] Dieser hat mit Hilfe des um eine stochastische Struktur erweiterten IS/LM-Standardmodells gezeigt, daß sich die Geldmengenstrategie dann als vorteilhaft für die Stabilisierung der gesamtwirtschaftlichen Output-Fluktuationen erweist, wenn die realwirtschaftlichen Schocks relativ größer sind als die Störungen, die vom monetären Sektor ausgehen.[22] Die Konditionen verschieben sich tendenziell zugunsten des Zinszieles, wenn die Varianz der finanziellen Störgrößen zunimmt, z.B. durch Verlagerungen der Geldangebots- oder -nachfragefunktion, und wenn sich die Zinselastizität der Geldnachfrage erhöht.[23]

---

[19] Vgl. zu den detaillierten Konstruktionsmerkmalen der Divisia Indizes *Barnett, William; Edward Offenbacher* und *Paul A. Spindt:* New Concepts of Aggregated Money, in: The Journal of Finance, No. 2/May 1981, S. 497 - 505; sowie *dies.:* The New Divisia Monetary Aggregates, in: Journal of Political Economy, No. 6/1984, S. 1049 - 1085.

[20] Theoretisch ist umstritten, ob sich der Liquiditätsgrad von Finanzaktiva auf der Basis von Zinsdifferentialen korrekt bewerten läßt, da sich eine ganze Reihe anderer Faktoren finden lassen, die die Renditen ebenfalls beeinflussen. Empirisch werden die Divisia Indizes sehr unterschiedlich beurteilt. Während die Konstrukteure eine prinzipielle Überlegenheit ausweisen, sind die Resultate von anderen Tests nicht sehr ermutigend. Offensichtlich ist die Frage der gewählten Stützperiode für die Ergebnisse von großer Bedeutung. Zu einer insgesamt negativen Einschätzung des Nutzens von Divisia Aggregates kommt z.B. *Milbourne, Ross:* Financial Innovation and the Demand for Liquid Assets, a.a.O., S. 511.

[21] So z.B. *Tobin, James:* Financial Structure and Monetary Rules, a.a.O., S. 155ff.

[22] Eine gute Darstellung des IS/LM-Modells findet sich in *Cezanne, Wolfgang:* Grundzüge der Makroökonomik, 3. Auflage, München – Wien 1985.

[23] Vgl. *Poole, William:* Optimal Choice of Monetary Policy Instruments in a Simple Stochastic Macro Model, in: Quarterly Journal of Economics, No. 2/May 1970, S. 197 - 216.

Das IS/LM-Modell liefert jedoch bestenfalls Anhaltspunkte für die Lösung praktischer wirtschaftspolitischer Problemstellungen. Selbst wenn die ,*Poole*'-schen Kriterien' für die Überlegenheit der Zinssteuerung sprechen sollten, wobei sich diese nur auf spekulative Erwägungen bezüglich der Auswirkungen von Finanzinnovationen im Zins-Einkommen-Diagramm stützen können, gibt es gewichtige Argumente gegen die Verwendung eines Zinses als Zwischenzielvariable. Schon in früher geführten Diskussionen wurde herausgestellt, daß die Zentralbank nur sehr indirekte Einflußmöglichkeiten auf den realen Kapitalmarktzins am langen Ende besitzt, der für die Ausgabenentscheidungen, insbesondere die Investitionen, der relevante ist. Daneben ist es für die Notenbank äußerst schwierig, Bewegungen des Kapitalmarktzinses dahingehend qualitativ einzuordnen, inwieweit sie auf veränderten Inflations- oder Renditeerwartungen der Marktteilnehmer beruhen und wie stark der Niederschlag eigener, in der Vergangenheit ergriffener Maßnahmen ist. Damit ist der Kapitalmarktzins auch als monetärer Indikator ungeeignet. Hinzu kommt bei der strengen Vorgabe von Zinszielen die zwangsläufig Folge, daß die Geldmenge zu einer endogenen Größe wird mit den daraus resultierenden Inflationsgefahren.[24]

Finanzinnovationen verstärken noch die Zweifel an der Sinnhaftigkeit von Zinsvorgaben: Erstens nimmt der Wirkungsgrad der geldpolitischen Instrumente ab, so daß es unklar ist, wie die Zentralbank trotz des gestiegenen Dispositionsspielraums der Privaten den Zins für langfristige Finanzanlagen auf einem angestrebten Zielwert dauerhaft fixieren soll. Zweitens tangieren Finanzinnovationen auch die Zinselastizität der Endnachfrage und die Unsicherheit darüber nimmt zu, wie groß die geldpolitisch induzierte Zinsänderung sein muß, um eine vorgegebene Variation der Ausgabentätigkeit zu erreichen. Drittens ist allgemein unstrittig, daß monetäre Neuerungen den Trend zur Globalisierung der Geld- und Kapitalmärkte fördern, es läßt sich bereits eine allgemeine Konvergenz der Realzinsen feststellen.[25] Der internationale Zinsverbund wird demzufolge enger und als Konsequenz geht die (eingeschränkte) zinspolitische Autonomie der einzelnen Zentralbanken auf mittlere Sicht verloren.[26] Unter diesen Umständen ist primär kleinen und mittleren Ländern von dem eo ipso riskanten Wechsel des Zwischenziels von einer

---

[24] Vgl. zu den ,klassischen' Kritikpunkten am Zinsziel den *Sachverständigenrat* zur Begutachtung der gesamtwirtschaftlichen Entwicklung: Jahresgutachten 1988/89, S. 159; sowie *Duwendag, Dieter:* Es gibt keine seriösen Alternativen, in: Wirtschaftsdienst, Nr. 12/1986, S. 596 - 598.

[25] Vgl. *Fukao, Mitsuhiro* und *Masaharu Hanazaki:* Internationalisation of Financial Markets: Some Implications for Macroeconomic Policy and for the Allocation of Capital, OECD Department of Economics and Statistics, Working Papers, No. 37/November 1986, S. 15f.

[26] Dies wird sogar von Befürwortern einer aktiven Zinspolitik konzediert. Siehe z.B. *Pohl, Rüdiger:* Den Zins ins Visier: Ein monetärer Beitrag für die Wachstumspolitik, in: WSI Mitteilungen, Nr. 10/1988, S. 572 - 579; hier S. 575.

Geldmenge zum Kapitalmarktzins abzuraten, da von einem solchen Schritt kein positiver Beitrag zur Effizienzsteigerung der Geldpolitik zu erwarten ist.

5.2.2.4. Geldbasis

Da sowohl Geldmengen- als auch Zinssteuerungskonzepte infolge innovativer Finanzentwicklungen mit zusätzlichen Fragezeichen zu versehen sind, bietet sich als Ausweg der alte Vorschlag an, die Geldbasis als Orientierungmaßstab der Geldpolitik zu verwenden. Die Geldbasis umfaßt den Bestand aktuell vorhandenen Zentralbankgeldes in Privathand, also den Bargeldumlauf sowie das Mindestreserve-Soll und etwaige über die Plichteinlagen hinausgehende Überschußguthaben der Geschäftsbanken bei der Zentralbank.[27] Abgesehen davon, daß die Zentralbank den Kreis der reservepflichtigen Verbindlichkeiten abstecken muß, bestehen beim Konzept der Geldbasis keine prinzipiellen definitorischen Probleme.

In Ländern, in denen wie z. B. in der Bundesrepublik das Mindestreserveinstrument diskretionär eingesetzt wird, muß die Geldbasis allerdings um einen entsprechenden Korrekturfaktor bereinigt werden, der die von Reservesatzänderungen ausgehenden expansiven oder kontraktiven Effekte einfängt. Anderenfalls besteht die Gefahr, daß die Geldbasis falsche Signale über die Richtung der Zentralbankpolitik aussendet. Werden beispielsweise als expansive Maßnahme die Mindestresevesätze gesenkt, sinkt zunächst auch das Mindestreserve-Soll und es entstehen in gleichem Ausmaß Überschußguthaben; die Geldbasis bleibt dadurch in ihrer Höhe konstant. Im umgekehrten Fall, der Erhöhung der Mindestreservesätze, werden vorhandene Überschußreserven zu Pflichtreserven und damit den Kreditinstituten entzogen, der unbereinigte Indikator Geldbasis zeigt diesen restriktiven Vorgang aber ebenfalls nicht an.[28]

Die Geldbasis bringt zwei wesentliche Qualitäten in die Indikator- und Zwischenzieldiskussion ein: Zum ersten ist die Geldbasis im Vergleich zu den Geldmengenaggregaten oder Zinsgrößen wesentlich besser durch die geldpolitische Zentralinstanz zu steuern, da die Entstehung von Zentralbankgeld immer an die Mitwirkung der Notenbank gebunden ist, wenngleich eine absolute Exogenität in der Praxis nicht gegeben ist.[29] Zum zweiten kann die Zen-

---

[27] Vgl. zum analytischen Konzept der Geldbasis *Duwendag, Dieter:* Das Geld und seine Aufgabe – Geldfunktionen, Geldmenge, Geldwert, in: Obst/Hintner, Geld-, Bank- und Börsenwesen: Ein Handbuch, 38., völlig neu bearbeitete und erweiterte Auflage, Stuttgart 1988, S. 3 - 44; hier S. 28ff.

[28] Zur Konstruktion des optimalen Bereinigungsverfahrens siehe *Neumann, Manfred J. M.:* Die Grundgeldmenge – Ein neuer Indikator der Geldpolitik, in: Weltwirtschaftliches Archiv, Heft 3/September 1986, S. 520 - 533.

[29] Beispielsweise ist der Bargeldbestand beim Publikum eine Größe, die realiter durch die Nachfrage determiniert ist. Vgl. dazu auch Abschnitt 2.2.

tralbank die Entwicklung der Geldbasis täglich exakt beobachten. Die Veränderungen lassen sich aus den Passivpositionen der Notenbankbilanz ablesen, in denen die Komponenten der Geldbasis erfaßt sind. Notwendige Gegenmaßnahmen können somit frühzeitig eingeleitet werden. Die Geldbasis ist folglich ein guter Indikator, der durch Finanzinnovationen wenig beeinträchtigt wird und den originären Beitrag der Geldpolitik zur monetären Expansion weitgehend unverzerrt widerspiegelt.

Die Eigenschaften der guten Steuerbarkeit und unverzögerten Ermittelbarkeit sprechen dafür, die Geldbasis ebenfalls als monetäre Zwischenzielgröße zu verwenden. Der Vorteil für die Zentralbank wäre die relative Sicherheit, in der Öffentlichkeit angekündigte Zielvorgaben auch einhalten zu können. Der Nachteil der Geldbasis ist, daß sie sehr weit am Beginn des Transmissionsprozesses geldpolitischer Impulse angesiedelt ist und es somit fraglich ist, ob das Endzielkriterium hinreichend abgedeckt wird. Anders ausgedrückt bieten sich viele Ansatzpunkte für Finanzinnovationen, um auf die Stabilität der Umlaufgeschwindigkeit der Geldbasis störend einzuwirken. Ähnliche Probleme bestehen allerdings auch bei anderen Variablen, die als Zwischenzielgrößen zur Diskussion stehen.[30]

5.2.3. Strategische Fragen

Die Welle monetärer Produkt- und Prozeßinnovationen an den Finanzmärkten hat den grundsätzlichen Dissens zwischen ‚Monetaristen' und ‚Keynesianern' über die konzeptionelle Gestaltung der geldpolitischen Strategie von neuem hervorbrechen lassen. Der Kern dieser Auseinandersetzung läßt sich auf einfache Weise anhand der *Fisher*'schen Verkehrs- oder Quantitätsgleichung demonstrieren, nach der die relevante Geldmenge (M) über die Transaktionsgeschwindigkeit des Geldes (V_T) mit dem Preisniveau (P) und dem Handelsvolumen (T) verknüpft ist:

$$M \cdot V_T = P \cdot T \tag{5.1}$$

Die gebräuchlichere Einkommensform der Quantitätsgleichung ergibt sich erst mit der Unterstellung zwei wichtiger Prämissen, die zumeist nicht explizit ausgewiesen werden. So muß zum einen eine stabile bzw. konstante Beziehung zwischen dem Transaktionsvolumen und dem Output (Y) bestehen:

$$T = kY \tag{5.2}$$

[30] Für die Verwendung der Geldbasis als Indikator und Zwischenziel spricht sich z. B. aus *Neumann, Manfred J. M.*: Preisstabilität durch mehrjährige Geldmengenziele sichern, in: Wirtschaftsdienst, Nr. 12/1986, S. 591 - 596; hier S. 593ff.

Zum zweiten ist erforderlich, daß eine ebenso stabiles bzw. konstantes Verhältnis zwischen der Transaktionsgeschwindigkeit und der Einkommenskreislaufgeschwindigkeit des Geldes herrscht:

(5.3) $$V_Y = l\,V_T$$

Die Geldmenge (M) läßt sich zudem als das Produkt aus dem Geldschöpfungsmultiplikator (m) und der Geldbasis (B) darstellen:

(5.4) $$M = m \cdot B$$

Setzt man nun (5.2) bis (5.4) in (5.1) ein, logarithmiert den Ausdruck und bildet anschließend das totale Differential, so erhält man in der Schreibweise mit relativen Wachtumsraten ($\Delta\%$) und Auflösung nach $\Delta\%B$ folgendes Ergebnis:[31]

(5.5) $$\Delta\%B = \Delta\%P + \Delta\%Y + \Delta\%k + \Delta\%l - \Delta\%m - \Delta\%V_Y$$

Gleichung (5.5) macht für eine Notenbank, die – wie vorgeschlagen – die Geldbasis als monetäre Operationsgröße verwendet und deren Politik an der Erreichung bzw. Erhaltung von Preisniveaustabilität ($\Delta\%P = 0$) ausgerichtet ist, folgendes deutlich: Sie kann den angestrebten Zielwert nur dann vollkommen erreichen, wenn sie die Zuwachsrate der Zentralbankgeldmenge genauso bemißt, daß diese exakt der Summe der Zuwachsraten von Y, k, l, m, V_Y entspricht. Das Problem dabei ist, daß sich die künftige Entwicklung insbesondere der vier letztgenannten Parameter infolge des verstärkten Aufkommens von Finanzinnovationen nur sehr schlecht prognostizieren läßt.

Die theoretische Analyse hat gezeigt, daß sich am ehesten Aussagen über den Geldschöpfungsmultiplikator treffen lassen. Der Einfluß von Finanzinnovationen ist hier insofern von der Richtung her vorgezeichnet, als wahrscheinlich die Bargeldhaltungsquote, mit Sicherheit aber die Reservequote rückläufig sein werden, was ein steigendes Geldschöpfungspotential der Geschäftsbanken impliziert. Der Multiplikator wird voraussichtlich zunehmen und die Zuwachsrate der Geldbasis muß entsprechend reduziert werden. Nicht geklärt ist allerdings, wie schnell und wie kräftig der Multiplikator ansteigen wird. Darüber hinaus gestaltet sich auch die korrekte Messung und Interpretation des Multiplikators schwieriger, wenn sich die in den USA vielfach angewendeten Methoden des ‚deposit sweeping' weiter durchsetzen. Der Begriff ‚deposit sweeping' beschreibt die Umbuchungsvorgänge, mit denen die amerikani-

---

[31] Diese Gleichung ist als Näherungsformel zu verstehen, die nur bei marginalen Veränderungen Gültigkeit besitzt. Vgl. zu dieser Darstellung *Birchler, Urs W.* und *René Kästli:* Finanzinnovationen und schweizerische Geldpolitik, a.a.O., S. 293f. Die Gleichung (4.9) auf S. 294 ist allerdings insofern fehlerhaft, als die Größe $\Delta\%l$ mit einem positiven – und nicht mit einem negativen – Vorzeichen zu versehen ist.

schen Banken Sichteinlagen der statistischen Erfassung durch die Fed und damit auch der Mindestreservepflicht entziehen.

Die verfahrensinnovative Senkung der Transaktionskosten bei Finanzgeschäften hat mit dazu geführt, daß die Umsatzvolumina auf den Geld- und Kapitalmärkten erheblich angestiegen sind und den Zuwachs an Einkommen deutlich übertreffen.[32] Der Parameter k hat sich demzufolge erhöht, die Tendenz ist weiterhin steigend. Simultan dazu hat die Umsetzung des technischen Fortschritts z. B. auf dem Wege computergestützter Cash-Management-Praktiken die Rationalisierung der Finanzmittelsteuerung vorangetrieben, wovon eine Abnahme der Größe l zu erwarten ist. In Gleichung (5.5) entwickeln sich demzufolge k und l bei gleichem Vorzeichen gegenläufig. Der Nettoeffekt ist solange fraglich, wie nicht eindeutig auszumachen ist, welcher Einflußfaktor der stärkere ist. Somit ist in diesem Falle nicht einmal eine Tendenzaussage zu wagen, wie die Notenbank mit der Bereitstellung von Basisgeld auf die überraschend starke Expansion der Finanzmärkte zu reagieren hat.

Hinsichtlich der Einkommenskreislaufgeschwindigkeit des Geldes hat die Analyse der Geldnachfrage nur insofern ein klares Ergebnis hervorgebracht, als daß auch hier keine eindeutige Aussage gemacht werden kann. Klammert man das eben in den Faktoren k und l abgehandelte Finanzplanungsrisiko aus, verbleiben wiederum zwei Effekte, die die Nachfrage nach liquiden Aktiva gegensätzlich beeinflußen.[33] Zusätzlich ist die Entwicklung V_Y stark davon abhängig, auf welches Geldmengenaggregat sie bezogen wird. Für sehr enge Aggregate ist von einer Zunahme der Umlaufgeschwindigkeit auszugehen, während bei sehr weitgefaßten Geldmengendefinitionen eher eine Abnahme zu erwarten ist. Ein weiteres geldpolitisches Negativum ist, daß Finanzinnovationen zumindest in den USA bereits die Prognosequalität der gängigen Erklärungsmodelle nicht unerheblich beeinträchtigt haben und die Umlaufgeschwindigkeit aus Sicht der Notenbank deutlich instabiler geworden ist. Damit ist insbesondere für die kurze Frist keine präzise quantitative Vorhersage über die Veränderung der Einkommenskreislaufgeschwindigkeit möglich.

Der mit einiger Schärfe ausgetragene Streit um die divergierenden Strategieempfehlungen dreht sich darum, wie die Geldpolitik auf die Zunahme der Unsicherheitsquellen reagieren soll, denn sowohl was die Richtung, als auch was das Tempo und die Stärke der Veränderungen angeht, lassen sich nur wenige konkrete Angaben festhalten:

> „Es ist nicht zu bestreiten, dass die Innovation auf den Finanzmärkten die Anzahl der auf der geldpolitischen Landkarte schon bisher nicht seltenen weissen Flecken noch zusätzlich vergrößert hat.“[34]

---

[32] Vgl. auch Unterpunkt 4.2.

[33] Vgl. Tab. 8, Unterpunkt 5.1.

[34] *Birchler, Urs W.* und *René Kästli:* Finanzinnovationen und schweizerische Geldpolitik, a.a.O., S. 298.

Die Mehrzahl der Autoren äußert sich dahingehend, die Geldpolitik müsse in der Situation einer instabiler werdenden Umwelt auf den Vollzug starrer Verfahrensregeln und die Ankündigung von (Zentralbank-)Geldmengenzielen verzichten, da sich ansonsten die Ungleichgewichtstendenzen noch verschärfen. Vielmehr solle die Zentralbank auf der Basis eines flexibel angelegten Konzepts aktiv, pragmatisch und umsichtig operieren, um jederzeit bereit und in der Lage zu sein, die destabilisierenden Dissonanzen von m, k, l und V_Y mit wohldosierten, fein aufeinander abgestimmten und diskretionär eingesetzten Interventionsmaßnahmen systematisch zu korrigieren.[35] Wie Gleichung (5.5) zeigt, ist dieser Vorschlag formal gesehen identisch mit der Anregung, die Geldpolitik direkt an dem Endziel, hier also dem nominalen Sozialprodukt und nicht dem Preisniveau, zu orientieren.[36]

Die logische Schlußfolgerung aus diesen Gedankengängen sind die sog. Mehrindikatorenkonzeptionen, nach denen die Zentralbank zahlreiche Orientierungsgrößen gleichberechtigt in die Betrachtung ihrer Politik einzubeziehen hat. Auf theoretischer Ebene wird zusätzlich die Kontrolltheorie optimaler geld- und wirtschaftspolitischer Entscheidungen herangezogen, um die Überlegenheit dieses Ansatzes zu begründen. Die monetäre Kontrolltheorie ist u.a. von der physikalischen Regeltechnik inspiriert und überträgt die Prinzipien komplizierter rückgekoppelter Regelsysteme auf die Probleme der geldpolitischen Stabilisierungsstrategie.[37]

Richtig ist, daß außergewöhnliche Störungen des Wirtschaftsablaufs besondere geldpolitische Maßnahmen erfordern können, und auch die Deutsche Bundesbank hat in der Vergangenheit keineswegs eine strikt regelgebundene und potentialorientierte Geldmengensteuerung betrieben. Eine darüber hinausgehende, hochgradig flexible Geldpolitik trägt allerdings die Gefahr der Selbstaufgabe in sich. Bisher ist nicht überzeugend dargelegt worden, wo die notwendigen Informationen herkommen sollen, die gerade unter dem Eindruck von Finanzinnovationen für ein solch komplexes Feinsteuerungskonzept vonnöten sind. Ungeklärt ist außerdem, wie sich die Notenbank verhalten soll, wenn die verschiedenen Indikatorvariablen widersprüchliche Signale aussenden. Darüber hinaus sind die Übertragungswege für geldpolitische Kor-

---

[35] Vertreter dieser Richtung sind z.B. *Bigler, Max:* ‚Finanzinnovationen und Geldpolitik', a.a.O., S. 233; und *Pohl, Rüdiger:* Brauchen wir eine neue geldpolitische Konzeption?, in: Wirtschaftsdienst, Nr. 7/Juli 1987, S. 339 - 345.

[36] Das nominelle BSP-Ziel wird z.B. favorisiert von *von Weizsäcker, Carl Christian:* BIP statt Geldmenge, in: Wirtschaftswoche, Nr. 27/26. 6. 1987, S. 76 - 78. Vgl. zur Analyse und Kritik *Wagner, Helmut:* Soll die Bundesbank eine nominelle BSP-Regelpolitik betreiben?, in: Kredit und Kapital, Heft 1/1988, S. 8 - 33; sowie *Herrmann, Hein:* Flop mit BIP, in: Wirtschaftswoche, Nr. 41/ 2. 10. 1987, S. 98 + 101.

[37] Vgl. *Dudler, Hermann-Josef:* Geldpolitik und ihre theoretischen Grundlagen, a.a.O., S. 66ff.

rekturmaßnahmen durch finanzielle Neuerungen nicht breiter, sondern enger geworden.

Neben diesen technischen Schwierigkeiten stellt sich die Frage, ob die Beamten einer Währungsbehörde in ihrer Funktionsfähigkeit wirklich mit einem sensitiv eingestellten Thermostat zu vergleichen sind, das bei kleinsten Temperaturschwankungen fehlerlos und situationsgerecht reagiert. Daher ist die Befürchtung begründet, daß das Konzept der flexiblen Geldpolitik in der Praxis rasch zu einem perspektivlosen und hektischen Aktionismus verkommt, der die Schwankungen der Gesamtnachfrage nicht abschwächt, sondern verstärkt. Die ‚monetaristische' Gegenstrategie will demzufolge die Informationsprobleme hinsichtlich der Varianzen der Parameter m, k, l und V_Y und der optimalen Stabilisierungsmaßnahmen umgehen und fordert stattdessen eine regelgebundene, also wachstumskonstante oder bestenfalls strikt potentialorientierte Ausdehnung der Geldbasis. Eine solche Politik verzichtet zwar von vorneherein auf die – sehr zweifelhaften – Erfolge bei der Kompensation von Störimpulsen, vermeidet aber die Gefahren einer destabilisierenden ‚Stop and Go'-Fehlsteuerung.[38]

Der Streit um die richtige geldpolitische Strategie läßt sich nicht allein mit rein ökonomischen Argumenten führen, sondern die Diskussion wird wesentlich von der fundamentalen Einstellung zu der positiven Gestaltungsfähigkeit und der – mehr oder weniger – auf das öffentliche Interesse gerichteten Gestaltungswilligkeit der geldpolitischen Entscheidungsträger geprägt.[39] Gerade gegen einen zu hohen Politikanspruch sind aber in wachsendem Maße Bedenken anzubringen.

Die vielfältigen monetären Produkt- und Prozeßinnovationen auf den Finanzmärkten lassen sich zwar im einzelnen schwer operationalisieren, in ihrer Gesamtheit führen sie aber eindeutig zu einer Schwächung der geldpolitischen Wirkungsmacht. In dieser Situation sollte sich die Geldpolitik frühzeitig auf das zurückziehen, was sie auf absehbare Zukunft zu leisten vermag, nämlich die verläßliche Setzung stabiler Rahmendaten auf dem Wege einer vorhersehbaren und regelgebundenen Versorgung der Wirtschaft mit Zentralbankgeld. Finanzinnovationen können nicht als Vehikel dafür herhalten, die Geldpolitik mit Aufgaben zu überfrachten, die sie auch unter besseren monetären Umweltbedingungen nicht zu bewältigen vermag.

---

[38] Vgl. *Francke, Hans-Herrmann:* ‚Der Einfluß von Finanzinnovationen auf die Effizienz der Geldangebotskontrolle', a.a.O., S. 272.

[39] Vgl. *Francke, Hans-Herrmann:* ‚Finanzinnovationen in den USA', a.a.O., S. 507f.

Literaturverzeichnis

Abolins, Karlis I.: Cash-Management-Systeme für Unternehmen, in: Der Betrieb, Heft 2/11. 1. 1985, S. 64 - 65.

Akhtar, M. A.: Financial Innovations and their Implications for Monetary Policy: An International Perspective, BIS Economic Papers, No. 9/December 1983.

Akhtar, M. A.: Financial Innovation and Monetary Policy: A Framework for Analysis, in: Bank for International Settlements, Financial Innovation and Monetary Policy, Basle March 1984, S. 3 - 25.

Andreas, Kurt: A Central Bank View of Financial Innovation on the Capital Markets, in: Deutsche Bundesbank/Auszüge aus Presseartikeln, Nr. 90/30. September 1983, S. 5 - 8.

Artus, Patrick und *Christian de Boissieu:* Der Finanzinnovationsprozeß: Ursachen, Erscheinungsformen und Konsequenzen, in: Arnold Heertje (Hrsg.), Innovation, Technik und Finanzwesen, Oxford 1988, S. 92 - 111.

Ausschuß für Bankenbestimmungen und -überwachung: Die Behandlung nicht bilanzwirksamer Risiken der Banken aus der Sicht der Bankenaufsicht, Übersetzung, Basel März 1986.

Axilrod, Stephen H.: New Monetary Control Procedure: Findings and Evaluation from a Federal Reserve Study, in: Board of Governors of the Federal Reserve System, Federal Reserve Bulletin, April 1981, S. 277 - 290.

Balbach, Anatol B.: How Controllable is Money Growth?, in: Federal Reserve Bank of St. Louis, Review, April 1981, S. 3 - 12.

Bank for International Settlements: Financial Innovation and Monetary Policy, Basle March 1984.

Bank for International Settlements: Recent Innovations in International Banking, Basle April 1986.

Bank für internationalen Zahlungsausgleich: Siebenundfünfzigster Jahresbericht, Basel 15. Juni 1987.

Bank of England: The Nature and Implications of Financial Innovation, in: Bank of England Quarterly Bulletin, September 1983, S. 358 - 362.

Bank of England: The International Market for Floating Rate Instruments, in: Bank of England Quarterly Bulletin, September 1984, S. 337 - 343.

Barth, Herbert: Financial Futures: Neue Risiken für die Kreditinstitute?, in: Kredit und Kapital, Heft 1/1984, S. 120 - 145.

Barnett, William A.; Edward K. Offenbacher und *Paul A. Spindt:* New Concepts of Aggregated Money, in: The Journal of Finance, No. 2/May 1981, S. 497 - 505.

Barnett, William A.; Edward K. Offenbacher und *Paul A. Spindt:* The New Divisia Monetary Aggregates, in: Journal of Political Economy, No. 6/1984, S. 1049 - 1085.

Batten, Dallas S. und *R. W. Hafer:* Currency Substitution: A Test of Its Importance, in: The Federal Reserve Bank of St. Louis, Review, No. 7, August/September 1984, S. 5 - 11.

Berger, Allen und *David B. Humphrey:* The Role of Interstate Banking in the Diffusion of Electronic Payments Technology, in: Colin Lawrence und Robert P. Shay (ed.), Technological Innovation, Regulation, and the Monetary Economy, Cambridge – Massachusetts 1986, S. 13 - 52.

Berliner Handels- und Frankfurter Bank: Strukturwandel in der Zentralbankgeldversorgung, in: Wirtschaftsdienst der Berliner Handels- und Frankfurter Bank vom 15. November 1986; siehe Deutsche Bundesbank/Auszüge aus Presseartikeln, Nr. 79/ 24. November 1986, S. 6 - 7.

Bigler, Max: Finanzinnovationen und Geldpolitik: Schlußfolgerungen aus einem erweiterten Finanzmarktmodell, in: Kredit und Kapital, Heft 2/1988, S. 221 - 242.

Birchler, Urs W. und *René Kästli:* Finanzinnovationen und schweizerische Geldpolitik, in: Aussenwirtschaft, Heft II/III 1987, S. 275 - 303.

Board of Governors of the Federal Reserve System: The Depository Institutions Deregulation and Monetary Control Act of 1980, in: Federal Reserve Bulletin, June 1980, S. 444 - 453.

Board of Governors of the Federal Reserve System: Recent Revisions in the Money Stock: Benchmark, Seasonal Adjustment, and Calculation of Shift-Adjusted M1-B, in: Federal Reserve Bulletin, July 1981, S. 539 - 542.

Board of Governors of the Federal Reserve System: The Federal Reserve Position on Restructuring of Financial Regulation Responsibilities, in: Federal Reserve Bulletin, July 1984, S. 547 - 557.

Board of Governors of the Federal Reserve System: Federal Reserve Bulletin, June 1987; weitere Ausgaben.

Bofinger, Peter: Währungswettbewerb: Eine systematische Darstellung und kritische Würdigung von Hayeks Plänen zu einer grundlegenden Neugestaltung unserer Währungsordnung, Köln – Berlin – Bonn – München 1985.

Bofinger, Peter: Geldpolitik im Zeichen der sogenannten Finanzinnovationen, in: Sparkasse, Nr. 4/1986, S. 139 - 149.

Bofinger, Peter: Geldpolitische Regulierungen und Finanzinnovationen, in: Aussenwirtschaft, Heft II/III 1987, S. 251 - 273.

Bouveret, Andreas Michael: Elektronischer Zahlungsverkehr (EFTS): Was bringt die 3. Generation des Geldes? Eine Bestandsaufnahme der internationalen Entwicklungstendenzen, Würzburg 1981.

Bowen, Michael: Bond Innovations and the Issuer, in: Euromoney, March 1983, S. 112 -113.

Brestel, Norbert: Innovationen am Finanzmarkt: Ein praktischer Ratgeber für Anlage-Neuheiten, Zollikon 1987.

Breuer, Rolf-E.: Neue Formen auf dem Anleihemarkt, in: Georg Bruns und Karl Häuser (Hrsg.), Innovationen auf Finanzmärkten, Schriftenreihe des Instituts für Kapitalmarktforschung an der J. W. Goethe-Universität Frankfurt am Main, Kolloquien-Beiträge 28, Frankfurt am Main 1986, S. 7 - 15.

Brunner, Karl und *Allan H. Meltzer:* Liquidity Traps for Money, Bank Credit, and Interest Rates, in: Journal of Political Economy, Vol. 76, January/February 1968, S. 1 - 7.

Brunner, Karl: Eine Neuformulierung der Quantitätstheorie des Geldes: Die Theorie der relativen Preise, des Geldes, des Outputs und der Beschäftigung, in: Kredit und Kapital, Heft 1/1970, S. 1 - 30.

Brunner, Karl und *Allan H. Meltzer:* The Uses of Money: Money in the Theory of an Exchange Economy, in: American Economic Review, Nr. 5/December 1971, S. 784 - 805; deutsch: Die Verwendung von Geld: Geld in der Theorie einer Tauschwirtschaft, in: Karl Brunner, Hans G. Monissen und Manfred J. M. Neumann (Hrsg.), Geldtheorie, Köln 1974, S. 50 - 73.

Brunner, Karl: Zwei alternative Theorien des Geldangebotsprozesses: Geldmarkt- versus Kreditmarkttheorie, in: Karl Brunner, Hans G. Monissen und Manfred J. M. Neumann (Hrsg.), Geldtheorie, Köln 1974, S. 114 - 148.

Brunner, Karl und *Allan H. Meltzer:* Ein monetaristischer Rahmen für die aggregative Analyse, in: Karl Brunner, Hans G. Monissen und Manfred J. M. Neumann (Hrsg.), Geldtheorie, Köln 1974, S. 235 - 266.

Brunner, Karl und *Allan H. Meltzer:* Die Bedeutung monetärer Indikatoren, in: Jürgen Badura und Otmar Issing (Hrsg.), Geldpolitik, Stuttgart – New York 1980, S. 73 - 91.

Brunner, Karl: Hat der Monetarismus versagt?, in: Kredit und Kapital, Heft 1/1984, S. 18 - 63.

Bühler, Wilhelm u. a.: Finanzmarktinnovationen, Wilhelm Bühler (Hrsg.), Schriftenreihe des Instituts für Kredit- und Versicherungswirtschaft, Abteilung Bankbetriebslehre, Band 12, Wien 1985.

Büschgen, Hans E.: Finanzinnovationen – Neuerungen und Entwicklungen an nationalen und internationalen Finanzmärkten, in: Zeitschrift für Betriebswirtschaft (ZfB), 56. Jg. (1986), Heft 4/5, S. 301 - 336.

Buscher, Herbert S. und *Wolfgang Schröder:* Instabilität der Geldhaltung stellt Geldmengenregel in Frage, in: Wirtschaftsdienst, Nr. 6/Juni 1983, S. 309 - 312.

Cagan, Phillip: Financial Development and the Erosion of Monetary Controls, in: Enterprise Institute for Public Policy Research, Contemporary Economic Problems, Washington D.C. 1979, S. 117 - 159.

Cagan, Phillip: Regulation and the Monetary Economy, in: Colin Lawrence und Robert P. Shay (ed.), Technological Innovation, Regulation, and the Monetary Economy, Cambridge – Massachusetts 1986, S. 196 - 200.

Carstensen, Meinhard: Finanzinnovationen in der praktischen Anwendung einer Geschäftsbank, in: Die Bank, Nr. 7/1986, S. 352 - 356.

Cezanne, Wolfgang: Grundzüge der Makroökonomik, 3. Auflage, München – Wien 1985.

Chessen, James C.: RUFs, NIFs, SNIFs, and other Exotic Financing Facilities, in: The Bankers Magazine, September-October 1986, S. 14 - 17.

Claassen, Emil-Maria: Grundlagen der Geldtheorie, 2., neubearbeitete und erweiterte Auflage, Berlin – Heidelberg – New York 1980.

Claus, Dieter: Zinstermingeschäfte – eine erfolgreiche Variante der Financial Futures Markets, in: Sparkasse, Nr. 11/1982, S. 458 - 462.

Collyns, Charles und *Yusuke Horiguchi:* Finanz-Supermärkte in den USA, in: Finanzierung und Entwicklung, März 1984, S. 18 - 22.

Commerzbank: Innovation der Commerzbank, in: Wirtschaftsnotizen, März/April 1986, S. 8 - 10.

Damm, Ulrich: Innovationen am Euro-Kapitalmarkt, in: Die Bank, Nr. 12/1983, S. 568 - 573.

Damm, Ulrich: Eurokapitalmärkte im Umbruch, in: Die Bank, Nr. 5/Mai 1986, S. 225 - 229.

Dertinger, Claus: Riskante Innovationen, in: Die Welt, Bonn, vom 25./26. Januar 1986; siehe Deutsche Bundesbank/Auszüge aus Presseartikeln, Nr.8/29. Januar 1986, S. 3.

Deutsche Bundesbank: Geschäftsberichte der Deutschen Bundesbank für verschiedene Jahre.

Deutsche Bundesbank: Monatsberichte der Deutschen Bundesbank, verschiedene Ausgaben.

Deutsche Bundesbank: Der Euro-DM-Markt, in: Monatsberichte der Deutschen Bundesbank, Januar 1983, S. 27 - 38.

Deutsche Bundesbank: Zur längerfristigen Kontrolle und Entwicklung des Geldvolumens, in: Monatsberichte der Deutschen Bundesbank, Januar 1985, S. 14 - 28.

Deutsche Bundesbank: Die Novellierung des Kreditwesengesetzes, in: Monatsberichte der Deutschen Bundesbank, März 1985, S. 37 - 43.

Deutsche Bundesbank: Stand und weitere Entwicklung der Automation des unbaren Zahlungsverkehrs bei der Deutschen Bundesbank, in: Monatsberichte der Deutschen Bundesbank, August 1985, S. 47 - 51.

Deutsche Bundesbank: Geldmengenziel 1986 und Neuregelung der Mindestreservebestimmungen, in: Monatsberichte der Deutschen Bundesbank, Januar 1986, S. 14 - 18.

Deutsche Bundesbank: Innovationen im internationalen Bankgeschäft, in: Monatsberichte der Deutschen Bundesbank, April 1986, S. 25 - 35.

Deutsche Bundesbank: Die Ertragslage der deutschen Kreditinstitute im Jahre 1986, in: Monatsberichte der Deutschen Bundesbank, August 1987, S. 13 - 31.

Deutsche Bundesbank: Private Sach- und Geldvermögensbildung und ihre Finanzierung, in: Monatsberichte der Deutschen Bundesbank, August 1987, S. 41 - 46.

Deutsche Bundesbank: Fremdwährungseinlagen deutscher Nichtbanken, in: Monatsberichte der Deutschen Bundesbank, Januar 1989, S. 22 - 28.

Deutsche Bundesbank: Erklärung der Deutschen Bundesbank zur Begebung von DM-Auslandsanleihen, abgedruckt in: Deutsche Bundesbank/Auszüge aus Presseartikeln, Nr. 26/12. April 1985, S. 1 - 2.

Deutsche Bundesbank: Die Deutsche Bundesbank: Geldpolitische Aufgaben und Instrumente, Sonderdrucke der Deutschen Bundesbank, Nr. 7, 4. Auflage, März 1987.

Dierolf, Günther und *Josef Lechner:* Das Depositenzertifikat – Innovatives Finanzierungsinstrument I, in: Zeitschrift für das gesamte Kreditwesen, Nr. 16/1985, S. 760 - 763.

Dierolf, Günther und *Josef Lechner:* Das Depositenzertifikat – Innovatives Finanzierungsinstrument II, in: Zeitschrift für das gesamte Kreditwesen, Nr. 17/1985, S. 806 - 810.

Dotsey, Michael; Steven Englander und *John C. Partlan:* Money Market Mutual Funds and Monetary Control, in: Federal Reserve Bank of New York, Quarterly Review, No. 4/Winter 1981-82, S. 9 - 17.

Dudler, Hermann-Josef: Geldpolitik und ihre theoretischen Grundlagen, Frankfurt am Main 1984.

Dudler, Hermann-Josef und *H. Herrmann:* Financial Innovation and Monetary Policy: The German Case, in: Bank for International Settlements, Financial Innovation and Monetary Policy, Basle March 1984, S. 91 - 102.

Dudler, Hermann-Josef: Geldmengenpolitik und Finanzinnovationen, in: Kredit und Kapital, Heft 4/1986, S. 472 - 495.

Dufey, Gunter und *Ian H. Giddy:* The Evolution of Instruments and Techniques in International Financial Markets, Societe Universitaire Europeenne de Recherques Financieres (S.U.E.R.F.), Suerf Serie 35 A, 1981.

Dufey, Gunter: Finanzinnovationen in den USA – Entwicklung und Bedeutung für das internationale Bankgeschäft, in: Georg Bruns u. Karl Häuser (Hrsg.), Innovationen auf Finanzmärkten, Schriftenreihe des Instituts für Kapitalmarktforschung an der J. W. Goethe-Universität Frankfurt am Main, Kolloquien-Beiträge 28, Frankfurt am Main 1986, S. 171 - 201.

Duprey, James N.: How the FED Defines and Measures Money, in: Federal Reserve Bank of Minneapolis, Quarterly Review, Spring – Summer 1982, S. 10 - 19.

Duwendag, Dieter u. a.: Geldtheorie und Geldpolitik: Eine problemorientierte Einführung mit einem Kompendium bankstatistischer Fachbegriffe, 3., überarbeitete und erweiterte Auflage, Köln 1985.

Duwendag, Dieter: Es gibt keine seriösen Alternativen, in: Wirtschaftsdienst, Nr. 12/1986, S. 596 - 598.

Duwendag, Dieter: Das Geld und seine Aufgabe – Geldfunktionen, Geldmenge, Geldwert, in: Obst/Hintner, Geld-, Bank- und Börsenwesen: Ein Handbuch, 38., völlig neu bearbeitete und erweiterte Auflage, Stuttgart 1988, S. 3 - 44.

Eicke, Jürgen: Vom Umgang mit dem neuen KWG II, in: Zeitschrift für das gesamte Kreditwesen, Nr. 16/1985, S. 754 - 757.

Engels, Wolfram: Nach dem Monetarismus, in: Wirtschaftswoche, Nr. 45/31. 10. 1986, S. 196.

Engels, Wolfram: Müde Investoren, in: Wirtschaftswoche, Nr. 43/16. 10. 1987, S. 192.

Erlenbach, Erich: Jetzt auch Termingeschäft mit festverzinslichen Wertpapieren, in: Frankfurter Allgemeine Zeitung, Nr.72/26. 3. 1986, S. 14.

Fischer-Erlach, Peter: Wie funktionieren Devisenoptionen?, in: Die Bank, Nr.7/1984, S. 329 - 331.

Francke, Hans-Herrmann: Finanzinnovationen in den USA: Geldpolitische Konsequenzen und Übertragungsrelevanz für die Bundesrepublik Deutschland, in: D. Cansier und D. Kath (Hrsg.), Öffentliche Finanzen, Kredit und Kapital (Festschrift für Werner Ehrlicher), Berlin 1985, S. 497 - 513.

Francke, Hans-Herrmann: Finanzinnovationen und geldpolitische Zwischenzielvariable, in: Claus Köhler und Rüdiger Pohl (Hrsg.), Aspekte der Geldpolitik in offenen Volkswirtschaften, Berlin 1987, S. 167 - 181.

Francke, Hans-Herrmann: Der Einfluß von Finanzinnovationen auf die Effizienz der Geldangebotskontrolle und des geldpolitischen Instrumentariums, in: Werner Ehrlicher und Diethard B. Simmert (Hrsg.), Wandlungen des geldpolitischen Instrumentariums der Deutschen Bundesbank, Beihefte zu Kredit und Kapital, Heft 10, Berlin 1988, S. 263 - 276.

Frankel, Allen B. und *Catherine L. Mann:* A Framework for Analyzing the Process of Financial Innovation, International Finance Discussion Papers, Nr. 283, June 1986.

Friedel, Gerd: Die Hochstapler, in: Der Stern, Heft 42/8. Oktober 1987, S. 234 - 237.

Friedman, Benjamin M.: Crowding Out or Crowding In? Economic Consequences of Financing Government Deficits, in: Brookings Papers on Economic Activities, Nr. 3/1978, S. 593 - 641.

Friedman, Milton: Die optimale Geldmenge, in: Die optimale Geldmenge und andere Essays, München 1970, S. 9 - 76.

Friedman, Milton und *Anna J. Schwartz:* Die Definition des Geldes: Nettovermögen und Neutralität als Kriterien, in: Karl Brunner, Hans G. Monissen und Manfred J. M. Neumann (Hrsg.), Geldtheorie, Köln 1974, S. 74 - 90.

Friedman, Milton: Monetary Policy: Theory and Practice, in: Journal of Money, Credit, and Banking, No. 1/February 1982, S. 98 - 118.

Friedman, Milton: Lessons from the 1979-82 Monetary Policy Experiment, in: The American Economic Review, Papers and Proceedings, No. 2/May 1984, S. 397 - 400.

Frowen, Stephen F.: Neuere Entwicklungen auf dem Londoner Euromarkt, in: Georg Bruns und Karl Häuser (Hrsg.), Innovationen auf Finanzmärkten, Schriftenreihe des Instituts für Kapitalmarktforschung an der J. W. Goethe-Universität Frankfurt am Main, Kolloquien-Beiträge 28, Frankfurt am Main 1986, S. 89 - 113.

Füllenkemper, Horst und *Hannes Rehm:* Internationale Finanzmärkte unter Innovations- und Liberalisierungsdruck, in: Kredit und Kapital, Heft 4/1985, S. 553 - 585.

Füllenkemper, Horst und *Hannes Rehm:* Finanzinnovationen auf den deutschen Kapitalmärkten, in: Wirtschaftsdienst, Nr. 10/1985, S. 510 - 515.

Fuhrmann, Wilfried: Geld und Kredit: Prinzipien monetärer Makroökonomik, München – Wien 1986.

Fukao, Mitsuhito und *Masaharu Hanazaki:* Internationalisation of Financial Markets: Some Implications for Macroeconomic Policy and for the Allocation of Capital, OECD Department of Economics and Statistics, Working Papers, No. 37/November 1986.

Furlong, Frederick T.; Alan Boyce und Guido van der Ven: New Deposit Instruments, in: Board of Governors of the Federal Reserve System, Federal Reserve Bulletin, May 1983, S. 319 - 326.

Gburek, Manfred: Männer, Märkte, Macht, in: Wirtschaftswoche, Nr. 29/14. 7. 1989, S. 40 - 52.

Germany, J. David und *John E. Morton:* Financial Innovation and Deregulation in Foreign Industrial Countries, in: Federal Reserve Bulletin, October 1985, S. 743 - 753.

Gleske, Leonhard: Finanzinnovationen aus der Sicht der Notenbanken und der Bankenaufsicht, in: Die Bank, Nr. 6/1986, S. 280 - 285.

Gleske, Leonhard: Wandlungen in der Geldpolitik, in: Deutsche Bundesbank/Auszüge aus Presseartikeln, Nr. 42/13. Juni 1986, S. 1 - 8.

Glogowski, Erhard und *Manfred Münch:* Neue Finanzdienstleistungen: Deutsche Bankenmärkte im Wandel, Wiesbaden 1986.

Godschalk, Hugo T. C.: Computergeld: Entwicklungen und ordnungspolitische Probleme des elektronischen Zahlungsverkehrssystems, Frankfurt am Main 1983.

Goldfeld, Stephen M.: The Case of the Missing Money, in: Brookings Papers on Economic Activity, Nr. 3/1976, S. 683 - 730.

Goodhart, Charles: Structural Changes in the Banking System and the Determination of the Stock of Money, in: Rainer S. Masera und Robert Triffin (Hrsg.), Europe's Money: Problems of European Monetary Co-ordination and Integration, Oxford 1984, S. 111 - 149.

Gramley, Lyle E.: Financial Innovation and Monetary Policy, in: Federal Reserve Bulletin, July 1982, S. 393 - 400.

Grünärml, Frohmund: Finanzielle Innovation, staatliche Regulierung und Geldpolitik, in: Hamburger Jahrbuch für Wirtschafts- und Gesellschaftspolitik, 31. Jahr/1986, S. 251 - 266.

Grünärml, Frohmund: Finanzinnovationen und Geldpolitik, in: Wirtschaftswissenschaftliches Studium (WiSt), Nr. 5/Mai 1988, S. 217 - 221.

Hadjimichalakis, Michael G.: Monetary Policy and Modern Money Markets: Fixed versus Market-Determined Deposit Rates, Lexington – Massachusetts – Toronto 1982.

Hafer, R. W.: Much Ado about M2, in: Federal Reserve Bank of St. Louis, Review, October 1981, S. 13 - 18.

Hafer, R. W. und *Scott E. Hein:* Financial Innovations and the Interest Elasticity of Money Demand: Some Historical Evidence, in: Journal of Money, Credit, and Banking, No. 2/May 1984, S. 247 - 252.

Hahl, Willy: Verhältnis zwischen Geschäftsbankensystem und Zentralbankensystem in verschiedenen Ländern, Schriften zur wirtschaftswissenschaftlichen Forschung, Band 12, Meisenheim am Glan 1962.

Hawawini, Gabriel: Financial Innovation and Recent Developments in the French Capital Markets, European Institute of Business Administration, Working Research Papers, No. 85/25, Fontainebleau October 1985.

Hein, Manfred: Bankensysteme außerhalb der Bundesrepublik Deutschland – Marktwirtschaftliche Bankensysteme, in: Obst/Hintner, Geld-, Bank- und Börsenwesen: Ein Handbuch, 38., völlig neu bearbeitete und erweiterte Auflage, Stuttgart 1988, S. 251 - 269.

Heri, Erwin W.: Expansion der Finanzmärkte: Ursachen, Konsequenzen, Perspektiven, in: KYKLOS, Vol. 42, Fasc. 1/1989, S. 17 - 37.

Herrmann, Heinz: Flop mit BIP, in: Wirtschaftswoche, Nr. 41/2. 10. 1987, S. 98 + 101.

Herz, Bernhard: Geldpolitik bei finanziellen Innovationen, in: Zeitschrift für das gesamte Kreditwesen, Nr. 13/1985, S. 607 - 610.

Herz, Bernhard: Geldpolitik bei finanziellen Innovationen, Frankfurt am Main 1988.

Hester, Donald D.: Innovations and Monetary Control, in: Brookings Papers on Economic Activity, Nr. 1/1981, S. 141 - 189.

Higgins, Bryon und *Jon Faust:* NOW's and Super NOW's: Implications For Defining and Measuring Money, in: Federal Reserve Bank of Kansas City, Economic Review, January 1983, S. 3 - 18.

Hiss, Dieter: Geld- und währungspolitische Implikationen einer Globalisierung der Finanzmärkte, in: Wirtschaftsdienst, Nr. 2/1988, S. 71 - 78.

Holland, Robert C.: Speculation on Future Innovation: Implications for Monetary Control, in: William L. Silber (ed.), Financial Innovation, Lexington – Massachusetts – Toronto – London 1975, S. 159 - 171.

Horvitz, Paul M.: Technological Innovation: Implications for Regulation of Financial Institutions, in: Colin Lawrence und Robert P. Shay (ed.), Technological Innovation, Regulation, and the Monetary Economy, Cambridge – Massachusetts 1986, S. 111 - 123.

Hubbard, Carl M.: Money Market Funds, Money Supply, and Monetary Control: A Note, in: The Journal of Finance, No. 4/September 1983, S. 1305 - 1310.

Issing, Otmar: Einführung in die Geldtheorie, 5.Auflage, München 1984.

Issing, Otmar: Fossil mit Umlenkeffekt, in: Wirtschaftswoche, Nr. 13/21. 3. 1986, S. 102 - 107.

Issing, Otmar: Einführung in die Geldpolitik, 2., völlig überarbeitete Auflage, München 1987.

Issing, Otmar: Der Euro-DM-Markt und die Deutsche Geldpolitik, in: Armin Gutowski (Hrsg.), Geldpolitische Regelbindung: theoretische Entwicklung und empirische Befunde, Schriften des Vereins für Socialpolitik, Neue Folge Band 161, Berlin 1987, S. 163 - 191.

Jarchow, H.-J.: Theorie und Politik des Geldes: I. Geldtheorie, Göttingen 1974.

Jobst, Peter: Wirrwarr bei Plastik, in: Wirtschaftswoche, Nr. 11/10. 3. 1989, S. 194 - 198.

Johnson, Harry G: Innengeld, Außengeld, Einkommen, Vermögen und Wohlfahrt in der Geldtheorie, in: Beiträge zur Geldtheorie und Währungspolitik, Berlin 1976, S. 110 - 132.

Judd, John P. und *John L. Scadding:* The Search for a Stable Money Demand Function: A Survey Of the Post-1973 Literature, in: Journal of Economic Literature, Vol. XX/September 1982, S. 993 - 1023.

Jüttner, D. Johannes: Spekulation – immer segensreich?, in: Jahrbücher für Nationalökonomie und Statistik, Band 203, Heft 1/Januar 1987, S. 1 - 11.

Kakarot-Handtke, Egmont: Geld ist Information – Volkswirtschaftliche Aspekte der Bankautomation, in: Die Bank, Nr. 5/1986, S. 220 - 224.

Kane, Edward J.: Good Intentions and Unintended Evil: The Case against Selective Credit Allocation, in: Journal of Money, Credit, and Banking, No. 1/February 1977, S. 55 - 69.

Kane, Edward J.: Accelerating Inflation, Technological Innovation, and the Decreasing Effectivness of Banking Regulation, in: Journal of Finance, No. 2/May 1981, S. 355 - 367.

Kane, Edward J.: Policy Implications of Structural Changes in Financial Markets, in: American Economic Review, Papers and Proceedings, No. 2/May 1983, S. 96 - 100.

Kane, Edward J.: Interaction of Financial and Regulatory Innovation, in: American Economic Review, Papers and Proceedings, No. 2/May 1988, S. 328 - 334.

Kath, Dietmar und *Norbert Euba:* Die makroökonomische Portfoliotheorie, in: Wirtschaftswissenschaftliches Studium (WiSt), Heft 10/Oktober 1975, S. 458 - 464.

Kath, Dietmar: Geld und Kredit, in: Vahlens Kompendium der Wirtschaftstheorie und Wirtschaftspolitik, Band 1, München 1980, S. 155 - 190.

Kaufman, Henry: Interest Rates, the Markets and the New Financial World, London 1986.

Ketterer, Karl-Heinz: Monetäre Aspekte der Staatsverschuldung, Veröffentlichungen des Instituts für Empirische Wirtschaftsforschung, Band 21, Berlin 1984.

Ketterer, Karl-Heinz und *Norbert Kloten:* Finanzinnovationen an den monetären Märkten und Rückwirkungen auf die Geldmengensteuerung, in: Helmut Guthardt u. a. (Hrsg.), Aspekte bankwirtschaftlicher Forschung und Praxis, Frankfurt am Main 1985, S. 121 - 131.

Ketterer, Karl-Heinz und *Norbert Kloten:* Finanzielle Innovationen, Geldmengenregeln und Struktur des monetären Sektors, in: Hellmuth Milde und Klaus G. Monissen (Hrsg.), Rationale Wirtschaftspolitik in komplexen Gesellschaften, Stuttgart – Berlin – Köln – Mainz 1985, S. 254 - 264.

Ketterer, Karl-Heinz und *Norbert Kloten:* Theorien der Geldwirkungen, in: Obst/Hintner, Geld-, Bank- und Börsenwesen: Ein Handbuch, 38., völlig neu bearbeitete und erweiterte Auflage, Stuttgart 1988, S. 61 - 84.

Klein, Benjamin: Competitive Interest Payment on Bank Deposits and the Long-Run Demand for Money, in: American Economic Review, No. 6/December 1974, S. 931 - 949.

Klein, Dietmar K. R.: Bankenstruktur und Geldpolitik: Ergebnisse einer neuen OECD-Studie, in: Zeitschrift für das gesamte Kreditwesen, Frankfurt am Main, vom 1. Januar 1986; siehe Deutsche Bundesbank/Auszüge aus Presseartikeln, Nr. 1/ 2. Januar 1986, S. 10 - 13.

Kneidl, Manfred: Die Kurse sichern, in: Wirtschaftswoche, Nr. 49/27. 11. 1987, S. 119 - 126.

Köhler, Claus: Kreditpolitik gerät in das Schlepptau der Banken: Geldstromanalyse Frühjahr 1974, in: WSI Mitteilungen, Heft 6/Juni 1974, S. 207 - 213.

Köhler, Claus: Beitrag zu „Die neue Geldpolitik“, in: Zeitschrift für das gesamte Kreditwesen, Nr. 23/1985, S. 1066 -1073.

Köhler, Claus: Innovationen im Bankgeschäft als geld- und währungspolitisches Problem, in: Deutsche Bundesbank/Auszüge aus Presseartikeln, Nr. 9/3.Februar 1986, S. 1 - 7.

Köhler, Claus: Finanzinnovationen und die Zukunft der Banken, in: Die Irste- österreichische Spar-Casse – Bank, 2/1986, Wien; siehe Deutsche Bundesbank/Auszüge aus Presseartikeln, Nr. 44/24. Juni 1986, S. 3 - 5.

Kollar, Axel: Kapitalmärkte im Zeichen von Innovation und Liberalisierung – Konsequenzen für das nationale und internationale Bankgeschäft, in: Georg Bruns u. Karl Häuser (Hrsg.), Innovationen auf Finanzmärkten, Schriftenreihe des Instituts für Kapitalmarktforschung an der J. W.Goethe-Universität Frankfurt am Main, Kolloquien-Beiträge 28, Frankfurt am Main 1986, S. 65 - 86.

Kremer, Egon: Neue Anlageformen auf dem Kapitalmarkt und ihre möglichen Auswirkungen auf das Verhalten privater und institutioneller Anleger, in: Neuere Entwicklungen auf den Finanzmärkten, Henner Schierenbeck (Hrsg.), Frankfurt am Main 1987, S. 89 - 99.

Kuntze, Wolfgang: Bankenaufsicht und Eigenkapitalsurrogate, in: Georg Bruns und Karl Häuser (Hrsg.), Innovationen auf Finanzmärkten, Schriftenreihe des Instituts für Kapitalmarktforschung an der J. W. Goethe-Universität Frankfurt am Main, Kolloquien-Beiträge 28, Frankfurt am Main 1986, S. 137 - 152.

Kuntze, Wolfgang: Bankenaufsicht und Finanzinnovationen: Securitization und bilanzunwirksame Geschäfte erfordern neue Risiko-Beurteilung, in: Börsen-Zeitung, Frankfurt am Main, vom 28. Juni 1986; siehe Deutsche Bundesbank/Auszüge aus Presseartikeln, Nr. 46/1. Juli 1986, S. 2 - 3.

Landesbank Rheinland-Pfalz-Giro-Zentrale: Modewort Finanzinnovationen, in: Wirtschaftsberichte, Nr. 3/1986, S. 10 - 11.

Lawrence, Colin und *Robert P. Shay:* Technology and Financial Intermediation in Multiproduct Banking Firms: An Econometric Study of U.S. Banks, 1979-1982, in: Colin Lawrence und Robert P. Shay (ed.), Technological Innovation, Regulation, and the Monetary Economy, Cambridge – Massachusetts 1986, S. 53 - 92.

Lehment, Harmen: The Macroeconomic Implications of Public-sector Deficits, in: Michael Emerson (ed.), Europe's Stagflation, Oxford 1984.

Lerbinger, Paul: Swap-Transaktionen als Finanzinstrumente, in: Die Bank, Nr. 5/1986, S. 245 - 249.

Lindsey, David E.: Recent Monetary Developments and Controversies, in: Brookings Papers on Economic Activity, Nr. 1/1982,S. 245 - 268.

Lingenfelder, Michael: Cash Management Systeme, in: Wirtschaftswissenschaftliches Studium (WiSt), Heft 9/September 1986, S. 459 - 460.

Lusser, Markus: Finanzinnovationen und die Stabilität der Finanzmärkte, in: Aussenwirtschaft, Heft II/III 1987, S. 143 - 147.

Maier, Gerhard: USA: Monetäre Innovationen – ihre Ursachen und Konsequenzen für die Geldpolitik, in: Die Bank, Nr. 11/1981, S. 542 - 546.

Maier, Gerhard: Das US-Geldmengenrätsel: Eine Herausforderung an Theorie und Politik, in: Kredit und Kapital, Heft 2/1982, S. 293 - 300.

Maier, Gerhard: Die Mindestreserve – eine Störgröße der Geldpolitik, in: Sparkasse, Nr.7/1982, S. 301 - 304.

Maier, Gerhard: Geldmarktfonds – Eine Gefahr für die Geldpolitik?, in: Zeitschrift für das gesamte Kreditwesen, Nr. 8/1982, S. 308 - 311.

Maier, Gerhard: Im innovativen Druck, in: Wirtschaftswoche, Nr. 4/21. 1. 1983, S. 56 - 58.

Maier, Gerhard: Finanzinnovationen und Geldpolitik, in: Sparkasse, Nr. 7/1983 (100. Jg.), S. 244 - 248.

Maycock, James: Financial Conglomerates: The New Phenomenom, Gower Studies in Finance and Investment 2, Cambridge 1986.

Mayer, Thomas: Financial Innovation – The Conflict Between Micro and Macro Optimality,in: American Economic Review, Papers and Proceedings, No. 2/May1982, S. 29 - 34.

McNeill, Charles R. und *Denise M. Rechter:* The Depository Institutions Deregulation and Monetary Control Act of 1980, in: Board of Governors of the Federal Reserve System, Federal Reserve Bulletin, June 1980, S. 444 - 453.

Meigs, A. James: Recent Innovations: Do They Require a New Framework for Monetary Analysis?, in: William L. Silber (ed.), Financial Innovation, Lexington – Massachusetts – Toronto – London 1975, S. 177 - 196.

Meincke, Ulrich: Einführung neuer Techniken und Probleme der Rationalisierung im Bankenbereich, in: Die Bank, Nr. 2/1983, S. 52 - 54.

Meinz, Theo: Neue Finanzierungsinstrumente: Kapitalmarktstrukturen im Fluß, in: Zeitschrift für das gesamte Kreditwesen, Nr. 12/1985, S. 557 - 562.

Meltzer, Allan H.: Kontrolle der Geldmenge, in: Karl Brunner, Hans G. Monissen und Manfred J. M. Neumann (Hrsg.), Geldtheorie, Köln 1974, S. 378 - 391.

Milbourne, Ross: Financial Innovation and the Demand for Liquid Assets, in: Journal of Money, Credit, and Banking, No. 4/November 1986, S. 506 - 511.

Mishkin, Frederic S.: The Economics of Money, Banking, and Financial Markets, Boston – Toronto 1986.

Morris, Frank E.: Do the Monetary Aggregates Have a Future as Targets of Federal Reserve Policy?, in: New England Economic Review, March-April 1982, S. 5 - 14.

Morris, Frank E.: Monetarism without Money, in: New England Economic Review, March-April 1983, S. 5 - 9.

Müller, Mario: Parkplätze für Bares, in: Wirtschaftswoche, Nr. 9/26. 2. 1988, S. 64 - 66.

Neldner, Manfred: Die Bestimmungsgründe des volkswirtschaftlichen Geldangebots, Berlin – New York 1976.

Neldner, Manfred: Währungssubstitution in der Bundesrepublik Deutschland, in: Claus Köhler und Rüdiger Pohl (Hrsg.), Aspekte der Geldpolitik in offenen Volkswirtschaften, Berlin 1987, S. 99 - 117.

Neumann, Manfred J. M.: Zwischenziele und Indikatoren der Geldpolitik, in: Karl Brunner, Hans G. Monissen und Manfred J. M. Neumann (Hrsg.), Geldtheorie, Köln 1974, S. 360 -377.

Neumann, Manfred J. M.: Inflation und Staatsverschuldung, in: Diethard B. Simmert und Kurt-Dieter Wagner (Hrsg.), Staatsverschuldung kontrovers, Köln 1981, S. 89 - 102.

Neumann, Manfred J. M.: Preisstabilität durch mehrjährige Geldmengenziele sichern, in: Wirtschaftsdienst, Nr. 12/1986, S. 591 - 596.

Neumann, Manfred J. M.: Die Grundgeldmenge – Ein neuer Indikator der Geldpolitik, in: Weltwirtschaftliches Archiv, Heft 3/September 1986, S. 520 - 533.

Neumann, Manfred J. M. und *Jürgen von Hagen:* Theoretische und empirische Grundlagen von Geldmengenzielen und ihrer Realisierung, in: Armin Gutowski (Hrsg.), Geldpolitische Regelbindung: theoretische Entwicklungen und empirische Befunde, Schriften des Vereins für Socialpolitik, Neue Folge, Band 161, Berlin 1987, S. 63 - 111.

Niehans, Jürg: Die Geldnachfrage in einer 'dynamischen' Optimierungstheorie des Zahlungssystems, in: Schweizerische Zeitschrift für Volkswirtschaft und Statistik, Nr. 2/Juni 1970, S. 129- 148.

Niehans, Jürg: Money and Barter in General Equilibrium with Transaction Costs, in: American Economic Review, Nr. 5/December 1971, S. 773 - 783.

Niehans, Jürg: Innovation in Monetary Policy, in: Journal of Banking and Finance, No. 1/March 1982, S. 9 - 28.

Niehans, Jürg: Financial Innovation, Multinational Banking and Monetary Policy, in: Journal of Banking and Finance, Vol. 7 (1983), S. 537 - 551.

Niggle, Christopher J.: Financial Innovation and the Distinction Between Financial and Industrial Capital, in: Journal of Economic Issues, No. 2/June 1986, S. 375 - 382.

Nowack, Götz-Peter: Financial Futures, in: Zeitschrift für das gesamte Kreditwesen, Nr. 24/1984, S. 1134 - 1136.

Ochynski, Walter: Devisenoptionen, in: Wirtschaftswissenschaftliches Studium (WiSt), Heft 2/Februar 1985, S. 80 - 82.

Ochynski, Walter: Geheimnisse der Futures-Märkte, in: Wirtschaftswissenschaftliches Studium (WiSt), Heft 4/April 1985, S. 187 - 191.

o. V.: Gentlemen's Agreement mit der Bundesbank erweitert, in: Börsen-Zeitung, Frankfurt am Main, vom 26. Januar 1980; siehe Deutsche Bundesbank/Auszüge aus Presseartikeln, Nr. 9/28. Januar 1980, S. 2 - 3.

o. V.: CD's – ein Refinanzierungsinstrument, in: Die Bank, Nr. 7/1980, S. 342 - 344.

o. V.: Giro mit Investment, in: Wirtschaftswoche, Nr. 16/10. 4. 1981, S. 96 - 97.

o. V.: Monetarismus und Planwirtschaft, in: Wirtschaftswoche, Nr. 7/12. 2. 1982, S. 64.

o. V.: Grundsatz I künftig auch für NIFs und RUFs, in: Börsen-Zeitung, Frankfurt am Main, vom 19. Februar 1986; siehe Deutsche Bundesbank/Auszüge aus Presseartikeln, Nr. 15/24. Februar 1986, S. 4 - 5.

o. V.: Weiterer Strukturwandel im Kreditgewerbe, in: Börsen-Zeitung, Frankfurt am Main, vom 21. Februar 1986; siehe Deutsche Bundesbank/Auszüge aus Presseartikeln, Nr. 15/24. Februar 1986, S. 5 - 6.

o. V.: Nackte Warrants, in: Wirtschaftswoche, Nr. 40/26. 9. 1986, S. 121.

o. V.: Konsum per Hypothek, in: Wirtschaftswoche, Nr. 6/30. 1. 1987, S. 9.

o. V.: Durchbruch mit Haken, in: Wirtschaftswoche, Nr. 6/30. 1. 1987, S. 74 - 75.

o. V.: Kampf ums Sparschwein, in: Wirtschaftswoche, Nr. 13/20. 3. 1987, S. 54 - 71.

o. V.: Münchner Abo, in: Wirtschaftswoche, Nr. 14/27. 3. 1987, S. 185.

o. V.: Tante Emmas Ende, in: Wirtschaftswoche, Nr. 14/27. 3. 1987, S. 192 - 200.

o. V.: Nicht nur für Millionäre, in: Wirtschaftswoche, Nr. 16/10. 4. 1987, S. 156 + 158.

o. V.: Angriff aus der Nische, in: Wirtschaftswoche, Nr. 15/3. 4. 1987, S. 102 - 107.

o. V.: Kampf der Karten, in: Wirtschaftswoche, Nr. 17/17. 4. 1987, S. 48 - 65.

o. V.: Japan: Wohin mit dem ganzen Geld?, in: Das Wirtschaftsstudium (WISU), Nr. 7/Juli 1987, S. 338.

o. V.: Chancen für Zulassung von Geldmarktfonds wachsen, in: Frankfurter Allgemeine Zeitung, Nr. 40/17. Februar 1988, S. 11.

Park, Yung Chul: Der Vermögenseffekt, in: Jürgen Badura und Otmar Issing (Hrsg.), Geldteorie, Stuttgart – New York 1979, S. 134 - 141.

Pierce, James L.: How Regulations Affect Monetary Control, in: Journal of Money, Credit, and Banking, No. 4/November 1982, Part 2, S. 775 - 787.

Pierce, James L.: Did Financial Innovation Hurt the Great Monetarist Experiment?, in: American Economic Review, Papers and Proceedings, No. 2/May 1984, S. 392 - 396.

Piltz, Klaus: Variationen der Aktienfinanzierung, in: Georg Bruns und Karl Häuser (Hrsg.), Innovationen auf Finanzmärkten, Schriftenreihe des Instituts für Kapitalmarktforschung an der J. W. Goethe-Universität Frankfurt am Main, Kolloquien-Beiträge 28, Frankfurt am Main 1986, S. 155 - 167.

Podolski, T. M.: Financial Innovation and the Money Supply, Oxford 1986.

Pohl, Rüdiger: Die Transmissionsmechanismen der Geldpolitik, in: Jahrbücher für Nationalökonomie und Statistik, Band 190, Stuttgart 1975/76, S. 1 - 28.

Pohl, Rüdiger: Die Geldmengenziele haben sich nicht bewährt, in: Wirtschaftsdienst, Nr. 12/1986, S. 587 - 591.

Pohl, Rüdiger: Brauchen wir eine neue geldpolitische Konzeption?, in: Wirtschaftsdienst, Nr. 7/Juli 1987, S. 339 - 345.

Pohl, Rüdiger: Den Zins ins Visier: Ein monetärer Beitrag für die Wachstumspolitik, in: WSI Mitteilungen, Nr. 10/1988, S. 572 - 579.

Poole, William: Optimal Choice of Monetary Policy Instruments in a Simple Stochastic Macro Model, in: Quarterly Journal of Economics, No. 2/May 1970, S. 197 - 216.

Porter, Richard D., Thomas D. Simpson und *Eileen Mauskopf:* Financial Innovation and the Monetary Aggregates, in: Brookings Papers on Economic Activity, Nr. 1/ 1979, S. 213 - 229.

Priewasser, Erich: Bundesbank schachmatt?, in: Wirtschaftswoche, Nr. 30/22. 7. 1983, S. 58 - 60.

Rasche, Robert H.: Monetary Policy and Financial Deregulation in the United States, in: Kredit und Kapital, Heft3/1988, S. 451 - 468.

Reinhardt, Peter: Der Euronotemarkt als internationale Finanzierungsquelle, in: Zeitschrift für das gesamte Kreditwesen, Nr. 9/1985, S. 380 - 386.

Reinhardt, Peter: Die Risiken der Banken im Swapgeschäft, in: Zeitschrift für das gesamte Kreditwesen, Nr. 14/1985, S. 671 - 676.

Reither, Francesco E.: Geld und Geldsubstitute in der Bundesrepublik Deutschland: Eine theoretische und ökonometrische Untersuchung, Berlin 1981.

Reither, Franco: Mindestreserven und gesamtwirtschaftliche Steuerung, in: Wirtschaftsdienst, Nr. 10/1985, S. 503- 509.

Reither, Franco und *Ulrike Dennig:* Finanzinnovationen: Hintergründe und Konsequenzen, in: Wirtschaftsdienst, Nr. 1/1986, S. 45 - 52.

Reszat, Beate: Devisenterminmärkte – Störfaktor der Währungspolitik, in: Sparkasse, Nr. 4/1985, S. 135 - 138.

Reszat, Beate: Finanzmärkte im Umbruch: Furcht vor dem großen Krach, in: Wirtschaftsdienst, Nr. 7/Juli 1987, S. 346 - 350.

Reszat, Beate: GOFFEX – Wozu eine neue spekulative Börse?, in: Wirtschaftsdienst, Nr. 12/1987, S. 615 - 618.

Ribe, Halvor und *Friedrich Schneider:* Financial Innovations in the Eurocurrency Market, Kiel Institute of World Economics, Working Paper No. 37, October 1985.

Robbins, Edward Henry und *John D. Schatzberg:* Callable Bonds: A Risk-Reducing Signalling Mechanism, in: The Journal of Finance, No. 4/September 1986, S. 935 - 949.

Röller, Wolfgang: Beitrag zu „Die neue Geldpolitik", in: Zeitschrift für das gesamte Kreditwesen, Nr. 23/1985, S. 1073 -1078.

Roth, Howard L.: Has Deregulation Ruined M1 As a Policy Guide?, in: Federal Reserve Bank of Kansas City, Economic Review, June 1987, S. 24 - 37.

Ruckriegel, Karlheinz: Finanzinnovationen und nationale Geldpolitik: Neuerungen im finanziellen Sektor: Darstellung und Analyse ihrer Implikationen für das geldpolitische Konzept der Deutschen Bundesbank, Bayreuth 1989.

Sachverständigenrat zur Begutachtung der gesamtwirtschaftlichen Entwicklung: Jahresgutachten, verschiedene Jahrgänge.

Schäfer, Rainer: Innovationen am Geld- und Kapitalmarkt – Gefahr für Geldpolitik und Bankaufsicht?, in: Die Bank, Nr. 10/1986, S. 496 - 500.

Schleiminger, Günther: Unterschiede in den Zahlungssystemen wichtiger Industrieländer, in: Die Bank, Nr. 4/1980, S. 175 - 177.

Schlesinger, Helmut: Kapitalmarkt, Kapitalbildung und Kapitalallokation, in: Kapitalmarkt und Finanzierung, Schriften des Vereins für Socialpolitik, Neue Folge Band 165, Berlin 1987, S. 17 - 177.

Schneider, Friedrich: Das Ausmaß der Schattenwirtschaft in den OECD-Staaten, in: Wirtschaftswissenschaftliches Studium (WiSt), Heft 10/Oktober 1986, S. 503 - 508.

Schubert, Wolfram: Deutsche im Zugzwang, in: Wirtschaftswoche, Nr. 40/25. 9. 1987, S. 130 - 134.

Schuster, Leo: Innovationspolitik der Banken – Notwendigkeit oder Modeerscheinung?, in: Zeitschrift für das gesamte Genossenschaftswesen, Heft 2/1986, S. 140 - 149.

Schwolgin, Arnim: Finanzielle Innovationen und Mindestreservepolitik: Reformvorschläge auf Grund amerikanischer und deutscher Entwicklungen, Frankfurt am Main 1986.

Seidman, William L.: The American Experience: Bank Supervision in the United States, in: Richard Dale (ed.), Financial Deregulation, Cambridge 1986, S. 64 - 80.

Siebke, Jürgen und *Manfred Willms:* Theorie der Geldpolitik, Berlin – Heidelberg – New York 1974.

Sijben, Jac. J.: Financial Innovations, Monetary Policy and Financial Stability, in: Kredit und Kapital, Heft 1/1988, S. 45 - 66.

Silber, William L.: Towards a Theory of Financial Innovation, in: William L. Silber (ed.), Financial Innovation, Lexington – Massachusetts – Toronto – London 1975, S. 53 - 85.

Silber, William L.: The Process of Financial Innovation, in: American Economic Review, Papers and Proceedings, No. 2/May 1983, S. 89 - 95.

Simmert, Diethard B.: US-Bankensystem im Umbruch, in: Sparkasse, Nr. 10/1985, S. 370.

Simpson, Thomas D.: The Redefined Monetary Aggregates, in: Federal Reserve Bulletin, February 1980, S. 97 - 114.

Simpson, Thomas D. und *Patrick M. Parkinson:* Some Implications of Financial Innovations in the United States, in: Bank for International Settlements, Financial Innovation and Monetary Policy, Basle March 1984, S. 272 -301.

Smeets, Heinz-Dieter: Finanzinnovationen und Geldpolitik, in: ORDO, Band 38/1987, S. 91 - 112.

Smithin, John Nicholas: Financial Innovation and Monetary Theory, in: Three Banks Review, No. 144/December 1984, S. 26 - 38.

Solomon, Anthony M.: New Strategies for the Federal Reserve?, in: Challenge, March-April 1982, S. 18 - 24.

Spencer, Peter D.: Financial Innovation Efficiency and Disequilibrium: Problems of Monetary Management in the United Kingdom 1971 - 1981, Oxford 1986.

Springe, Hans-Dieter auf der: US-amerikanische Money Market Funds, in: Die Bank, Nr. 4/1981, S. 178 - 181.

Starbatty, Joachim: Beitrag zu „Die neue Geldpolitik“, in: Zeitschrift für das gesamte Kreditwesen, Nr. 23/1985, S. 1078 - 1082.

Stigler, George: The Regularities of Regulation, in: Richard Dale (ed.), Financial Deregulation, Cambridge 1986, S. 1 - 12.

Stöttner, Rainer: Börsenkrach und Effizienzmarkt-Hypothese: Das Ende einer Illusion?, in: Wirtschaftsdienst, Nr. 12/1987, S. 633 - 636.

Storck, Ekkehard: Zins- und Währungsswaps im Euromarkt, in: Die Bank, Nr. 10/1983, S. 459 - 464.

Storck, Ekkehard: Neue Instrumente am Euromarkt, in: Georg Bruns u. Karl Häuser (Hrsg.), Innovationen auf Finanzmärkten, Schriftenreihe des Instituts für Kapitalmarktforschung an der J. W. Goethe-Universität Frankfurt am Main, Kolloquien-Beiträge 28, Frankfurt am Main 1986, S. 19 - 41.

Storck, Ekkehard: Innovative Instrumente des Euro-Kreditmarktes, in: Zeitschrift für Betriebswirtschaft, Nr. 2/Februar 1987, S. 176 - 188.

Streit, Joachim: Die Relevanz monetärer Innovationen in den USA für die Geldpolitik, in: Kredit und Kapital, Heft 4/1984, S. 559 - 579.

Streit, Joachim: Finanzinnovationen, Deregulierung und Geldmengensteuerung in den USA, Kieler Studien , Nr. 204, Tübingen 1986.

Streit, M. E.: Zur Funktionsweise von Terminkontraktmärkten, in: Jahrbücher für Nationalökonomik und Statistik, Band 195, Stuttgart 1980, S. 533 - 549.

Stützel, Wolfgang: Über einige Nachlässigkeiten beim ersten Aufriß der Struktur des Inflationsproblems am Beispiel gängiger Inflationstheorien, in: Artur Woll (Hrsg.), Inflation: Definitionen, Ursachen, Wirkungen und Bekämpfungsmöglichkeiten, München 1979, S. 38 - 67.

Tatom, John A. und *Richard W. Lang:* Automatic Transfers and the Money Supply Process, in: Federal Reserve Bank of St. Louis, Review, Nr. 2/February 1979, S. 2 - 10.

Tatom, John A.: Recent Financial Innovations: Have They Distorted the Meaning of M1?, in: Federal Reserve Bank of St. Louis, Review, April 1982, S. 23 - 35.

Tatom, John A.: Money Market Deposit Accounts, Super-NOWs and Monetary Policy, in: Federal Reserve Bank of St. Louis, Review, March 1983, S. 5 - 16.

Tobin, James: Geschäftsbanken als Geldschöpfer, in: Karl Brunner, Hans G. Monissen und Manfred J. M. Neumann (Hrsg.), Geldtheorie, Köln 1974, S. 104 - 113.

Tobin, James: Ein allgemeiner Gleichgewichtsansatz zur Geldtheorie, in: Karl Brunner, Hans G. Monissen und Manfred J. M. Neumann (Hrsg.), Geldtheorie, Köln 1974, S. 219 - 234.

Tobin, James: Monetary Policy and the Economy: The Transmission Mechanism, in: Southern Economic Journal, Nr. 3/January 1978, S. 421 - 431.

Tobin, James: Grundsätze der Geld- und Staatsschuldenpolitik, Baden-Baden 1978.

Tobin, James: Financial Structure and Monetary Rules, in: Kredit und Kapital, Heft 2/1983, S. 155 - 171.

Tobin, James: Monetary Control in a Brave New World, in: Colin Lawrence und Robert P. Shay (ed.), Technological Innovation, Regulation, and the Monetary Economy, Cambridge – Massachusetts 1986, S. 190 - 195.

Vaciago, Giacomo: Financial Innovation and Monetary Policy: Italy versus the United States, in: Banca Nazionale del Lavoro, Quarterly Review, No. 155/December 1985, S. 309 - 326.

Van Horne, James C.: Financial Market Rates and Flows, 2nd edition, Englewood Cliffs 1984.

Van Horne, James C.: Of Financial Inovations and Excesses, in: The Journal of Finance, No. 3/July 1985, S. 621 - 631.

Van Horne, James C.: An Inquiry into Recent Financial Innovation, in: Kredit und Kapital, Heft 4/1986, S. 453 - 471.

Viñals, José und *Angel Berges:* Finanzinnovationen und Kapitalbildung, in: Arnold Heertje (Hrsg.), Innovation, Technik und Finanzwesen, Oxford 1988, S. 144 - 183.

Volcker, Paul A.: The Federal Reserve Position on Restructing of Financial Regulation Responsibilities, in: Board of Governors of the Federal Reserve System, Federal Reserve Bulletin, July 1984, S. 547 - 557.

Wagner, Helmut: Soll die Bundesbank eine nominelle BSP-Regelpolitik betreiben?, in: Kredit und Kapital, Heft 1/1988, S. 8 - 33.

Wallace, Neil: The Impact of New Payment Technologies: A Macro View, in: Colin Lawrence und Robert P. Shay (ed.), Technological Innovation, Regulation, and the Monetary Economy, Cambridge – Massachusetts 1986, S. 201 - 206.

Walz, Hartmut: Stripped Bonds, in: Wirtschaftswissenschaftliches Studium (WiSt), Heft 8/August 1987, S. 405 - 406.

von Weizsäcker, Carl Christian: BIP statt Geldmenge, in: Wirtschaftswoche, Nr. 27/26. 6. 1987, S. 76 - 78.

Wenninger, John; Lawrence Radecki und *Elizabeth Hammond:* Recent Instability in the Demand for Money, in: Federal Reserve Bank of New York, Quarterly Review, No. 2/Summer 1981, S. 1 - 9.

Wenninger, John: Financial Innovation – A Complex Problem Even in a Simple Framework, in: Federal Reserve Bank of New York, Quarterly Review, No. 2/Summer 1984, S. 1 - 8.

Wenninger, John: Financial Innovation in the United States, in: Bank for International Settlements, Financial Innovation and Monetary Policy, Basle March 1984, S. 232 - 272.

Wermuth, Dieter und *Walter Ochynski:* Strategien an den Devisenmärkten, 2., durchgesehene Auflage, Wiesbaden 1984.

Wickenkamp, Werner: Internationaler Zahlungsverkehr, in: Obst/Hintner, Geld-, Bank- und Börsenwesen: Ein Handbuch, 38., völlig neu bearbeitete und erweiterte Auflage, Stuttgart 1988, S. 552 - 573.

Wojnilower, Albert M.: The Central Role of Credit Crunches in Recent Financial History, in: Brookings Papers on Economic Activity, No. 2/1980, S. 277 - 326.

Zahn, Hans E.: Finanzinnovationen: Glossarium der der neuen Hedging- und Finanzierungsinstrumente, Frankfurt am Main 1986.

Zimmermann, Heinz: Zur ökonomischen Bedeutung von Finanzinnovationen, in: Aussenwirtschaft, Heft II/III 1987, S. 163 - 198.

Zinn, Karl Georg: Geldvermögen, Zinseinkommensquote und Inflation, in: Jahrbücher für Nationalökonomik und Statistik, Band 201/4, Stuttgart 1986, S. 350 - 367.

Zitzelsberger, Gerd: High-High zwischen Himmel und Hölle, in: Mehr Geld durch Geld, Beilage der Süddeutschen Zeitung, Nr. 242/21. Oktober 1987, S. 1 + 59.

Zügel, Walther: Entwicklungstendenzen am Finanz-Dienstleistungsmarkt, in: Wolfram Engels (Hrsg.), Wettbewerb am Markt für Finanzdienstleistungen, Frankfurt am Main 1987, S. 11 - 33.

Kolibri 360 GmbH
Ferdinand-Jühlke-Straße 7
99095 Erfurt, Deutschland
produktsicherheit@kolibri360.de

Druck:
CPI Druckdienstleistungen GmbH
im Auftrag der
Kolibri 360 GmbH
Ferdinand-Jühlke-Str. 7
99095 Erfurt